Hertel
„Ich verspreche euch den Himmel"

Peter Hertel

„Ich verspreche euch den Himmel"

Geistlicher Anspruch, gesellschaftliche Ziele und kirchliche Bedeutung des Opus Dei

Patmos Verlag
Düsseldorf

Die Deutsche Bibliothek – CIP-Einheitsaufnahme

Hertel, Peter:
„Ich verspreche euch den Himmel" : geistlicher Anspruch,
gesellschaftliche Ziele und kirchliche Bedeutung des Opus Dei
Peter Hertel. – 3. Aufl., (durchges. und erg. Neuaufl. der
überarb. und erw. Aufl. von 1990). – Düsseldorf : Patmos-Verl.,
1991
ISBN 3-491-77804-2

© 1990 Patmos Verlag Düsseldorf
Alle Rechte vorbehalten. 3. Auflage 1991
(durchgesehene und ergänzte Neuauflage der
überarbeiteten und erweiterten Auflage von 1990)
Umschlaggestaltung: Peter J. Kahrl, Neustadt/Wied
Gesamtherstellung: Rasch, Bramsche
3-491-77804-2

Inhalt

Eine Anfrage, die auf Antwort wartet

„Du fragst herum und horchst aus, du bist ein Schnüffler und Schleicher. Schämst du dich nicht, bis in deine Fehler hinein so wenig Mann zu sein? – Sei männlich und vertausche deine Sucht, alles über die anderen zu erfahren, mit dem Wunsch und der Wirklichkeit wahrer Selbsterkenntnis."[1]

Josemaría Escrivá de Balaguer,
Gründer des Opus Dei

Nein, ich schäme mich nicht, über die katholische Gemeinschaft Opus Dei jahrelang recherchiert zu haben und das Ergebnis öffentlich mitzuteilen. Ich denke vielmehr, daß in einer Kirche, die der Wahrheit dienen und sie unter die Menschen bringen will, Licht und Durchsichtigkeit herrschen sollten.

Weil in den Auseinandersetzungen um das Opus Dei hierzulande sowohl Kritiker als auch Verteidiger sich der Versuchung zu Argumenten schlechter Qualität gar allzu willfährig hingaben, bemühe ich mich, einer Mahnung des polnischen Satirikers Stanislaw Jerzy Lec zu folgen: „Liefert euren Gegnern keine Argumente schlechter Qualität." Schon aus diesem Grunde repetiere ich zunächst in drei Sätzen, was sich eigentlich von selbst versteht:

Erstens. Ich bestreite nicht, daß im Opus Dei und auf den Wegen des Opus Dei – einschließlich der Selbstkasteiungen – Menschen Erfüllung, Selbstverwirklichung und Glück gefunden haben und finden.

Zweitens. Wie alle Bürger haben auch die Mitglieder des Opus Dei das Grundrecht der Koalitionsfreiheit, dürfen Vereine und Jugendclubs gründen, Studentenheime und Institute errichten und dabei öffentliche Mittel in Anspruch nehmen.

Drittens. Die Mitglieder des Opus Dei, die ihre Überzeugung im verborgenen leben wollen, haben das Recht dazu.

Ich meine aber auch, daß sich das Opus Dei dabei befragen lassen muß. Doch hier beginnt schon das Problem. Der Opus-Gründer hat seinen Gefolgsleuten die Diskretion ans Herz gelegt: „Vielleicht ist

---

[1] Josemaría Escrivá de Balaguer, Der Weg, Köln, zehnte Aufl. 1982, Nr. 50.

sie nicht die Spitze deiner Waffe, aber zumindest der Griff."[2] Wer von außen kritische Fragen stellt, erfährt in der Regel so gut wie gar nichts. Erst recht kommt er nicht an die internen Quellen heran, die Opus-Autoren und gewöhnlich auch Freunden der Organisation zur Verfügung stehen. Deshalb bin ich der Organisation dankbar, daß sie auf die erste Auflage dieses Buches mit einer 96seitigen Gegenschrift[3] geantwortet hat. Nunmehr kann ich manches präzisieren, was ich aufgrund der herrschenden Diskretion nicht exakt und nicht vollständig darstellen konnte.

Schon seit langem interessiert mich der Zusammenhang zwischen Geistlichem und Zeitlichem im Opus Dei. In Veröffentlichungen des Opus Dei wie bei Freunden und Gönnern heißt es oft, Opus Dei strebe nur nach geistlichen und religiösen Zielen, nicht nach weltlichen, und schon gar nicht verfolge es handfeste politische Zwecke. Andererseits standen schon vor 25 Jahren in der seriösen katholischen Wochenschrift „Der christliche Sonntag" die „Friedlichen Fragen an das Opus Dei" aus der Feder des 1988 verstorbenen behutsamen Schweizer Theologen Hans Urs von Balthasar. Er schrieb unter anderem: „Liebe Brüder und Freunde vom Opus Dei! ... Daß ihr viel Macht habt, viel Geld, viele politische und kulturelle Posten und Positionen, daß ihr ganz offensichtlich solche Schlüsselstellungen anstrebt, von wo aus man sehr viel in Welt und Kirche unter Kontrolle hat und somit nach eigenen Plänen dirigieren kann, daß ihr eine kluge, diskrete Taktik anwendet, um zu diesen Positionen möglichst rasch und direkt zu gelangen, dagegen ist nichts einzuwenden. Macht ist an sich nicht böse. Die ganze, die alles entscheidende Frage lautet: Wozu wollt ihr sie? Was fangt ihr damit an? Welchen Geist gedenkt ihr mit diesen Mitteln zu verbreiten?"[4]

Eine dreifache Frage, die so oder ähnlich schon von vielen gestellt wurde und immer noch auf Antwort wartet. Ich werde ihr in diesem Buch nachgehen.

Peter Hertel

[2] Ebd. Nr. 655.
[3] Informationsbüro des Opus Dei in Deutschland (Hans Thomas), Pluralismus und hierarchische Kirche, Köln 1986.
[4] Hans Urs von Balthasar, Friedliche Fragen an das Opus Dei, in: Der Christliche Sonntag, Freiburg, Nr. 15, 12. April 1964, S. 117 f.

Vorwort zur dritten Auflage

Wenige Tage nach Erscheinen der zweiten Auflage dieses Buches kam bereits eine offizielle Reaktion des Opus Dei – diesmal aus der Schweiz: Beim „Vademecum für die örtlichen Räte", aus dem ich Auszüge veröffentlicht hatte, gehe es nicht um „Geheim-Anweisungen, von deren Geheimhaltung das Überleben des Opus Dei abhängen würde". Zur dritten Auflage liegt mir eine weitere geheime Schrift vor: der Text „De Spiritu et de piis servandis Consuetudinibus – Geist und Fromme Gewohnheiten" von 1990. Im Säkularinstitut Opus Dei (1950–1982) galten die Konstitutionen (siehe S. 13), die 1970 durch eine Indiskretion bekanntgeworden waren. Nun zeigt sich: Für die Personalprälatur Opus Dei (seit 1982) sind sie gekürzt, überarbeitet und dabei teilweise redaktionell entschärft worden. Zum größeren Teil wurden aus ihnen die päpstlich erlassenen Statuten. Die beiden Abschnitte „Geist und Fromme Gewohnheiten", die wichtige Anweisungen zum Innenleben (z. B. über Bußgürtel und Geißel) enthalten, bilden das Dokument von 1990, aus dem in dieser Auflage erstmalig Auszüge erscheinen. Die restlichen Abschnitte der Konstitutionen sind in die Bestimmungen des „Vademecum" (z. B. Eingliederung 14jähriger und Zensur) eingeflossen.

Die Aussagen der Konstitutionen über Geheimhaltung und politische bzw. wirtschaftliche Arbeitsweise des Opus Dei sind in die neuen Texte nicht aufgenommen worden. Doch die ursprüngliche Praxis wird in der Personalprälatur Opus Dei fortgesetzt.

April 1991   *P. H.*

I
Was den Leser in diesem Buch erwartet

Nicht nur in Deutschland haben ehemalige Mitglieder des Opus
Dei – des Werkes Gottes – ihre Erfahrungen vom Innenleben der
Organisation enthüllt. Manche von ihnen behaupten, daß man das
Werk nur dann richtig kennen könne, wenn man ihm angehöre oder
zumindest angehört habe. Bisweilen überschätzen sie freilich ihre
Kenntnisse; denn selbst unter Opus-Mitgliedern gibt es erhebliche
Informationsunterschiede. Die Mitglieder bilden drei Kreise: Nume-
rarier, Assoziierte und Supernumerarier. Doch sogar im inneren
Kreis der ehelosen Numerarier ist der Wissensstand recht unter-
schiedlich: ein Laie, der als Numerarier speziell für die Aufgaben der
Leitung bestimmt ist und so den höchsten Rang bekleidet, den ein
Opus-Laie erreichen kann, weiß in der Regel mehr als ein gewöhnli-
cher Numerarier. Um jedoch in den Kreis der wirklich Eingeweihten
vorzustoßen, muß man ein Priester des Opus Dei sein: der Regionalvikar eines Landes weiß viel, am meisten wissen wohl die drei rang-
höchsten Mitglieder in der römischen Generalleitung, die sämtlich
Priester sind.

Ein Autor, der weder ein Mitglied des Opus Dei ist noch zu seinem
Freundeskreis gehört, hat es mit dieser Gemeinschaft schwer. Umgekehrt hat es das Werk schwer mit ihm. Denn während der Autor
präzise recherchieren muß, ist das Opus Dei gehalten, über seine
Mitglieder nichts preiszugeben.

Auch wer sich aus Büchern über das Opus Dei informieren
möchte, hat es nicht leicht, sich durch die Angebote hindurchzufin-
den. Wichtig wäre zum Beispiel, daß der Leser jeweils weiß, wie ein
Autor zum Opus Dei steht. Doch wie die Erfahrung zeigt, kann er mit
dieser Aufklärung nicht rechnen. Wenn ein Autor dem Opus Dei
angehört, erfährt man es in der Regel nämlich nicht, wenngleich es
nicht nur wissenswert, sondern zur Beurteilung des Buches auch wis-
sensnotwendig wäre.

1983 stieß der Theologiestudent und ehemalige Opus-Numerarier
Klaus Steigleder mit einem Buch über das Innenleben des Opus Dei in
den deutschsprachigen Ländern eine ebenso umfangreiche wie lei-

denschaftlich geführte Diskussion über die Vereinigung an.[1] Der Autor Steigleder ließ keinen Zweifel an seiner Beziehung zum Opus Dei. In diesem Fall wußte der Leser, woran er war.

Im selben Jahr brachte der 1989 verstorbene Historiker, Mediziner und Publizist Peter Berglar in Österreich ein Buch über den Opus-Gründer Josemaría Escrivá de Balaguer y Albás heraus.[2] Der Autor genoß als Wissenschaftler einen guten Ruf und wurde seinen Lesern auch entsprechend vorgestellt. Seine bekanntesten Bücher sind Monographien über Annette von Droste-Hülshoff, Wilhelm von Humboldt, Matthias Claudius sowie eine Biographie des englischen Humanisten Thomas More, für die ihn Papst Johannes Paul II. zum Ritter des Gregorius-Ordens ernannte.

Was der Leser nicht erfuhr: Berglar war seit einigen Jahren selber Mitglied des Opus Dei und sogar einer seiner prominentesten Vertreter. 1984 hat ihm das ehemalige Opus-Mitglied Widmar Puhl in einer Rundfunksendung[3] vorgeworfen, er habe sich für eine „gewaltige Werbeanstrengung" des Opus Dei hergegeben. Sie wirke „mit dem ganzen Gewicht der wissenschaftlichen Autorität auf den Leser, einer Autorität, die immer eine nüchterne, wenn nicht kritische Distanz" zum jeweils behandelten Gegenstand beinhaltet habe. Berglar habe „jede Zeile den zuständigen Gremien des Opus Dei vorlegen" müssen, „bevor sie veröffentlicht werden konnte".

Der Vorwurf klang angesichts der bekannten wissenschaftlichen Seriosität Berglars unglaublich. Andererseits war anzunehmen, daß Puhl wußte, wovon er sprach. Denn er war – wie aus der genannten Sendung hervorging – von 1974 bis 1978 in der Öffentlichkeitsarbeit des Opus Dei in Deutschland tätig.

Wie dem auch sei, es steht fest, daß der Autor Berglar seine Mitgliedschaft, deren Kenntnis für den Leser wissenswert gewesen wäre, geheimhielt und daß das Informationsbüro des Opus Dei in Deutschland dem Buch Steigleders, das „ein zweckdienlich entstelltes Sachverhaltsbild" entwerfe, Berglars Buch entgegenhielt,[4] ohne dessen

---

[1] Klaus Steigleder, Das Opus Dei – eine Innenansicht, Einsiedeln/Zürich/Köln 1983.
[2] Peter Berglar, Opus Dei, Leben und Werk des Gründers Josemaría Escrivá, Salzburg 1983.
[3] Widmar Puhl, Die zwei Gesichter des Opus Dei, Theorie und Wirklichkeit einer katholischen Einrichtung, Deutschlandfunk, 27. Juni 1984.
[4] Erklärung des Informationsbüros des Opus Dei in Deutschland, Köln, 18. April 1984.

Engagement auch nur anzudeuten. Der Grund ist unschwer erkennbar. Opus Dei hält Mitgliedschaften geheim, was ihm in der Regel erlaubt, unbemerkt zu wirken, und in diesem Fall überdies vorteilhaft war, weil die Kenntnis von Berglars Zugehörigkeit die Wirksamkeit seiner Veröffentlichung eingeschränkt hätte. Doch kennt man diese Hintergründe, dann hat das Buch seinen Wert. Es zeigt nämlich, wie Opus Dei von innen gesehen wird. Das gleiche gilt für das Buch „Das Opus Dei" von Dominique le Tourneau. Er legt nahe, daß er in einer gewissen Distanz zum Opus Dei stehe: „der Verfasser hofft, die Hauptzüge des Opus Dei zutreffend ... dargestellt" zu haben.[5] In Wirklichkeit ist er Priester und Mitglied des Opus Dei. Das österreichische Opus Dei bemerkte, le Tourneau biete eine „eindrucksvolle Literaturliste", die „einige maßlos überschätzte Theologen ausspart", womit vor allem offenbar Balthasar gemeint ist. Mit Hilfe dieser Liste könne man Kritiker „leicht zum Schweigen" bringen.

Unter den geschilderten Vorzeichen beschreibe ich nun meine eigene Intention.

Mein Hauptinteresse gilt dem Opus Dei als einem spirituellen, weltkirchlichen und gesellschaftlichen Phänomen. Der steile Aufstieg des Werkes im vergangenen Jahrzehnt scheint mir insbesondere vor dem Hintergrund zunehmender Kritik und wachsender Abneigung gegenüber dem Zweiten Vatikanischen Konzil verständlich zu sein. Die Organisation, die strikt am Geist der Gründerjahre (1928–1946) festhält, ist das augenfälligste Beispiel für die restaurative Tendenz in der katholischen Weltkirche. Das Werk wird von namhaften Kirchenführern gefördert. Auch Papst Johannes Paul II. steht ihm nahe und unterstützt es.

Opus Dei – so haben es deutsche Offizielle jedenfalls gesagt – sieht meine Fragestellung als „soziologisch" an. Sie werde seinem ausschließlich „geistlichen" Auftrag nicht gerecht. Diese Argumentation zeugt von einer Einstellung, die mir schon häufiger im Umgang mit dem Opus Dei begegnet ist: das Übernatürlich-Geistliche und das Weltlich-Zeitliche sind dualistisch voneinander getrennt. Mit diesem Dualismus verbindet sich Integralismus: einer Abwertung der natürlichen, weltlichen Angelegenheiten entspricht eine von hohem religiösem Ernst getragene und gleichzeitig einem starren Weltbild verpflichtete Überhöhung des Geistlichen. Das Geistliche hat absoluten Vorrang vor dem Zeitlichen. Auf diesen Integralismus hat Hans Urs

---

[5] Dominique le Tourneau, Das Opus Dei, Stein am Rhein 1987, S. 9.

von Balthasar aufmerksam gemacht, als er das Opus Dei „die stärkste integralistische Machtballung" nannte, die es heutzutage in der katholischen Kirche gebe.[6] Da scheint der wichtigste Schlüssel zu liegen, um das Opus Dei verstehen zu können. Integralismus ist eine Geistesrichtung, die sich durch die Kirchengeschichte zurückverfolgen läßt. Sie hat eine religiöse, aber auch eine kirchenpolitische und gesellschaftliche Seite. Integralismus tritt offensichtlich verstärkt in Zeiten des gesellschaftlichen und kirchlichen Umbruchs auf. Er bekämpft jede Annäherung der Kirche an die Gegenwart. Um die Jahrhundertwende, zur Zeit Papst Pius' X., formierte er sich sogar als kirchliche Bewegung, die sich gegen alles wandte, was ihr als „Modernismus" erschien. Im VII. Kapitel gehe ich des näheren darauf ein.

Aus dieser Sicht ist die These, das Opus Dei sei eine „katholische Sekte", nicht gerechtfertigt. Sie wird vor allem von ehemaligen Opus-Mitgliedern, zum Beispiel von dem spanischen Soziologieprofessor Alberto Moncada, vertreten, die den Werbepraktiken und der Indoktrination des Opus Dei unmittelbar ausgesetzt waren. Doch Geheimhaltung, Indoktrination, Corpsgeist, klösterliches Familienleben sowie Allianz zwischen geistlicher und weltlicher Macht sind wichtige Begriffe im Lexikon gesamtkirchlicher Tradition. Papst Johannes Paul II. hat das Opus Dei in die Communio-Struktur der katholischen Kirche (S. 156f.) eingegliedert, als er es 1982 zur „Personalprälatur" mit einem Prälaten an der Spitze privilegierte und die neuen Statuten[7] erließ. 1991 wurde der derzeitige Prälat, Alvaro del Portillo, zum Bischof geweiht.

Zunächst waren die Statuten geheim. Da sie aber auch Bischöfen, in deren Diözesen das Werk Niederlassungen hat, zugesandt wurden, kamen sie ans Licht. Ein spanischer Verlag brachte sie in der lateini-

---

[6] Hans Urs von Balthasar, Integralismus, in: Wort und Wahrheit, Freiburg, Dezember 1963, S. 742. Nachdem ihm wegen des Begriffes „Integralismus" und seiner Anwendung auf das Opus Dei schwere Vorhaltungen gemacht worden waren, schrieb er vier Monate später (im „Christlichen Sonntag" 15/1964) seinen Kritikern: „wenn ihr wollt", könne man das Schlagwort Integralismus „durchaus fallenlassen"; denn auf „die Bezeichnung kommt es ja nicht an". Doch seine mit dem Integralismus-Begriff vorgetragene Anfrage hat er später im Kern wiederholt. Siehe auch Fußnote 22 im IX. Kapitel.

[7] Codex des Sonderrechts des Opus Dei, Rom 1982. Das lateinische Original trägt den Titel „Codex Iuris Particularis Operis Dei"; genannt auch „Statuten". Nachstehend zitiert unter „Codex".

schen Urfassung heraus. Nachdem sie bekannt waren, wurden sie 1989 auch vom Opus-nahen Universitätsverlag Navarra veröffentlicht. Sie zeigen, daß das Werk streng hierarchisch und autoritär strukturiert ist. Eine verhältnismäßig kleine Schar von Priestern und zölibatär lebenden, von Priestern auszubildenden bzw. ausgebildeten Laien leitet das Mitgliedervolk in seinem Apostolat an. Auch diese Struktur ist tendenziell integralistisch.

Die Statuten traten zwar offiziell an die Stelle der Konstitutionen von 1950.[8] Doch damit sind die Konstitutionen nicht aufgehoben, wie ich im XV. Kapitel zeigen werde. Sie sind vom Opus Dei nie veröffentlicht worden. Ich besitze sie aber ebenfalls im lateinischen Urtext. Die Konstitutionen sind weitgehend exakter und detaillierter als die Statuten, die – wie das Opus Dei von Anfang an wußte – im Gegensatz zu den Konstitutionen über längere Zeit wohl kaum geheim bleiben konnten.

Meine Beobachtungen habe ich in Gesprächen mit ehemaligen Mitgliedern des Opus Dei überprüft. Hervorheben möchte ich das Interview mit dem Londoner Geistlichen Vladimir Felzmann, das ich im Anhang dokumentiere. Felzmann hat gegenüber anderen Ehemaligen zwei wesentliche Vorteile.

Erstens war er Leiter im Opus Dei und hat den Gründer aus nächster Nähe kennengelernt. Der gebürtige Tscheche kam 1947 im Alter von acht Jahren nach England und studierte später Hochbautechnik. Während des Studiums knüpfte das Opus Dei Kontakte zu ihm; 1959 bat er um Aufnahme. Schon ein Jahr später wurde er Sekretär des Netherhall-House in London, eines Studentenheims, und 1961, im Alter von 22 Jahren, dessen Leiter. Weil er Priester werden wollte, ging er 1965 nach Rom, wo ihn der Gründer mit offenen Armen aufnahm: er war der erste Tscheche im Werk. Escrivá bat ihn, den „Camino", sein Hauptwerk, ins Tschechische zu übersetzen, was er gern übernahm und wobei ihm seine Mutter half. Gelegentlich, so erzählte mir Felzmann, habe er mit Escrivá allein zusammengesessen; er durfte ihn auf Autofahrten begleiten, so daß ihm seine Gedankenwelt mehr und mehr vertraut wurde.

Felzmann studierte an der Lateranuniversität und schloß 1969 sein Studium mit dem theologischen Doktor ab. Im gleichen Jahr wurde er in Madrid zum Priester geweiht. Seine wichtige Rolle im Opus Dei zeigt sich auch daran, daß Escrivá ihn zum Mitglied des besonderen

---

[8] Constitutiones Societatis Sacerdotalis Sanctae Crucis et Operis Dei, Rom 1950.

Generalkongresses berief, der die entsprechenden Schritte seitens des Opus Dei zur Umwandlung in eine Personalprälatur einleiten sollte.

22 Jahre lang war Vladimir Felzmann Mitglied des Opus Dei. Dann entschloß er sich, es zu verlassen. 1982 wurde er Weltpriester der Diözese von Westminster. In einem Brief erklärte er dem Opus Dei seinen Schritt: „Ich bin 22 Jahre lang Numerarier des Opus Dei gewesen, bevor mich schließlich mein Gewissen überzeugte, daß ich es zu verlassen hätte. Was auch immer die edlen und großmütigen ursprünglichen Vorstellungen des Gründers waren – die Organisation wurde nach und nach so von Furcht und von den sich daraus ergebenden Konsequenzen geprägt, daß ich nicht länger dazu beitragen kann, neue Mitglieder zu rekrutieren."

An dieser Stelle enthüllt sich der zweite Grund, warum ich Vladimir Felzmann für einen glaubwürdigen Zeitgenossen halte: er verteufelt weder das Opus Dei noch seine eigene Vergangenheit und sagte mir nachdrücklich, daß er die „fundamentale Inspiration" der Gemeinschaft für „göttlich" halte. Aber nach und nach habe diese sich von ihrem ursprünglichen Impetus entfernt, indem sie stehengeblieben sei, wo sie begonnen habe: vor dem Zweiten Vatikanischen Konzil. Felzmann schied nicht in Bitterkeit, sondern in Wehmut. Bei aller Kritik spricht er weiterhin in warmen Worten von Escrivá, auf dessen Integrität er nichts kommen läßt. Freimütig bekennt er, daß das Opus Dei für eine bestimmte Entwicklungsphase seines Lebens wichtig gewesen sei.

1984 habe ich Vladimir Felzmann zum erstenmal besucht und dabei das Interview mit ihm gemacht. Nachdem ich einige Passagen veröffentlicht hatte, setzte sich ein „hohes Führungsmitglied" des englischen Opus Dei mit ihm in Verbindung. Der Opus-Gesandte warf dem Geistlichen „Ungenauigkeiten und Unwahrheiten" vor und warnte ihn im Namen der Opus-Leitung. Als Felzmann ihn fragte, was denn unrichtig oder falsch an seinen Aussagen gewesen sei, nannte der Opus-Mann keine einzige konkrete Tatsache. Felzmann läßt sich indes nicht unter Druck setzen und hat das Interview, das ihm schriftlich vorliegt, ausdrücklich in ganzer Länge genehmigt.

Außer auf Felzmann stütze ich mich auf Texte aus dem Opus Dei, die allgemein zugänglich sind, und auf Veröffentlichungen von Opus-Mitgliedern sowie von Ehemaligen. Daneben verwende ich auch Quellen, die nicht öffentlich sind: die schon genannten Konstitutionen sowie Texte des internen Reglements „Vademecum" und der

Zeitschrift „Crónica". Hinzu kommt: „De Spiritu et de piis servandi-
bus Consuetudinibus"(Geist und Fromme Gewohnheiten).[9]
Anfang der siebziger Jahre verließ der gebürtige Ire John J.
Roche, der heute Dozent in Oxford ist, das Opus Dei. Vorher hat er
an die 140 „Crónica"-Leitartikel kopiert.[10] Denn seiner Meinung
nach zeigt sich in „Crónica" und deren Leitartikeln am deutlichsten
die Spiritualität der Gemeinschaft.

1984 brachte ich in einer Rundfunksendung ein Zitat Escrivás aus
„Crónica", woraus sich eine Auseinandersetzung mit dem deutschen
Opus Dei und dem Dominikaner Heinrich Basilius Streithofen, Leiter des Instituts für Gesellschaftswissenschaften Walberberg e. V.
und Sympathisant des Opus Dei, entwickelte. Exemplarisch zeigt sie,
wie schwierig es ist, die Wirklichkeit des Werkes herauszufinden.[11]

[9] Felzmann spricht von „praktischen Anweisungen, die eine minutiöse talmudähnliche Vorschrift sind, die alles enthält" (S. 200). Sie sind bis ins Detail zu
erfüllen, was entsprechend kontrolliert wird. Dabei sind „Normen" und
„Gewohnheiten" zu unterscheiden. Die Normen (z. B. tägliche heilige Messe,
täglicher Rosenkranz und wöchentliche Beichte) stehen in den allgemein
zugänglichen Statuten; die „Gewohnheiten" (z. B. Tragen des Bußgürtels) in
nichtöffentlichen Schriften: den „Frommen Gewohnheiten" wie im „Vademecum", einer mehrbändigen Serie. – Auszüge aus dem „Vademecum für die
örtliche Leitung" sowie aus den „Frommen Gewohnheiten" veröffentliche ich
im Anhang. – Darüber hinaus sind folgende interne Schriften bedeutend:
1. Katechismus des Opus Dei (Schulungsinstrument mit Fragen u. Antworten).
2. Kreis-Führer (technische und religiöse Anweisungen über die Führung von
einzelnen und Gruppen bis hin zur Gewissenserforschung). 3. Führer für Aus-
bildungs-Vorträge. 4. Glosas – dreibändige Instruktionen für die Ausbildung
von Kandidaten, die aufgenommen werden: in St. Michael (Ehelose), St.
Gabriel (Verheiratete), St. Raphael (Jugendliche). 5. Reglement für die örtliche „Verwaltung" (= Frauen; mit Anweisungen über die Geschlechtertren-
nung). 6. Zeremonienführer (u. a. Preces = besondere Gebete, z. B. mit
Bodenkuß; Aufstellen der Josefsliste = Aussuchen von Kandidaten, die Ziel
des Proselytismus werden). 7. Worte unseres Vaters (Leitgedanken und Aphorismen Escrivás). 8. Briefe des Vaters (gemeint ist Prälat del Portillo).
9. Betrachtungsbände (detaillierte Meditationen für jeden Tag). 10. Bücher und
Periodica für Mitglieder oder Mitarbeiter (z. B. Crónica, Noticias, Obras).
11. Index (= Bücherverbotsliste) des Opus Dei (mit Einstufungen nach dem
Grad der Gefährlichkeit und „bereinigten" Kurzfassungen für Opus-Mitglieder,
die ein Buch zu Studienzwecken benötigen). 12. Noten- und Schriftverkehr, der
meist nicht durch die Post, sondern durch Boten erfolgt und verschlüsselte
Mitteilungen, zum Teil Abkürzungen, enthält.
[10] Die spanisch verfaßten Leitartikel sind vom Opus Dei in mehrere Sprachen
übersetzt worden, wobei die Worte Escrivás jeweils in ihrer spanischen Origi-
nalfassung beigegeben sind. Roche kopiert die englische Fassung.
[11] Sie sei an dieser Stelle dokumentiert. Damit der Leser meiner Darstellung
leichter folgen kann, kennzeichne ich die Zitate, um die es in der Auseinander-

Sie läßt insbesondere eine Schwierigkeit deutlich werden, in die ich bei Veröffentlichungen über das Opus Dei gelegentlich gerate: ich kann die Dinge nicht immer bis ins letzte Detail klären, wenn das Opus Dei diejenigen Quellen und Inhalte, die es für sich behalten möchte, mit Nebelschwaden umgibt, sie sich allenfalls scheibchenweise und nur so weit wie unvermeidbar abringen läßt. Schon aus

setzung geht, mit den arabischen Buchstaben a bis e. Das „Crónica"-Zitat Escrivás, das ich 1984 gebracht habe, lautet:
(a) „Es gibt eine wirkliche Fäulnis, und zur Zeit scheint es, als sei der mystische Leib Christi ein Leichnam in stinkender Verwesung" (Josemaría Escrivá, Tiempo de reparar, in: Crónica, Februar 1972, S. 13 [109]).
Das war ein Kernwort Escrivás, das Aufschluß über sein Kirchenbild gibt: das Opus Dei bezeichnet sich selbst als „heilig" und „makellos", während es die katholische Kirche in Auflösung sieht. (Näheres im Kapitel VIII.) Ich hatte Escrivás Zitat in der Londoner „Times" von 1981 entdeckt, die darauf hinwies, daß es aus „Crónica" stamme (Clifford Longley und Dan van der Vat, New mood in Rome encourages ‚church within a church', in: The Times, January 12, 1981, S. 9). Deshalb hatte ich vor der Rundfunksendung beim deutschen Opus Dei angefragt, ob ich in „Crónica" Einblick nehmen dürfe. Der Bitte wurde nicht entsprochen. Roche dagegen überließ mir die Texte bereitwillig.
Nachdem ich Roches Text a, der schon in der „Times" gestanden hatte, in der Rundfunksendung zitiert hatte, warf mir Heinrich Basilius Streithofen vor, ich hätte „aus einem gestohlenen Text" zitiert, dabei die zweite Hälfte des Gedankens „unterschlagen" und nur das zitiert, was in meine Botschaft passe. Escrivás Gedanke gehe nämlich so weiter:
(b) „Aber habt keine Angst. Ich sage: es scheint. Denn dieser Leib – die Kirche – ist unsterblich: der Heilige Geist steht ihm bei und belebt ihn auf wunderbare Weise. Seid froh, aber verfallt keinem billigen Optimismus: die Lage ist schlecht, objektiv schlimm. Das wird vorübergehen, wenn wir und so viele gute Christen, die es auf der Welt gibt, unaufhörlich beten" (Heinrich B. Streithofen, Neo-klerikale Inquisitoren, in: Die Neue Ordnung, Walberberg/Bonn, Nr. 2, April 1985, Sonderdruck, S. 149).
Streithofens Behauptung, ich hätte den von ihm zitierten Gedanken Escrivás ausgeblendet und damit Escrivás Gesamtgedanken praktisch ins Gegenteil verkehrt, überraschte mich. Denn der „Crónica"-Leitartikel, den Roche kopiert hatte, enthielt Text b gar nicht. Vielmehr ging Roches Text a so weiter:
(c) „Wie viele Beleidigungen gegen Gott gibt es! Wir sind so zerbrechlich, und sogar noch zerbrechlicher als andere. Aber wie ich schon immer gesagt habe: wir haben eine Verpflichtung zur Liebe; wir müssen jetzt unserem Dasein einen Sinn der Wiedergutmachung geben. Heiligstes und erbarmendes Herz Jesu, gib uns Frieden!" (Escrivá, Tiempo de reparar, in: Crónica, Februar 1972, S. 13 [109]).
Hier wird also Text a keineswegs durch die Aussage relativiert, der Heilige Geist belebe die Kirche auf wunderbare Weise. Somit ergab sich für mich ein Widerspruch: Streithofens Text a/b stellte Roches Text a/c auf den Kopf. Deshalb habe ich mich bei Streithofen erkundigt, woher er seinen Text habe. Im Juni 1985 antwortete er schriftlich: „Ihr Zitat [gemeint war Text a] habe ich in Crónica 1972, Heft 4, gefunden." Das war insofern unrichtig, als „mein" bzw. Roches Zitat dem Februar-Heft 2 entnommen war und als es Streithofens Text a/b, der aus dem Heft 4 stammen sollte, in diesem Wortlaut gar nicht gibt. Doch

diesem Grunde mache ich an solchen Stellen – u. a. auch durch exakte Quellenangaben – deutlich, woher ich meine Informationen habe, wie gesichert sie sind, wie weit mein Informationsstand jeweils vorangekommen ist und was sich auf dieser Basis vermuten oder absichern läßt.

das letztere habe ich erst 1990 in Erfahrung bringen können. Denn 1985 war mir Crónica 1972, Heft 4, noch nicht zugänglich.

Deshalb ging ich 1985 – auf Streithofens Auskunft vertrauend – davon aus, daß Escrivás Text a/c durch Escrivás Text a/b innerhalb von zwei Monaten korrigiert worden sei. Um Licht in die Sache zu bringen, habe ich Felzmann bei einem meiner Besuche die beiden unterschiedlichen Fassungen vorgelegt. Ohne Zögern meinte er, Text a und c stamme von Escrivá, Text b dagegen nicht. Wie das denn möglich sei, fragte ich, beide Texte stünden doch in „Crónica". Felzmann antwortete, um 1975 seien zuvor erschienene „Crónica"-Texte „frisiert" („doctored") worden. Um anstößige Stellen zu beseitigen, habe man die entsprechenden Seiten entfernt und neue hineingearbeitet. Offiziell habe es dazu im Opus Dei geheißen, man wolle im Hinblick auf die erfolgte Entwicklung des Werkes bis dahin gültige Bezeichnungen durch neue ersetzen; so sei „Superior" zu „Leiter", „Oblate" zu „Assoziierter" und „Säkular-Institut" zu „Assoziation" geworden. Auch Roche teilte mir mit: „Opus Dei ändert systematisch frühere Ausgaben seiner internen Magazine, wenn es das für notwendig hält."
In der ersten Auflage dieses Buches (1985) habe ich meinen damaligen Informationsstand dargestellt und die Vermutung geäußert, daß es zwei „Ausgaben" des entsprechenden Escrivá-Artikels gebe. Ein Jahr später wehrte sich das deutsche Informationsbüro des Opus Dei und verteidigte gleichzeitig Streithofen: meine Vermutung, Texte des Gründers würden im nachhinein verändert, sei eine „abenteuerliche Verdächtigung". Die „unterschiedlichen Versionen" ließen sich „recht einfach" erklären: „Streithofen zitiert aus einem Crónica-Bericht vom April 1972, Hertel aus dem Leitartikel Februar 1972" (Informationsbüro 1986, S. 38).
Das bedeutete: meine Vermutung, es gebe zwei Ausgaben desselben Escrivá-Artikels, stimmte nicht. Aber andererseits war durch die Opus-Stellungnahme herausgekommen, daß es sich bei meinem bzw. Roches Text um einen authentischen Leitartikel Escrivás, bei Streithofens Text dagegen um einen „Crónica"-Bericht handelte. Das war mein Informationsstand, als ich 1987 für „Concilium – Internationale Zeitschrift für Theologie" einen Beitrag über das Opus Dei schrieb. Freilich konnte ich nur soviel aussagen: „Ob der ‚Bericht' auf einer der ausgetauschten Seiten steht, ob Escrivá hier vielleicht indirekt wiedergegeben wird, kann ich nicht nachprüfen, weil ich keinen Einblick in Crónica erhalte" (Peter Hertel, Die politische Berufung des „Opus Dei", in: Concilium, Mainz, 5/1987, S. 421).
1990 habe ich dann doch noch etwas mehr Klarheit gewinnen können. Durch einen glücklichen Zufall gelangte eine Kopie von „Crónica" 1972, Heft 4, zu mir. Da habe ich zu meiner Überraschung entdeckt, daß der Wortlaut meines Zitates (Text a), den Streithofen nach seinen Angaben 1985 auf Seite 24 gefunden haben wollte, dort gar nicht steht. Vielmehr heißt es:
(d) „Es gibt eine wirkliche Fäulnis, etwas Böses, das von innen aus der Kirche kommt, und von oben. Der mystische Leib Christi scheint ein Leichnam in völliger stinkender Verwesung zu sein" (El Reclinatorio de San Pio X, in: Crónica, April 1972, S. 24 [316]).

Außer „Crónica" gibt es noch einen weiteren Originaltext, den ich verwende: den *spanischen* „Camino".[12] (Dessen deutsche Übersetzung „Der Weg" ist – gelegentlich bis zur Unkenntlichkeit – sprachlich abgemildert. Insbesondere ist zu beachten, daß Buchmanuskripte Escrivas, die nach seinem Tode herausgekommen sind,[13] nicht druckreif waren und für die Drucklegung bearbeitet wurden.[14]) Weitere, teilweise nichtöffentliche Dokumente hat der Italiener Giancarlo Rocca publiziert.[15]

Diesem Buch liegt der Stand meiner Recherchen von April 1991 zugrunde. Auf dieser Basis zeigt es – hinausgehend über das Innenleben und die Werbepraktiken des Opus Dei, die oft spektakulär in den Mittelpunkt des Interesses gerückt werden – umfassendere politische und gesellschaftliche Zusammenhänge auf (vor allem in den Kapiteln V und VI). Darüber hinaus fragt es nach dem weltkirchlichen Kontext. Zweifellos gehen der Aufstieg des Opus Dei und die ihm genehme kirchliche Erneuerung in vorkonziliarem Geist mit kräftigen Schritten voran. Für das Zusammenwirken zwischen vatikanischer Kirchenzentrale und Opus Dei bieten nicht zuletzt Österreich und die Schweiz anschauliche Beispiele (Kap. XVI). Die Seligsprechung des Gründers, die zu erwarten ist, wird der privilegierten Personalprälatur einen weiteren Zuwachs an Einfluß und Macht bringen.

Inhaltlich läuft das zwar in etwa auf Escrivás Text a hinaus. Aber der Wortlaut dürfte nicht von ihm stammen – wie auch der dann folgende Text b. Aufschlußreich ist in diesem Zusammenhang vor allem die Passage, die dem Text d vorausgeht:
(e) „Ich sage euch, daß jeder von euch mit seinen eigenen Augen sehen kann und hören mit seinen Ohren, mahnt uns noch einmal der Vater. Leider sind bestimmte Dinge sehr bekannt" (ebd.).
Dann folgen Text d und b. Hier schreibt also nicht – wie im Februar 1972 – der Vater (Escrivá) selbst, sondern ein ungenannter Autor. Man darf als gesichert ansehen, daß es sich bei Streithofens „Crónica"-Text nicht um ein wörtliches Zitat Escrivás handelt.
Ungeklärt ist für mich, ob die Fassung e/d/b bereits im April 1972 in „Crónica" kam. Dann hätte ja ein „Crónica"-Autor ein zentrales Zitat Escrivás innerhalb von zwei Monaten maßgeblich relativiert – und zwar unter Berufung auf Escrivá. Das ist widersinnig. Steht der „Crónica"-Bericht also doch auf einer später ausgetauschten Seite? Das wäre die einsichtigste Erklärung.

[12] Josemaría Escrivá de Balaguer, Camino, Madrid 1939; 41. Aufl., Madrid 1984.
[13] Zum Beispiel „Der Kreuzweg", „Die Spur des Sämanns", „Im Feuer der Schmiede".
[14] Vgl. auch Felzmann, S. 202 (zu Escrivá und Öffentlichkeit).
[15] Giancarlo Rocca, L' „Opus Dei". Appunti e Documenti per una Storia, Rom 1985, S. 129–227.

II
Worte des Gründers Josemaría Escrivá
(1902–1975)

Um unserer spezifischen Berufung willen jedoch, durch die wir zum Opus Dei berufen sind, fordert Gott wenigstens dieses von jedem von uns: daß *jeder die Heiligung in seinem eigenen besonderen Stande anstrebe – nämlich als Junggeselle oder Verheirateter oder Witwer oder Priester – und zwar in Ausübung eures offiziellen Amtes* oder eurer beruflichen Tätigkeit, die euren Mitbürgern bestens vertraut ist.[1]

Die Ebene der Heiligkeit, die der Herr von uns wünscht, ist durch diese drei Punkte bestimmt: heilige Unnachgiebigkeit, heiliger Zwang und heilige Unverschämtheit.[2]

Ohne Architekt kann man kein gutes Haus bauen, um auf der Erde zu wohnen. Wie willst du da ohne einen Leiter die Festung (el alcázar) deiner Heiligung errichten, um auf ewig im Himmel zu wohnen?[3]

Gehorchen . . . sicherer Weg. Blind dem Vorgesetzten gehorchen . . . Weg der Heiligkeit. In deinem Apostolat gehorchen . . . der einzige Weg. Denn in einem Werk Gottes kann der Geist nur so sein: gehorchen oder weggehen.[4]

Meine Kinder, eure tägliche Hingabe ist mein Schmuck. Und auf diese Weise finde ich mich selbst ausgestattet mit einer gewissen Autorität, mit Unserem Herrn zu sprechen.[5]

Wenn ein Laie sich zum Lehrmeister der Moral aufschwingt, irrt er sich häufig. Die Laien können nur Schüler sein.[6]

---

[1] Brief „Non ignoratis" vom 2. Oktober 1958, Nr. 6, lateinisch unter dem Titel „Nostri Desideratissimi Conditoris Litterae ‚Non ignoratis'", Rom 1982. Diesen 1958 geschriebenen, 14 Artikel umfassenden Brief hat Escrivá am 14. Februar 1964 an Papst Paul VI. geschickt mit der Bitte, Opus Dei ein Sonderrecht zu gewähren. Er wurde vom Vatikan in die Schriften des Codex einbezogen.
[2] Camino, Nr. 387.
[3] Camino, Nr. 60.
[4] Ebd. Nr. 941.
[5] Crónica, 1971, Heft 1.
[6] Camino, Nr. 61.

Habt eine besondere Verehrung und eine tiefe Liebe (für die Berufung) zur vollkommenen Enthaltsamkeit, von der ihr wißt, daß sie noch höher steht als die Ehe – (...)[7]

Die Ehe ist für das Fußvolk und nicht für den Generalstab Christi. Nahrung ist für jeden einzelnen notwendig, Zeugung aber nur, um die Art zu erhalten. Einzelne dürfen sich ihr entziehen.[8]

Ich sagte: „Meine Söhne, setzt nicht meinen Namen auf den Stein, wenn ihr diesen armen sterblichen Körper begraben müßt." Sie fragten: „Was sollen wir denn daraufsetzen?" – „Schreibt: Et genuit filios et filia, er zeugte Söhne und Töchter, wie die Patriarchen."[9]

Meine Töchter, ihr habt keine Gründerin gehabt. Gott, Unser Herr, hat mir das Herz eines Vaters und einer Mutter gegeben.[10]

In meinem Leben habe ich schon verschiedene Päpste kennengelernt, viele Kardinäle, eine Menge von Bischöfen. Doch auf der anderen Seite: an Gründern des Opus Dei gibt es nur einen, auch wenn er nur ein armer Sünder wie ich ist.[11]

Wenn ihr also Dinge hört, die euch völlig neu vorkommen, dann sind sie nicht von Gott! . . . Nehmt einen alten Katechismus, meine Kinder, diese alten Katechismen sind ein wunderbarer Schatz, werft sie nicht weg! Lest sie! Und solltet ihr sie nicht mehr besitzen, dann kauft euch einen Katechismus des heiligen Pius X. . . . und lest ihn in Ruhe, um den Glauben eurer Kinder zu schützen.[12]

Wenn ihr den rechten Geist habt, dann geht ihr immer bei einem Priester des Werkes beichten . . . Meine Töchter und Söhne, ihr habt die Freiheit, zu beichten, bei wem ihr auch wollt. Aber es wäre verrückt, wolltet ihr euch in andere Hände geben, die sich vielleicht schämen, gesalbt zu sein. Ihr dürft nicht vertrauensselig sein.[13]

---

[7] Brief „Dei amore" an die Supernumerarier, 9. Januar 1959, Abschnitt 53. Escrivá mahnt hier die Verheirateten, ihre Kinder zu verstehen, wenn diese der höheren Berufung zur Jungfräulichkeit folgen wollen. (Zitiert nach Berglar, S. 185, der auch die Klammer „für die Berufung" hinzugefügt hat.)
[8] Camino, Nr. 28. Hier schreibt „Der Weg": „Die Ehe ist für den Großteil des Heeres Christi, nicht aber für seinen Führungsstab."
[9] Crónica, 1971, Heft 1.
[10] Ebd. 1970, Heft 2.
[11] Ebd. 1971, Heft 1.
[12] Film-Dokumentation des Treffens in der Kongreßhalle „General San Martín" zu Buenos Aires am 16. Juni 1974 (Berglar, S. 266).
[13] Crónica, 1972, Heft 2.

Kämpft, meine Kinder, kämpft. Handelt nicht wie diejenigen, die sagen, daß die Firmung uns nicht zu Soldaten Christi macht. Vielleicht sagen sie es, weil sie nicht kämpfen wollen. Und so sind sie, was sie sind: besiegte Menschen, unterworfene Menschen, glaubenslose Menschen, gefallene Seelen wie der Satan.[14]

Caudillos! . . . stähle deinen Willen, damit Gott dich zum Führer mache. Siehst du nicht, was die verfluchten Geheimgesellschaften treiben? Die Massen haben sie nie erobert. – In ihren Zentren bilden sie Kader teuflischer Menschen heran, welche die Menge aufrühren und aufwiegeln und ihr den Kopf verdrehen, um sie hinter sich zu bringen und in den Abgrund der Unordnung zu führen . . . in die Hölle. – Sie bringen eine Saat des Fluches. Wenn du willst . . . dann bringst du das Wort Gottes, das tausend- und abertausendmal gesegnet ist und nie fehlgehen kann.[15]

Übt das Apostolat des Proselytismus mit Ruhe, langsam, im Schritt Gottes . . . Aber ohne das Werk je zu unterbrechen, was immer es auch koste.[16]

Die Nachgiebigkeit ist ein sicheres Zeichen dafür, daß jemand die Wahrheit nicht hat. Wenn jemand nachgiebig ist in Dingen des Ideals, der Ehre oder des Glaubens, dann ist dieser Mensch . . . ein Mensch ohne Ideal, ohne Ehre, ohne Glauben.[17]

Im übrigen verspreche ich euch den Himmel.[18]

---

[14] Ebd.
[15] Camino, Nr. 833. Der „Camino" schreibt hier: „las malditas sociedades secretas"; der deutsche „Weg" übersetzt: „die gottfeindlichen Geheimbünde".
[16] Crónica, 1962, Heft 7.
[17] Camino, Nr. 394.
[18] Crónica, 1971, Heft 1.

III
Eine offizielle Auskunft, die gleichwohl vieles offenläßt

Die Diskussion über das Opus Dei, die sich Anfang der achtziger Jahre von Europa bis in die USA erstreckte, begann mit einem Paukenschlag in Zürich.

Jahrelang hatte das Werk in der Limmat-Stadt diskret und unbehelligt gearbeitet. Den Studentenheimen und Jugendclubs war ihre Beziehung zum Opus Dei ebensowenig anzusehen wie der finanzstarken Limmat-Stiftung. Am 13. Januar 1979 wurde die Öffentlichkeit durch einen Artikel der „Neuen Zürcher Zeitung" (NZZ) aufgeschreckt.[1] Da wurde vor allem über den Unterricht berichtet, den Religionslehrer des Opus Dei – zunächst vier, dann drei – an Kantonsschulen erteilten. Sie hätten mit den übrigen Religionslehrern wegen der Unterrichtsmethoden jahrelang in Streit gelegen. Den Schülern würden „schwere Sünden- und Schuldkomplexe" eingehämmert. Ein Religionslehrer, der nicht zum Opus Dei gehört, bezeichnete die Praktiken als „psychischen Terror". Zur Sprache kamen auch die Werbemethoden der Vereinigung.

Die Debatte zog sich wochenlang in Zürcher Zeitungen hin. Opus-Mitglieder antworteten in Leserbriefen. Auf einem internen Treffen wurde festgelegt, was in Briefen zu stehen habe, die von Eltern an das katholische Generalvikariat im Kanton Zürich zu richten seien: es müsse klar zum Ausdruck kommen, „daß man mit dem Religionsunterricht von Herrn Dr. . . . einverstanden ist".

Doch Generalvikar Hans Henny ließ sich nicht erweichen. Im März 1979 verfügte er im Interesse des konfessionellen Friedens und in Zusammenarbeit mit der katholischen Zentralkommission des Kantons Zürich, daß die drei Religionslehrer, die zum Opus Dei gehörten, an Kantonsschulen keinen Religionsunterricht mehr erteilen dürften: „Da die zur Erteilung katholischen Religionsunterrichtes an den Zürcher Mittelschulen beauftragten drei Mitglieder des Opus Dei trotz wiederholter Aufforderung nicht bereit waren, die in der

---

[1] Das Wirken des Opus Dei in Zürich. Griff nach der Mittel- und Hochschulseelsorge, in: Neue Zürcher Zeitung, Nr. 10, 13. Januar 1979.

Öffentlichkeit gegen sie erhobenen Vorwürfe mit den zuständigen Stellen zu besprechen, und weil sich eine Zusammenarbeit der Opus-Dei-Mitglieder mit den übrigen 15 Religionslehrern als unmöglich erwiesen hat, sehen sich das Generalvikariat und die Zentralkommission gezwungen, die Religionslehrer aus dem Opus Dei auf Ende Schuljahr 1978/79 in ihrer Tätigkeit einzustellen."[2]

Als sich das Opus Dei mehrfach einem klärenden Gespräch verweigerte, hielt der Generalvikar folgende Vorwürfe, die von zahlreichen Eltern bestätigt worden waren, für erwiesen:

(1) Religionslehrer, die dem Opus Dei angehören, bezeichnen Martin Luther als „Irrlehrer".

(2) Sie verbreiten die Spiritualität des Opus Dei, statt katholischen Religionsunterricht zu erteilen.

(3) Sie vertreten die Meinung, die Frau müsse wegen ihrer Erbschuld beim Gebären Schmerzen leiden.

(4) Sie sagen, Krankheit sei die Folge persönlicher Sünde.

(5) Sie haben Propagandamaterial in den Schulen verteilt.

(6) Sie haben Schülerproteste gegen die Lektüre von Werken G. E. Lessings organisiert.

(7) Insgeheim wurden aus Lehrerlisten Schülernoten abgeschrieben, angeblich zu dem Zweck, schwachen Schülern beizustehen, in Wirklichkeit aber, um sie für das Opus Dei anwerben zu können.

1981 begann die Diskussion in England. Auf einen Hinweis des Oxford-Historikers und ehemaligen Opus-Leiters John J. Roche hin hatte die Londoner „Times" nach einjährigen Recherchen im Januar 1981 einen Artikel gebracht, der weltweit Aufsehen erregte. Die Zeitung bildete Werkzeuge der Selbstkasteiung ab, die von Opus-Mitgliedern benutzt werden: eine fünfschwänzige Geißel und ein stählernes Band mit nach innen gerichteten Dornen, das Mitglieder sich als Bußgürtel anlegen. Besonders auf Jugendliche, so hieß es, werde Druck ausgeübt, der zu Persönlichkeitsveränderungen führen könne. Anwärter auf die Mitgliedschaft stünden unter extremer Gewissenskontrolle, ihre Identität könne schweren Schaden leiden.[3]

[2] Opus-Dei-Religionslehrer im Amt eingestellt, in: Neue Zürcher Zeitung, Nr. 61, 14. März 1979. Rosmarie Gerber/Arthur K. Vogel, Du mußt nur Deinen Kopf abgeben, Zürich 1984, S. 31. Vgl. Ulrich Kägi, Das katholische Opus Dei schreckt viele Katholiken (I), in: Die Weltwoche, Zürich, Nr. 3, 19. Januar 1983.

[3] Das englische Opus Dei sprach von „haßerfüllten Anschuldigungen" und wies den Bericht zurück, ohne auf heikle Details einzugehen (Secrecy and political role denied by Opus Dei, in: The Times, London, January 14, 1981, S. 1).

Der Londoner Kardinal Basil Hume, der auch Präsident der englischen Bischofskonferenz ist und dem Roches Dokumente vorlagen, sah sich veranlaßt, eine Untersuchung gegen das Opus Dei einzuleiten.[4] Im Dezember 1981 veröffentlichte er vier Empfehlungen für die Opus-Aktivitäten in seiner Diözese:

„1. Keiner Person unter 18 Jahren sollte es gestattet werden, ein Gelübde oder eine längerfristige Verpflichtung in Zusammenhang mit dem Opus Dei einzugehen.

2. Es ist unentbehrlich, daß junge Leute, die sich dem Opus Dei anschließen möchten, ihre Absicht zunächst mit ihren Eltern oder gesetzlichen Vertretern besprechen. Wenn es in Ausnahmefällen gute Gründe gibt, daß sie damit nicht an ihre Familien herantreten, sollten diese Gründe auf jeden Fall mit dem Ortsbischof oder seinem Vertreter besprochen werden.

3. Wenn auch akzeptiert wird, daß diejenigen, die dem Opus Dei beitreten, die dazugehörenden Pflichten und Verantwortlichkeiten übernehmen, muß Sorge dafür getragen werden, daß die Freiheit des einzelnen respektiert wird; erstens die Freiheit des einzelnen, der Organisation beizutreten oder sie zu verlassen, ohne daß unzulässiger Druck ausgeübt wird; zweitens die Freiheit des einzelnen, zu jedem Zeitpunkt sich seinen eigenen geistlichen Leiter zu wählen, gleich ob er Mitglied des Opus Dei ist oder nicht.

4. Initiativen und Aktivitäten des Opus Dei innerhalb der Diözese von Westminster sollten Förderer und Geschäftsführung klar angeben."[5]

Im Sommer 1983 geriet die Prälatur Opus Dei in die Schlagzeilen der deutschen Medien. Der Kölner Theologiestudent Klaus Steigleder hatte das Buch „Opus Dei – eine Innenansicht" geschrieben. Mit 14 Jahren war er in den Kölner Jugendclub Feuerstein geraten, ohne dessen Beziehung zum Opus Dei zu kennen. Schrittweise war er in die Bewegung hineingeführt worden. Als er sie schließlich verlassen wollte, merkte er mehr und mehr, wie schwierig das war. Er fühlte sich an Praktiken der Jugendsekten erinnert.

---

[4] Die Rolle des „Opus Dei" in England, in: Frankfurter Allgemeine Zeitung, Nr. 51, 2. März 1981, S. 6. – Opus Dei erklärte daraufhin, Hume habe keine kirchliche Untersuchung angeordnet (Keine kirchliche Untersuchung in England, in: FAZ, Nr. 57, 9. März 1981, S. 5). Die „Times" und andere englische Zeitungen blieben bei „Untersuchung".

[5] Basil Hume, Guidelines for „Opus Dei" in Westminster Diocese, London, 2nd December 1981.

Opus Dei hat dem Buch vorgeworfen, es enthalte „an die hundert sachliche Falschinformationen und Irreführungen über die Praxis des Opus Dei; im wesentlichen jedoch desinformiert" Steiglers Darstellung „durch Entwurzelung äußerlich zutreffender Sachverhalte und Handlungen aus ihrem Zusammenhang und ihren eigentlichen Beweggründen, die sie unterschlägt, verändert, leugnet oder verleugnet".[6] In England hatte das Opus Dei die Empfehlungen Humes begrüßt und akzeptiert. Es bedankte sich für die „väterliche Sorge und den Segen" des Kardinals.[7] In Deutschland hat sich kein ähnlicher bischöflicher Eingriff ereignet. Vielmehr schickte der Prälat des Opus Dei, Alvaro del Portillo, 1984 eine Erklärung an die Deutsche Bischofskonferenz, durch die er die Oberhirten offenbar beruhigte.[8] Diese Stellungnahme werde ich nun dokumentieren. Wo es mir notwendig erscheint, ergänze ich sie durch Erläuterungen oder stelle ihr gegenteilige Erfahrungen und Fakten gegenüber. Dabei greife ich vor allem auf Äußerungen dreier ehemaliger Leiter zurück, die nicht als abhängige Jugendliche, sondern als junge Erwachsene dem Opus Dei beigetreten sind und ihm über viele Jahre angehörten: Vladimir Felzmann, John J. Roche und María del Carmen Tapia;[9] letztere war von 1948 bis 1967 im Werk, verbrachte die meiste Zeit als Leiterin der Frauenabteilung in Venezuela, arbeitete aber auch in Rom eng mit Escrivá zusammen, wo sie unter anderem als Leiterin der Druckerei Einblick in viele wichtige Papiere (Magazine, Informationen und Instruktionen) gewann. Die Stellungnahme[10] begann so:

[6] Ruthard von Frankenberg. Karikatur und Wirklichkeit, in: Katholische Nachrichtenagentur. Im Gespräch, Nr. 21, Bonn, 5. Oktober 1983, S. 1.

[7] Clifford Longley, Aid to parents in Hume's Opus Dei guidelines, in: The Times, December 4, 1981, S. 4.

[8] Alvaro del Portillo, in: Dokumente, Nr. 185, Presseamt des Erzbistums Köln (PEK), 3. September 1984.

[9] María del Carmen Tapia hat 1983 in einer katholischen US-amerikanischen Zeitschrift einen mehrseitigen Bericht über ihren Weg ins Opus Dei, ihr Leben im Opus Dei und ihren Weg aus dem Opus Dei veröffentlicht („Good housekeepers for Opus Dei..."). Außerdem hat sie mit der Zeitung ein dreistündiges Gespräch („What Opus Dei has done for church...") geführt, das in einer gekürzten, autorisierten Fassung veröffentlicht wurde in: National Catholic Reporter, Kansas City, May 27, 1983, S. 10–13. María del Carmen Tapia lebt heute in den USA.

[10] Siehe Fußnote 8.

„1. Alle der Prälatur angehörenden Mitglieder sind volljährig. Unter ihnen sind sämtliche soziale Bereiche und Stände – Ehelose, Verheiratete, Witwer und Priester – vertreten. Gemäß den durch die Apostolische Konstitution ‚Ut sit‘ vom 28. November 1982 approbierten und am 19. März 1983 rechtskräftig gewordenen Statuten der Prälatur kann niemand vor Vollendung des 23. Lebensjahres der Prälatur endgültig, d. h. auf Lebenszeit, beitreten.“

Selbstverständlich hat jeder das Recht, dem Opus Dei beizutreten und nach dessen Idealen zu leben. Nur: die Diskussion in der Bundesrepublik war entstanden, weil auch schon Jugendliche auf das Opus Dei verpflichtet wurden. Vor diesem Hintergrund jedoch klingt die Auskunft des Opus-Prälaten wie eine Verharmlosung:

Es ist richtig, daß man 23 Jahre alt sein muß, um der Prälatur auf Lebenszeit beizutreten. Doch del Portillo erwähnt nicht, daß, wer dieses Ziel mit 23 erreichen will, schon als Jugendlicher in die Schule des Opus-Innenlebens eingetreten sein muß. So ergibt es sich wenigstens aus den Statuten.

Wer mit 23 aufgenommen werden will, muß sich schon viel früher für das Opus Dei entschieden, also eine Lebensentscheidung vollzogen haben. Nach den Statuten kann der Bewerber mit sechzehneinhalb Jahren den sogenannten „Brief“ schreiben, im Opus-Vokabular: er muß „pfeifen“. In diesem Brief an die römische Leitung hat er schriftlich darzulegen, ob er dem Werk als eheloser Numerarier, als eheloser Assoziierter oder als Supernumerarier mit Heiratsmöglichkeit angehören will.[11] Ein halbes Jahr später, mit 17, kann er die „Admissio“, die einfache Zulassung, erhalten. Die Statuten gehen davon aus, daß man schon „vorher eine gewisse Zeit als Aspirant“ verbringt.[12] Juristisch ist der Aspirant noch kein Opus-Mitglied, wohl aber praktisch, wie sich aus dem „Vademecum für die örtlichen Räte“ ergibt. In der Regel gehören die Bewerber bereits einem Jugendclub an. Sobald sie vierzehneinhalb Jahre alt sind, können sie einen Brief an den Regionalvikar schreiben und um die „Admissio“ bitten. Dann beginnt das „Programm der anfänglichen Formung“, wobei bereits unterschieden wird zwischen den Aspiranten, die Numerarier, und denen, die Assoziierte werden wollen: Kurse und Lehrunterweisungen erfolgen getrennt und in unterschiedlicher zeitlicher Dauer. (Die

[11] Codex, Nr. 19.
[12] Ebd. Nr. 20, § 1.

26

Zulassung von Aspiranten, die Supernumerarier werden wollen, ist im „Vademecum" nicht vorgesehen.) Wie später als Opus-Mitglieder, so unterziehen sich auch die Aspiranten z.B. dem monatlichen Einkehrtag, der wöchentlichen Betrachtung, der wöchentlichen Aussprache mit ihrem Leiter und dem Gespräch mit dem Opus-Priester. Im Grunde sind sie bereits ins Innenleben des Opus Dei integriert (Auszüge aus dem „Vademecum" im Anhang). Auf diese Weise wird die Bestimmung der Statuten, die – entsprechend dem Kirchenrecht – das in den Konstitutionen festgelegte Zulassungsalter um zwei Jahre angehoben hat, wieder unterlaufen.

Erhält der Siebzehnjährige die „Admissio", ist er de facto Mitglied und muß Frömmigkeits-Vorschriften des Werkes (Näheres im Kapitel XV) genügen. (Ehemalige berichten, daß schon Jugendliche mit den Buß-Utensilien vertraut gemacht werden.) Ein Jahr danach, mit 18, kann man die „Oblatio" bekommen, die vorläufige Eingliederung im formal-juristischen Sinne. Der Oblate hat sich jährlich erneut zu verpflichten. Er kann auch schon Leitungsaufgaben, beispielsweise in einem Jugendclub, übernehmen. Die formal-juristisch endgültige Eingliederung kann frühestens nach weiteren fünf Jahren – also mit 23 – in der „Fidelitas" erfolgen.[13]

„2. Den Mitgliedern des Opus Dei steht es vollkommen frei, über ihre Bindung an die Prälatur nach persönlichem Ermessen zu sprechen mit wem sie wollen, also auch mit ihren Eltern. Es ist der ausdrückliche Wunsch der Prälatur, daß ihre Gläubigen ständig in der Liebe zu ihren Eltern wachsen und diese an der geistlichen Bereicherung teilhaben lassen, die sie in ihrer Hingabe an Gott im Opus Dei erfahren."

Dagegen behaupten ehemalige Mitglieder, sie seien angehalten worden, ihren Eltern nichts über ihre neue Beziehung bzw. ihren Beitritt zum Opus Dei zu sagen. Grund ist wohl die Furcht der Leiter, daß die Eltern den Weg ihrer Kinder nicht verstehen und versuchen könnten, sie wieder abspenstig zu machen. Der junge Vladimir Felzmann hat, wie er heute sagt, diese Grundregel gebrochen; er war sich dessen auch bewußt. Für die meisten anderen Mitglieder jedoch, so meint er, beginne die Mitgliedschaft im Opus Dei „mit einer Lüge".

---

[13] Ebd. Nr. 22, sowie 25 und 27.

Diese erste Lüge ziehe das andere nach sich: eine Atmosphäre von Geheimnissen, Argwohn und gewandtem Versteckspiel. Felzmanns Verstoß gegen die Gepflogenheiten hieß jedoch nicht, daß er ein couragierter Abweichler gewesen wäre. Offen und in Einzelheiten erzählte er mir, wie er während seiner Tätigkeit im Netherhall-House gegenüber besorgten Eltern die Verbindungen der jungen Leute zum Opus Dei verschleiert habe.

María del Carmen Tapia berichtet: „Man erwartete von mir, daß ich meine Eltern über meine Berufung oder über meinen Dienst in Opus-Häusern nicht informierte, auch nicht über Gespräche, Beichten und ähnliches. Nicht einmal meine engsten Freunde wußten Bescheid – das heißt: Freundinnen. Denn meine Freundschaft mit jungen Männern hatte ich aufgegeben. Die einzigen, mit denen ich Freundschaft schließen konnte, waren diejenigen, die ich für das Opus Dei gewann."

Felzmanns und Tapias Aussagen bedeuten aber nicht, daß Portillo die Unwahrheit gesagt hätte. Ausdrücklich wird offenbar nicht verlangt, den Eltern und Freunden nichts über die erste Annäherung und die fortschreitende Eingliederung ins Opus Dei zu sagen. Sondern es ist eine Art Spielregel, die einem etwa so nahe gebracht wird: „Natürlich darfst du mit deinen Eltern sprechen, aber das wäre sehr dumm, weil sie es nie verstehen würden."

„3. Die Gläubigen der Prälatur verbleiben in ihren normalen Lebensumständen mitten in der Welt, wo sie ihrem Studium oder ihrem Beruf wie ihre Mitbürger nachgehen. In diesen Tätigkeiten unterliegen sie keinerlei Kontrolle seitens der Leiter des Opus Dei. Sie bemühen sich um eine intensive christliche Lebensführung. Das setzt eine Bildung voraus, die darauf abzielt, die persönliche Entscheidungsfähigkeit in voller Freiheit und Verantwortlichkeit zu fördern und zu entfalten . . ."

Diese Information trifft im allgemeinen zu, nicht aber für die Führungscrew der Numerarier, die etwa ein Fünftel der Opus-Mitglieder ausmachen. Sie üben, wenn sie die speziellen Aufgaben für das Werk übernehmen, ihre erlernten Berufe in der Regel nicht aus. (Näheres über die Numerarier im Kapitel XV.)

„. . . Diese Richtlinien finden genauso Anwendung bei Jugendlichen, die das Opus Dei kennenlernen, wobei nie Druck auf sie ausgeübt wird, wenn sie eine eventuelle Bindung an die Prälatur erwägen. Ebensowenig wird ihnen das Verlassen derselben erschwert."

Die meisten Numerariermitglieder in Deutschland sind dem Opus Dei offenbar im Alter zwischen 14 und 17 Jahren beigetreten. Ehemalige Mitglieder behaupten, daß auf Jugendliche massiv Druck ausgeübt werde. So schrieb beispielsweise der ehemalige Numerarier Hans Peter O. Breuer: „Ein Beispiel aus meiner vierjährigen internen Leitungstätigkeit als stellvertretender Leiter im Jugendklub ‚Feuerstein‘: Das Leitungsgremium ‚Örtlicher Rat‘ überlegt, ob jemand als Numerarier-, Supernumerarier- oder Assoziiertenmitglied angesprochen werden soll. Mit dem Kandidaten wird jedoch nur die Art der Mitgliedschaft erörtert, die sich das ‚Opus Dei‘ wünscht. Jemandem, der ehelos lebt, wird nur dieser Weg mit (Nach-) Druck empfohlen. Die Alternativen werden allenfalls, und das ist schon viel, erwähnt. Diese ‚Berufungs‘-Gespräche üben höchsten seelischen Druck aus: will sich jemand der Forderung des Zölibats nicht stellen, muß er sich unter Umständen den Vorwurf mangelnder Hingabe und Großzügigkeit gefallen lassen."[14]

Wird also doch Druck ausgeübt? Die Frage ist, was man unter „Druck" versteht. Kann man zu Recht sagen, ein Jugendlicher, der sich begeistert dem Opus Dei zuwendet bzw. sich anwerben ließ und nun überzeugt mitmacht, stehe unter Druck? Ich wage nicht, das lapidar zu behaupten.

Andererseits scheint mir nicht zweifelhaft zu sein, daß es im Opus Dei tatsächlich Druck gibt – und zwar in dem Sinne, wie Vladimir Felzmann ihn beschreibt: man verleugne die menschliche Emotionalität, und weil man Emotionen verdränge, bemerke man nicht, daß man Druck ausübe. Eine ähnliche Erfahrung, wie sie von Hans Peter O. Breuer geschildert wird, hat Felzmann gemacht: immer wieder wurde er gefragt, ob er nicht Priester werden wolle. „Man kann ‚nein‘ sagen, aber man fühlt, daß man ein bißchen versagt, wenn man's tut." Felzmann läßt keinen Zweifel: „Leute werden unter Druck gesetzt, unbewußt und sogar bewußt. Aber das geschieht nicht offen, nicht aufzeigbar."

Offensichtlich spielt sich vieles in diesem Bereich unterdrückter Emotionalität ab. Derjenige, der Druck ausübt, empfindet es nicht

---

[14] Leserbrief von Hans Peter O. Breuer, in: Kölner Stadtanzeiger, 21. Juni 1983, Nr. 140, S. 12.

so. Und derjenige, der unter Druck steht, bemerkt ihn nicht, weil er ja das Opus Dei und die Spielregeln bejaht. Daß er seine Entscheidungen unter – möglicherweise massivem – Druck getroffen hat, wird ihm wohl erst bewußt, wenn er sich vom Opus Dei zu lösen beginnt. So kommt es, daß die Ehemaligen von Druck sprechen, die im Werk Verbliebenen diese Behauptung jedoch als Unterstellung zurückweisen; freilich erscheint als nachdenkenswert, daß Escrivá selber von „heiligem Zwang" spricht.

Zu hinterfragen ist weiterhin, ob das Verlassen der Prälatur wirklich nicht erschwert wird. Ehemalige berichten, daß Opus-Leiter versucht hätten, ihnen klarzumachen, sie würden durch einen Austritt gegen Gottes Willen verstoßen und sich Höllenstrafen zuziehen. So weiß es John J. Roche. Man bezeichne die Austrittswilligen als „Verräter". Wenn sie bei ihrer Absicht bleiben, würden sie „ohne einen Penny" hinausgeworfen.[15] Aus diesem Grunde gebe es im Opus Dei eine Menge verwirrter Leute, die ihr Leben dort mit einer Art Widerwillen zubrächten. Er kenne auch einige Fälle faktischen Hausarrests und Verhörs.

María del Carmen Tapia berichtet, nachdem ihr Zweifel am Werk gekommen seien, habe Escrivá sie unter einem Vorwand nach Rom zurückgerufen. Dort sei sie, wie sie es empfand, acht Monate lang unter Hausarrest gehalten worden. „Ich wurde dauernd überwacht, durfte weder Briefe schreiben noch telefonieren. Man sagte mir, wenn jemand nach mir frage, werde man antworten, ich sei krank oder weggegangen. Anhaltende Bemühungen sollten mich zu einem Schuldbekenntnis und zu Gewissensbissen bringen. Innerhalb von drei Monaten wurden meine Haare weiß. Ich bat, zu meinen Eltern nach Spanien zurückkehren zu dürfen. Eine Erlaubnis wurde abgelehnt." Mit Hilfe einer anderen Numerarierin habe sie ein Postfach eröffnen und Briefe aus Venezuela in Empfang nehmen können, was

---

[15] Nachdem John Roche das Opus Dei verlassen hatte, war er ohne Versorgung. Seine Gehälter, die er als Lehrer vom Staat bekommen hatte, waren auf an das Opus Dei bzw. an korporative Vereinigungen gebundene Konten gegangen. Er hatte darauf vertraut, daß man für seine Zukunft vorsorgen werde; vergebens. 1981 klagte er vor Gericht, weil er das Geld unter „unzulässigem Druck" abgegeben habe, gegen Opus Dei bzw. die korporativen Vereinigungen auf Herausgabe des Geldes und von Zinsen. Vgl. Clifford Longley, Opus Dei case arguable, judge says; No cause of action against all Opus Dei members, in: The Times, London, October 14, 1981, S. 10. Der Fall wurde 1984 abgeschlossen. Einen Teil des Geldes hat Roche zurückerhalten.

jedoch entdeckt worden sei und zu einer schweren Bestrafung ihrer Freundin geführt habe. Schließlich habe Escrivá sie gebeten, ihren Austritt aus dem Opus Dei zu erklären. Dabei habe er sie gewarnt, ihren Eltern zu erzählen, was sich in Rom ereignet habe. Man habe ihre persönlichen Dokumente einschließlich Führerscheins zurückbehalten und ihr nur den Paß gegeben, so daß sie Italien verlassen konnte. Wörtlich fährt sie fort: „Dieses letzte Treffen mit dem Vater, an dem mehrere Frauen und Priester aus dem Opus Dei teilnahmen, war unglaublich. Er beschuldigte mich in einer schmutzigen Weise."

„4. Die geistliche Hilfe, die die Prälatur ihren Mitgliedern sowie allen, die sich an ihren Apostolaten beteiligen wollen, gewährt, steht in vollem Einklang mit der Lehre und der geistlichen Praxis der Kirche und, demzufolge, mit den Vorschriften des Kirchenrechts. Die Gläubigen der Prälatur haben die gleichen Rechte wie die übrigen katholischen Gläubigen. Zu diesen Rechten gehört das Recht, bei den Priestern zu beichten, bei denen sie wollen, mögen sie der Prälatur Opus Dei angehören oder nicht, vorausgesetzt, daß sie die erforderliche Beichtlizenz besitzen."

Im Gegensatz dazu stehen die Berichte Ehemaliger, wonach Opus-Dei-Mitglieder gehalten seien, nur zu Opus-Dei-Priestern beichten zu gehen. María del Carmen Tapia sagt es noch schärfer: „Im Opus Dei muß man immer zu einem Opus-Dei-Priester beichten gehen, da gibt es keine Ausnahmen. In Córdoba konnten wir mehr als einen Monat lang nicht beichten, weil zu dieser Zeit kein Opus-Dei-Priester im Haus war. Überdies kann eine Opus-Dei-Frau nicht zu einem Priester des Opus Dei beichten gehen, der ihr von ihren Vorgesetzten nicht anempfohlen worden ist . . . Wenn eine Frau, die ehemals Opus-Mitglied war, einen Priester des Opus Dei bittet, in einer normalen Kirche ihre Beichte zu hören, und wenn der Priester zustimmt, dann wird er von seinen Vorgesetzten schwer bestraft."

Trotzdem hat Prälat del Portillo nicht unrecht. Grundsätzlich hat jedes Opus-Mitglied die Möglichkeit, sich einen Priester seiner Wahl zu suchen. Aber es ist, wie Felzmann bemerkt, eine ungeschriebene Regel, dies nicht zu tun. (Vgl. das „Vademecum" im Anhang.)

„5. Was die christliche körperliche Buße betrifft, so hält sich die Prälatur an die Tradition der Kirche. Nur eine Minderheit unter den

Mitgliedern benutzt Bußgürtel und Bußgeißel, im Geist der Sühne für die eigenen und die von anderen begangenen Sünden und Beleidigungen Gottes, sowie in geistlicher Verbundenheit mit dem Erlösungsopfer unseres Herrn Jesus Christus. Darin, wie in allem, entscheidet jeder nach eigenem Gewissen und in voller Freiheit, nach Erwägung der in der geistlichen Führung erhaltenen Beratung. Zur Verantwortung der für die geistliche Führung zuständigen Personen gehört es, Gesundheitsschäden bei solchen Bußübungen auszuschließen."

Natürlich hat jedes Mitglied des Opus Dei das Recht, nach seinen Vorstellungen und denen des Werkes zu leben. Es hat auch das Recht, sich aus religiösen Gründen Abtötungen aufzuerlegen und sich Bußgürtel anzulegen. Im Opus Dei gibt es viele Menschen, die glücklich sind und ihren Weg als den richtigen ansehen. Ich habe davon häufiger in Leserbriefen an deutsche Zeitungen, vor allem im Raum Köln, erfahren. Zum Beispiel hieß es da: „Dabei denke ich zunächst einmal an meine Begegnungen mit dem Opus Dei bei Exerzitien und Einkehrabenden. Ich meine aber auch – und das betrifft die Jugendarbeit – die Gespräche mit unserem jüngsten Sohn, der dem Opus Dei nahesteht, und seinen Freunden vom Werk. Keiner von ihnen macht auf mich den Eindruck, als würde er unter der Last von Buße, Abtötung, Geißelung und Selbstkasteiung zusammenbrechen. Es sind junge Leute mit offenen, frohen, zufriedenen und glücklichen Gesichtern, hilfsbereit und lebensbejahend."[16]

Hans Thomas meinte als Mitglied der Kommission des deutschen Opus Dei, wenn das eine oder andere Mitglied zu Bußgürtel und Peitsche greife, sei das bestimmt nicht so anstrengend wie die Praktiken, die sich Bodybuilding-Anhänger oder Mannequins an Opfern für ihren Körper auferlegten. Die Bußübungen der Opus-Dei-Mitglieder dienten dazu, den ganzheitlichen Menschen zu stärken.[17] Und Konrad K. Jungmann vom Informationsbüro des deutschen Opus Dei ist der Meinung: „Die ‚empörenden‘ Objekte Bußband und Geißel sind kirchlich gutgeheißene, harmlose Gegenstände, deren Wert in der Ausschließlichkeit des religiösen Motivs liegt, auf das sie gegen-

---

[16] Josef Flaspöhler in: Kirchenzeitung für das Erzbistum Köln, 21. Oktober 1983, Nr. 40, S. 10.
[17] Katholische Nachrichtenagentur, Landesdienst Baden-Württemberg, FS vom 23. Oktober 1984: Bußgürtel statt Bodybuilding.

ständlich aufmerksam machen. Sie sind keine Besonderheit des
‚Opus Dei'. Man kann sie hierzulande kaufen."[18]
Diese Instrumente sind in den Händen von Jugendlichen wohl
kaum „harmlos". Aber die diesbezüglichen Auskünfte der deutschen
Opus-Leitung mag man als Ausdruck einer religiösen Einstellung zur
Kenntnis nehmen – sofern sie Erwachsenen gelten. In diesem Bereich
mag jeder Volljährige tun, was er vor sich rechtfertigen will und kann.
Jungmann schreibt ferner: „Hungerstreik hat bessere Presse als
Fastenzeit. Wer lächelt, obwohl er müde ist, tötet sich ab; wer ein
Bußband anlegt, ebenso. Die sogenannte körperliche Abtötung hilft
unserer Zeit, zwei Dinge zu entdecken: die Ausrichtung allen Handelns auf Gott und die leib-seelische Einheit der Person."[19]
Hier werden zwei Dinge, die zu unterscheiden sind, miteinander
vermischt: Fasten und körperliche Kasteiung sind nicht dasselbe. Wer
sich ein Bußband anlegt, quält seinen Körper, der von Gott geschaffen und ein Geschenk ist. Aber dieser Körper, in dem man Triebe und
Geschlechtlichkeit, sozusagen den Feind, wahrnimmt, wird bekämpft: abgetötet.
Den Hintergrund beschreibt Vladimir Felzmann: es handelt sich
um den alten Dualismus zwischen Körper und Geist. Diese dualistische Sicht bestimme die ganze Einstellung im Opus Dei gegenüber
der Geschlechtlichkeit, gegenüber Mann und Frau. „Die objektiven
Werte verbinden sich mit dem Mann, die subjektiven dagegen mit der
Frau. Denken, Verstand, Intellekt verbinden sich mit dem Mann;
Gefühle, Emotionen, Körper mit der Frau. So geht man gegen das
Subjektive, gegen die Emotionalität an; und das geschieht im Opus
Dei. Und man hebt das Intellektuelle, Objektive und Abstrakte her-
vor. So ergeben sich Probleme im praktischen Leben: wenn man im
Opus Dei ist und Gefühle und Emotionen hat, wird man gepeinigt.
Das Problematische an dieser Einstellung ist, daß aus ihr psychoso-
matische Schwierigkeiten entstehen ... Man predigt zwar die Inkarnation, aber in der Praxis verleugnet man sie."[20]
Dieses dualistische Denken hat die christliche Askese lange
bestimmt: man sah im Körper das Böse, das dem Geist zu unterwer-
fen war. Doch unter dem Einfluß des Wissens um den Menschen und
der Konzilstheologie wurden diese Sicht und die sich daraus erge-

[18] Leserbrief von Konrad K. Jungmann, in: Kölner Stadtanzeiger, 14. Juni 1983,
Nr. 135, S. 6.
[19] Ebd.
[20] Felzmann, Interview, S. 198f.

bende rigorose Askese weitgehend überwunden. Die Marterwerkzeuge sind fast überall abgeschafft. Dagegen lebt die andere, die humane Form der Buße, zu der das Fasten zählt und die es ebenfalls schon immer gegeben hat, auch heute unverändert weiter. Sie quält den Körper nicht, sondern akzeptiert ihn und fördert ihn. Sie will nicht abtöten, sondern die positiven leiblichen Kräfte unterstützen. Das Denken, von dem sie initiiert wird, ist nicht auf Vernichtung, sondern auf Aufbau gerichtet.

Das eigentliche Problem entsteht, wenn noch jugendliche Menschen bereits eine grundsätzliche Lebensentscheidung zugunsten der Ehelosigkeit treffen sollen und müssen, zumal in der Tradition damit die „Bekämpfung des Fleisches" verbunden ist. Deshalb hatte Kardinal Hume empfohlen, das Eintrittsalter auf 18 Jahre zu erhöhen. Statuten und „Vademecum" sind seiner Empfehlung nicht gefolgt, wenngleich diese vom Opus Dei in England akzeptiert worden war. Die betroffenen Jugendlichen dürften es wohl sehr schwer haben, in ihrem natürlichen Reifungsprozeß zu einem Gelingen zu finden. Berichte ehemaliger Numerarier, also eheloser Mitglieder, zeigen, daß sie von Ängsten und Schuldgefühlen überfallen wurden (die man ihnen gegebenenfalls auch beibrachte), wenn sie auf den Gedanken kamen, ihre allzu frühe Hinwendung zur Ehelosigkeit in Frage zu stellen. Die „Minderheit unter den Mitgliedern", die nach Portillo den Bußgürtel und die Bußgeißel benutzt, ist insbesondere die Minderheit der Numerarier, die nach Escrivá als „Generalstab Christi" ehelos zu leben hat.

„6. Ihre Tätigkeiten führt die Prälatur Opus Dei stets im Licht der Öffentlichkeit und im Einklang mit den im Lande geltenden Gesetzen durch. Die Sitze ihrer Zentren sind bekannt, ebenso die Personen, die sie leiten. In sämtlichen Prospekten, die über die Tätigkeit informieren, wird klar auf die von der Prälatur Opus Dei wahrgenommene geistliche Betreuung hingewiesen."

Mir scheint, daß die Behauptung, die Prälatur betätige sich „stets" im Licht der Öffentlichkeit, einfach nicht stimmt. Welche Institution könnte solches schon von sich behaupten. Die Gründe sind verständlich und müssen nicht näher erklärt werden. Aber eine Gemeinschaft, in der bereits die eintretenden Jugendlichen praktisch gehalten sind, den Eltern und Freunden nichts von ihrer Zugehörigkeit zu sagen – wie die Zeugnisse vieler Ehemaliger belegen –, würde gut daran tun, in diesem Punkt wenigstens zu schweigen.

„7. Die Gläubigen der Prälatur Opus Dei – Priester und Laien, Männer und Frauen – bemühen sich sorgsam, den pastoralen Richtlinien der Ortsbischöfe ihrer jeweiligen Bistümer Folge zu leisten. Der Regionalvikar der Prälatur in Deutschland unterhält regelmäßigen persönlichen Kontakt mit den Diözesanbischöfen, besonders mit jenen, in deren Bistümern Zentren des Opus Dei errichtet wurden, um diese kirchliche ‚Communio' nach Kräften zu stärken und in der apostolischen Arbeit stets im Einvernehmen mit den Diözesanbischöfen zu verfahren.

Rom, den 14. Mai 1984

Alvaro del Portillo, Prälat des Opus Dei"

IV
Die Kampftruppe des Alltags und ihre nicht ganz konsequente Kollektiv-Demut

Weil im Opus Dei angenommen wird, daß ein Außenstehender den religiösen Ernst des Werkes nur schwerlich darzustellen vermag, lasse ich hier Josemaría Escrivá, den wichtigsten Zeugen, im Originalton sprechen, und zwar mit seinem Schreiben „Non ignoratis".[1]

„1. Ihr wißt wohl, geliebte Töchter und Söhne, daß *das Ziel und die Mittel des Opus Dei gänzlich und ausschließlich übernatürlicher, geistlicher und apostolischer Art sind:* wir wollen nämlich die Berufungen von Christen fördern, die sich für die Erlangung der Heiligung in der Welt innerhalb jeglichen Standes so verpflichten, daß sich ihr ganzes Leben zum Apostolat hinwendet.

Unser Apostolat, durch das wir an der heilbringenden Mission der Kirche mitarbeiten, hat *weltlichen* Charakter und bedient sich der *weltlichen* Form. Allerdings nicht, weil wir *weltliche* oder *zeitliche* Ziele verfolgen, sondern im Gegenteil, weil das Apostolat des Opus Dei, dessen Ziel übernatürlich ist, mit denen verwirklicht werden muß, die in dieser Welt leben, und von denen, die unter denselben Bedingungen dieser Welt, nämlich in weltlichen Verhältnissen, freiwillig leben und arbeiten, weil sie sich von ihren Mitbürgern in keiner Weise unterscheiden wollen.

2. *Wir sind keine Ordensleute und dürfen uns auch nicht als Missionare oder Ordensleute bezeichnen.* Wer zum Opus Dei gehört, übt seinen eigenen Beruf als Arzt oder Anwalt oder Handwerker oder Bauer oder irgendeinen anderen Beruf aus, und zwar in derselben Art und Weise wie alle übrigen Bürger; aber er ist bestrebt, Seelen für die heilige Kirche bei der Ausübung derartiger beruflicher Tätigkeiten zu gewinnen, und zwar insbesondere an Orten oder unter Begleitumständen, zu denen Priester und Ordensleute kaum einmal Zugang finden.

3. Allerdings sind wir auch keine Bürger *von minderem Status; ihr genießt nämlich umfassende Freiheit, und eure Handlungen habt ihr*

---

[1] Siehe Fußnote 1, Kapitel II.

selbst zu verantworten. Das bezieht sich nicht nur auf das berufliche, sondern ebenso auf das soziale, kulturelle und politische Handeln. Alle diese Tätigkeiten habt ihr mit den übrigen Bürgern eurer Nationen gemeinsam; deshalb gelten für diese wie für euch auch dieselben Rechte und Pflichten. In zeitlichen Angelegenheiten dürfen die internen Leiter nie eure Meinungen auf irgendeine der freien Auffassungen und Überzeugungen festlegen, die unter Menschen vorkommen. Vielmehr handelt jeder von euch in voller Freiheit nach seinem Gewissen.

Falls es aber einmal zum Heile der Seelen sich als notwendig erweisen sollte, in diesen Angelegenheiten eine Norm zu bestimmen und festzusetzen, so muß das unter allen Umständen – sozusagen als Teil ihrer ureigenen seelsorgerischen Aufgabe – allein Sache der örtlichen Ordinarien bleiben. Wenn sie diese Entscheidung getroffen haben, dann wird es eure Pflicht sein, den von ihnen erlassenen Normen frohgemut und im Geiste vollkommenen Gehorsams vor Gott und den Menschen zu gehorchen.

4. Aber wenn wir auch in dieser Welt leben und damit sicherlich zu Teilhabern an den Sorgen aller Menschen sowie an den Werken der bürgerlichen Gesellschaft bestellt sind, so ist doch *unsere apostolische Berufung notwendigerweise gleichzeitig eine kontemplative Berufung.* Wir leben sozusagen in ständiger, einfacher und kindlicher Vereinigung mit Gott, unserem Vater. Wenn nämlich unser Geist nicht wahrhaft kontemplativ ist, werden wir kaum im Opus Dei bleiben können.

5. Diese fromme Intimität unserer Vereinigung mit Gott ist jedoch in aller Natürlichkeit und Schlichtheit der Umgangsformen zu bewahren. Niemals freilich wollen wir unsere besondere Ausprägung verhehlen. *Wir machen daraus weder ein Mysterium noch ein Geheimnis auf irgendeine Weise, weil wir das überhaupt nicht nötig haben. Wenn einiges davon gleichwohl zur Vertraulichkeit unseres innigen Gespräches mit Gott gehört, so sollten wir es vor der unnützen Neugier anderer Personen schützen, und zwar aus demselben Grund und aufgrund derselben Sorge, mit der alle Menschen zu vermeiden suchen, daß familiäre Intimitäten ohne Grund in der Öffentlichkeit ausgebreitet werden.*

6. Nur das begehren wir, das ist unser Wunsch: *der Kirche zu dienen, und zwar so, wie sie selbst im Rahmen dieser besonderen Berufung, die wir von Gott empfangen haben, bedient werden möchte...*"

Aus diesen Worten Escrivás wird klar, worum es ihm und seinem Werk geht: die Mitglieder sollen in der Gesellschaft, da, wo sie leben, ein christliches Leben führen. Das ist ein Kern der Botschaft. In einer Broschüre, herausgegeben vom Informationsbüro des Opus Dei in Deutschland, wird dazu näher ausgeführt, die Mitglieder strebten „Heiligung in der Christusnachfolge für sich selbst und für die Menschen ihrer Umgebung" an. „Sie haben sich dem Opus Dei angeschlossen, weil sie sich Gott hingeben wollen und die möglichst vollkommene Erfüllung ihrer Aufgaben in Familie und Gesellschaft, Beruf durch eine bewußt eingegangene Bindung suchen, was nichts anderes bedeutet, als in einem Leben alltäglichen Christseins konkret voranschreiten zu wollen."[2]

Escrivás Grundidee war: der katholische Christ muß im gewöhnlichen Alltag seinen Glauben leben und das Apostolat auch in der säkularen Gesellschaft verwirklichen. Dazu dient ihm die „Heiligung der Arbeit". Escrivá sagte: „Wir sind gekommen, um von neuem auf das Beispiel Christi aufmerksam zu machen, der 30 Jahre lang in Nazareth gearbeitet und ein Handwerk ausgeübt hat. Unter den Händen Christi wird die Arbeit – eine berufliche Arbeit, wie sie Millionen von Menschen in der ganzen Welt verrichten – zu einem göttlichen Werk, zu einer Erlösungstat und zu einem Weg des Heiles."[3]

Das ist nicht neu. Es hat schon immer Christen gegeben, die versucht haben, die gewöhnliche Alltagsarbeit zu heiligen. Die Laien der Sodalitäten, der Dritten Orden und die Oblaten sind überzeugt, daß alle Christen zur Heiligkeit berufen sind und daß diese in der Welt auch tatsächlich gelebt werden kann. Auch das Stichwort „Nazaret" ist in unserer Zeit schon vor Escrivá entdeckt worden, wie ich im XII. Kapitel näher zeigen werde.

Insofern irrt man im Opus Dei, wenn man schlicht und einfach meint, Gott habe mit diesem Werk „eine neue Seite im Buch der

---

[2] Andrew Byrne, Den Alltag heiligen, herausgegeben vom Informationsbüro des Opus Dei in Deutschland, Köln (o. J.), S. 7. Byrne ist englischer Priester des Opus Dei. Die ursprüngliche Fassung dieser Schrift hieß „Die gewöhnliche Arbeit heiligen", sie ist dann aber unter den umfassenden Gesichtspunkt der Alltagsheiligung gestellt worden. – In diesem Zusammenhang sei auch auf eine kritische und sehr kenntnisreiche Auseinandersetzung mit der Opus-Konzeption „Heiligung des Alltags", „Heiligung der Arbeit" verwiesen: Werner Krebber, Ich bin der Weg..., in: Anton Zottl (Hrsg.), Weltfrömmigkeit, Eichstätt 1985, S. 167–181.
[3] Interview mit der New York Times vom 7. 10. 1966, in: Gespräche mit Msgr. Escrivá de Balaguer, 2. Aufl., Köln 1971, Nr. 55, S. 71 f.

Kirchengeschichte aufgeschlagen".[4] So kann wohl nur urteilen, wer sich selber überschätzt bzw. die kirchliche Gesamtwirklichkeit aus dem Auge verloren hat.

Andererseits ist jedoch durchaus anzuerkennen: Opus Dei hat akzentuiert, was auch das Zweite Vatikanische Konzil herausgearbeitet und herausgestellt hat: die „Berufung des Laien", ja, es hat vielleicht diese Aussagen des Konzils mit angestoßen.

Die eigentliche revolutionäre Neuerung, die das Opus Dei in die katholische Kirche gebracht hat, ist indes nicht geistlich, sondern zeitlich, sofern man – mit dem Opus Dei – zwischen einem geistlichen und einem zeitlichen Instrumentarium unterscheiden möchte: Nie zuvor hat eine kirchliche Gemeinschaft so gezielt soziale Techniken wie das Werk entwickelt, um sein Ziel zu erreichen.

Die innere Struktur des Opus Dei ist autoritär und quasimilitärisch. Schon die Wortwahl weist auf gewisse militärische Züge hin. Opus Dei betrachtet sich als eine Kampftruppe mit straffster Disziplin.[5] Es arbeitet „mit Gottes Hilfe für eine Generalmobilmachung der Laien",[6] wie sein Prälat Alvaro del Portillo 1982 offenherzig mitteilte.

Militärisch verstanden sich auch die Kreuzritter und die Jesuiten, freilich vor einigen hundert Jahren. Das Neue an Opus Dei ist, daß es regelrecht eine gesellschaftliche Strategie entworfen hat: das Werk arbeitet, wie Felzmann, sich auf Escrivá berufend, darstellt, „von oben nach unten", getreu dem Grundsatz: „Cuius regio – eius religio" (wer ein Land beherrscht, bestimmt auch dessen Religion).[7] Opus Dei ist laut Escrivá interessiert an Erbadel, Geist, Geld und Positionen. Es sucht führende Leute für sich zu gewinnen, um sich in einem bestimmten Bezirk einen Zugang zu schaffen, von dem aus es dann langsam, aber stetig weiter „nach unten" arbeitet.

Opus Dei selbst bestreitet diese Methode, weil es ja ausschließlich geistlichen Zielen diene. Aber sie wird von der ehemaligen spanischen Opus-Leiterin María Angustias Moreno bestätigt, der zufolge Escrivá gesagt hat: „Unser Ziel ist es auch, alle Universitätslehrstühle, von denen aus viel getan werden kann, zu erlangen; Ziel des

---

[4] Berglar, S. 14
[5] „Geist des Opus Dei", Nr. 64, S. 192.
[6] Generalmobilmachung der Laien, Welt-Gespräch mit dem neuernannten Prälaten des Opus Dei, Alvaro del Portillo, in: Die Welt, Bonn, Nr. 283, 6. Dezember 1982, S. 7.
[7] Felzmann, Interview, S. 204.

Werkes ist es ebenso, Apostolat in staatlichen Einrichtungen zu üben . . . So sind wir imstande, unseren Leuten, ohne daß sie Prüfungen abgelegt haben, Karrieren, Titel, Doktorgrade und viele Orden zu verschaffen, die viele Menschen zu unserem Apostolat locken werden." Und: „Die beste Form, dieses Apostolat zu üben, ist, *wenn wir dies über die diplomatischen Ämter tun,* damit wir in jeder Botschaft und in ihren diplomatischen Vertretungen ein Gebetshaus haben und so die Möglichkeit bekommen, in anderen Ländern Einfluß zu gewinnen, was die beste Weise ist, hineinzukommen."[8]

Der Weg des Opus Dei, von oben her in die Gesellschaft einzusteigen, wird durch eine Bestimmung in den Statuten untermauert: die Mitglieder sollen sich die Wirksamkeit des Apostolats „bei Intellektuellen vor Augen halten, denen große Bedeutung für den Dienst in der bürgerlichen Gesellschaft zukommt – wegen der wissenschaftlichen Bildung, über die sie verfügen, wegen der Aufgaben, die sie erfüllen, oder wegen der Amtsautorität, mit der sie bekleidet sind".[9]

Auch Mitglieder, die hohe Positionen bekleiden, sollen jedoch bescheiden bleiben. Der Verzicht auf Prestige ist eine Forderung, die Escrivá selbst an das Opus Dei gerichtet hat. „Christus will die Demut des einzelnen und die der Gemeinschaft."[10] In diesem Sinne verlangen die Statuten von den Mitgliedern eine „Kollektiv-Demut": sie sollen „niemals nach Ruhm für das Opus Dei trachten, sie sollen sogar dieses Wort im innersten Herzen bewahren: der höchste Ruhm des Opus Dei ist es, ohne menschlichen Ruhm zu leben".[11]

Die „kollektive Bescheidenheit" ist ein sehr wichtiges Gebot des Opus Dei. Es sollte, fahren die Statuten fort, „keinen gemeinsamen Namen und keine gemeinsame Bezeichnung geben, mit denen die Gläubigen der Prälatur benannt werden. . . . Aufgrund dieser Kollektiv-Demut darf Opus Dei keine Zeitschriften und Publikationen im Namen des Opus Dei herausgeben."[12]

1966 befaßte sich eine Ausgabe von „Crónica" mit der Kollektiv-Demut des Werkes. Darin hieß es: „Wir sind weder an Statistiken des Apostolates interessiert noch an der Zahl der Mitglieder noch an einem mathematischen Maß unserer Effizienz, wenn sie nur dazu dienen, Neugier zu befriedigen oder zu einem Gefühl der Selbstzu-

---

[8] María Angustias Moreno, La Otra Cara del Opus Dei, Barcelona 1978, S. 32f.
[9] Codex, Nr. 116.
[10] Gespräche mit Msgr. Escrivá de Balaguer, 3. Aufl., Köln 1981, S. 65.
[11] Codex, Nr. 89.
[12] Ebd.

friedenheit zu führen."[13] „Crónica" zitiert aus dem Brief „Res omnes", den Gründer Escrivá schon 1932 schrieb: „Wir werden zu unserer Hingabe nur bewegt durch das Verlangen, Gott alle Ehre zu geben, indem wir der Kirche und allen Seelen dienen, ohne daß wir Ehre für das Werk oder persönlichen Gewinn suchen."[14]

Die Kollektiv-Demut des Opus Dei ist offenbar ein Grund, warum die Öffentlichkeit nichts Näheres über die Mitglieder und deren Wirken erfährt. Freilich, ganz konsequent hält sich das Opus nicht an die eigene Vorgabe. Gelegentlich werden – leider nicht nachprüfbare – Mitgliederzahlen bekannt. So machte Generalpräsident del Portillo 1979 dem Vatikan genaue statistische Angaben, die durch eine Indiskretion bekanntwurden. Er listete in bemerkenswerter Präzision auf, daß das Opus Dei in 87 Nationen insgesamt 72 375 Mitglieder habe. Sie seien u. a. in 479 Universitäten und höheren Schulen der fünf Kontinente; in 604 Zeitungen, Zeitschriften und wissenschaftlichen Veröffentlichungen; in 52 Radio- und TV-Anstalten; in 38 Nachrichten- und Werbe-Agenturen, in 12 Filmproduktions- und Filmvertriebsgesellschaften tätig.[15] Auch die Mitgliederzahlen werden erfaßt. 1975 hatte das Opus Dei „mehr als 60 000 Mitglieder aus 80 Ländern".[16] 1986 bezifferte Opus-Mitglied le Tourneau die „Gläubigen der Prälatur" (also Laien, ohne Priester) auf „74 370 *aus* 87 Ländern".[17] Das Päpstliche Jahrbuch 1990, das den Stand von 1989 wiedergibt, nannte 74 508 Laien, 1395 Priester und 343 Höhere Seminaristen, also insgesamt 76 246 Mitglieder.[18] Der Bischof von Feldkirch, Klaus Küng, der bis März 1989 der Leiter (Regionalvikar) des Opus Dei in Österreich war, teilte im Oktober 1989 mit, das Opus Dei habe „derzeit rund 80 000 Mitglieder *in* 87 Ländern. Es hat Niederlassungen in 39 Ländern."[19]

Am stärksten ist das Werk in Spanien mit etwa 30 000 Mitgliedern, gefolgt von Mexiko (7000) und Italien (5000).

---

[13] Crónica, 1966, Heft 5.
[14] Ebd.
[15] Alvaro del Portillo (und Javier Echevarría), Trasformazione dell' Opus Dei in Prelatura Personale (Anlage zum Schreiben „A Sua Eminenza Reverendissima il Sig. Card. Sebastiano Baggio"), Rom, 23. April 1979, S. 9.
[16] Totenzettel Escrivás, herausgegeben vom Opus Dei.
[17] Le Tourneau, S. 133.
[18] Annuario Pontificio per l'anno 1990, Città del Vaticano, S. 1086.
[19] Bischof Klaus Küng zur Kritik am Opus Dei, in: Vorarlberger Kirchenblatt, Feldkirch, 22. Oktober 1989, S. 14. Die Zahl 80 000 dürfte sich ergeben, wenn man alle Kleriker – auch die Diözesanpriester – mitzählt (Vgl. Fußnote 10, XV. Kapitel).

Die Zahlen zeigen, daß es im Opus Dei durchaus Statistiken über Mitglieder und Positionen gibt, auch wenn auf Anfragen hin ein gegenteiliger Eindruck vermittelt wird.

Auch die Bestimmung, im Namen des Opus Dei keine Publikationen herauszubringen, wird nicht immer so genau eingehalten, wenn das Werk seinem Ziel dienen kann.[20] Doch nicht das Ziel selbst, nämlich im normalen Alltag christlich und nach katholischer Lehre zu leben, „den Alltag zu heiligen" und für diese Idee zu werben, erregt Ärgernis. Dieses Ziel wird von vielen Christen bejaht. Widerspruch erwecken die doppelbödigen, undurchschaubaren Methoden, die das Ziel fördern sollen. Auch ein noch so frommer Zweck kann nicht die Mittel heiligen.[21]

[20] Die widersprüchliche Auslegung der Bestimmung, die den eigenen Vorteil fördert und Außenstehende mißtrauisch macht, läßt sich vielfältig belegen. Verlage, die von Opus-Mitgliedern gegründet werden und dem Opus Dei dienen (ich benutze in diesen Fällen stets den Begriff „Opus-nahe"), veröffentlichen Schriften, die zwar formell nicht vom Opus Dei herausgegeben werden, aber als offiziell angesehen werden dürfen, weil sie in diesen Verlagen erscheinen, sogar gelegentlich auch noch mit einem Vorwort des Opus-Leiters Alvaro del Portillo; weitere Schriften werden von den regionalen Leitungen des Opus Dei herausgegeben, und zwar in mehrere Sprachen übersetzt. – Darüber hinaus werden diözesane Einrichtungen, die von Opus-Priestern geleitet werden, im Sinne kollektiver Bescheidenheit in Dienst genommen. Die Wiener Pfarr- und Universitätskirche bzw. Universitätsseelsorge St. Karl (s. S. 183) beispielsweise verlegt Schriften, die, zum Teil in Hochglanz gestaltet, vom Opus Dei auch in Deutschland und in der Schweiz kostenlos und zu Werbezwecken an kirchliche Multiplikatoren verschickt werden. Daß diese Einrichtungen dem Opus Dei anvertraut sind, erfahren die Adressaten nicht.

[21] Daß die Mittel erst gar nicht hinterfragt werden, erhellt ein Zitat Escrivás: „Die Mittel interessieren uns nicht um ihrer selbst willen, sondern allein und ausschließlich zur Rettung der Seelen" (Crónica, 1964, Heft 4).

V
Der doppelte Boden und das Theater im schaurigen Halbdunkel

Zu Beginn der vierziger Jahre hielt Josemaría Escrivá einige Besinnungstage („un curso de retiro") für das Ehepaar Franco, und zwar auf Wunsch des Bischofs von Madrid.[1] Daß sich Escrivá, der geistliche Caudillo, und Franco, der politische Caudillo, vorher gekannt hätten, ist nicht überliefert.

Sicher ginge man zu weit, wollte man behaupten, der Opus-Gründer habe damals die Weichen für eine künftige Regierungsbeteiligung von Opus-Mitgliedern stellen wollen. Aber wäre es nicht denkbar, daß der freundschaftliche Kontakt den Diktator für das Opus Dei aufgeschlossen machte? 1951 gelangten drei Opus-Beamte in Regierungsbüros. Mehr und mehr öffneten sich nun Mitgliedern des Werkes die Pforten.[2] Der Durchbruch kam 1957: als Franco das Kabinett umbildete, berief er gleich drei Opus-Dei-Leute zu Ministern. 1962 kam ein weiterer hinzu, und nach weiteren sieben Jahren soll das Opus Dei zehn Minister gestellt haben, eine Zahl, die in Veröffentlichungen von Opus-Mitgliedern bestritten wird. Es seien nur vier gewesen. Sechs weitere Minister, so sagen die Quellen, die von den zehn ausgehen, hätten mit der „Obra", wie das Werk in Spanien genannt wird, sympathisiert.[3]

Josemaría Escrivá hat Vorwürfe, wonach sich das Opus Dei in die Politik einmische, stets zurückgewiesen. Er war überzeugt, daß das Werk nie Politik betreiben werde. Daß sich das Opus Dei aktiv in die

---

[1] Berglar, S. 296.

[2] Vgl. Maurice Roche, The secrets of Opus Dei, in: Magill, Dublin, May 1983, S. 19. Danach gelang es dem Opus Dei in den vierziger Jahren zunächst, Einfluß im universitären Bereich zu gewinnen, und zwar mit Hilfe des spanischen Erziehungsministers José Ibáñez Martín, der ein großer Bewunderer Escrivás gewesen sei. Auf dieser Grundlage wurde ein Netz aus Ingenieuren, Architekten, Beamten, Ärzten und Bankern gesponnen.

[3] Das Lieblingskind, in: Der Spiegel, Hamburg, Nr. 46, 9. November 1970, S. 152. Die Zahl „zehn" dürfte in der Tat übertrieben sein; ebenso die Behauptung der Frankfurter Rundschau, Opus Dei habe 1969 die gesamte Regierung gestellt. Vgl. Klaus von Beyme, der für 1969 nur fünf Opus-Minister (von 18!) nennt (Vom Faschismus zur Entwicklungsdiktatur: Machtelite und Opposition in Spanien, München 1971, S. 128f.).

43

Politik einmische, sei ein „Gespenst". Das „hat es nie gegeben, gibt es nicht und wird es nie geben". Und energisch fügte er hinzu: „Sollte dieser unmögliche Fall eintreten, würde sich das Opus Dei sofort auflösen."[4]

In diesem Zusammenhang schreibt Josemaría Escrivá über sich selbst: „Ich stamme aus Aragonien, jener Landschaft Spaniens, deren Menschenschlag den Ruf hat, die Offenheit zu lieben; schon meinem Naturell nach liebe ich die Aufrichtigkeit und empfinde instinktiv Abscheu vor jeder Art von Verschleierung."[5]

Seine Vereinigung verfolge „keine zeitlichen, politischen Ziele".[6] Dies war und ist offizielle Grundposition des Opus Dei. Deshalb kann es im politischen Bereich – wie überhaupt im gesellschaftlichen Bereich – auch nichts verschleiern; denn wo nichts ist, kann man logischerweise nichts verbergen.

Doch Escrivás Aussagen über „das Opus Dei und die Politik" sind sehr umstritten. Zum Beispiel heißt es in den Konstitutionen von 1950 eindeutig: „Das charakteristische Mittel des Instituts-Apostolats [gemeint war das Säkularinstitut Opus Dei, das damals noch keine Personalprälatur war] sind öffentliche Ämter, besonders jene mit Leitungsfunktionen."[7] Und selbst Radio Vatikan hält es für „zwecklos zu leugnen, daß das Opus Dei in manchen Ländern großen Einfluß im politischen, wirtschaftlichen und kulturellen Bereich besitzt".[8] Der Sender riet dem Opus Dei, sich nicht mit „Geheimnissen" zu „umgeben" und offen „auf präzise gestellte Fragen" Antwort zu geben.

Auf Vorwürfe solcher Art entgegnet das Opus Dei: nicht die Organisation, sondern nur das einzelne Mitglied sei gesellschaftlich tätig. Sein Beruf sei jedoch seine Privatsache, in die sie sich nicht einmische. Als geistliche Einrichtung diene sie dem *übernatürlichen* Wohl des Mitglieds.

Noch einmal Escrivá im Originalton: „Aber es gibt eine sektiererische Minderheit, die nicht nur nicht begreift, was ich und viele andere Menschen lieben [gemeint ist das Opus Dei als rein religiöse Organi-

---

[4] Manuel Moral, Thema der Woche: Opus Dei und Politik, Bayerischer Rundfunk, München, 3. April 1971, Spanische Redaktion.
[5] Josemaría Escrivá, Das übernatürliche Ziel der Kirche. Der Christ und die Achtung der Person und ihrer Freiheit, Köln 1974, S. 36.
[6] Ebd. S. 35.
[7] Constitutiones, Nr. 202. In „Geist des Opus Dei" nicht aufgenommen.
[8] Heinrich Segur, Orden stellen sich vor, Radio Vatikan, 4. September 1979.

sation], sondern darüber hinaus Erklärungen und Begründungen verlangt, die ihrer eigenen, ausschließlich politischen Kategorien verhafteten Denkweise entsprechen – eine Denkweise, die sich dem Übernatürlichen verschließt und nur auf das Gleichgewicht und Zusammenspiel von Gruppen bedacht ist. Erhalten diese Menschen aber nicht eine derart nach ihrem Geschmack zurechtgelegte und deswegen irrige Erklärung, so argwöhnen sie Lüge, Verstellung und dunkle Pläne."[9]

Aus den genannten Gründen gibt das Opus Dei auf politische oder soziologische Fragen keine Antwort. Zum Beispiel zitiert das Werk aus seiner Spiritualität häufig die Trias „Die Arbeit heiligen – sich in der Arbeit heiligen – andere durch die Arbeit heiligen". Fragt man aber nach, ob dies bedeute, daß es Arbeitslose und Arme aus den Entwicklungsländern, die keine Arbeit, also auch keinen Einfluß und kein Geld haben, im Opus Dei nicht gibt oder wie hoch ihr Anteil ist, dann bekommt man zu hören: Soziologie werde dem übernatürlichen Werk Gottes, das von Gott selbst durch den von ihm erwählten Josemaría Escrivá gegründet worden sei, nicht gerecht. Man werde diesem soziologischen Reduktionismus keinen Vorschub leisten.

An diesem Punkt endet das Gespräch. Entweder akzeptiert man das strahlende Bild von der rein religiösen Vereinigung; dann erübrigen sich empirische Fragen. Oder man bleibt bei der Fragestellung; dann ist man als Gesprächspartner unerwünscht, weil man das Wesen des Opus Dei nicht verstehe. So präsentiert sich das Opus Dei dem Außenstehenden letztlich als ein in sich geschlossener Kreis.

Trotzdem versuche ich, soweit möglich, Licht in gesellschaftliche Tätigkeiten zu bringen – die für das Werk nicht existieren sollen, wenngleich Außenstehende sie wahrnehmen.

Die Grundschwierigkeit bei dieser Erkundung ergibt sich aus der rechtlichen Ausgestaltung der rein religiösen Grundposition des Opus Dei. Sein Dualismus, die Aufteilung der Welt und des einzelnen Mitglieds in eine geistliche und zeitliche „Hälfte", ermöglicht dem Opus Dei die Fiktion, sich juristisch auf das Geistliche zu beschränken und sich aus dem Zeitlichen herauszuhalten.

Praktisch heißt das: gesellschaftlich wird nie die Prälatur selbst, sondern nur das einzelne Mitglied tätig – bzw. eine Institution, die von Mitgliedern, jedoch nicht vom Opus Dei als Organisation gegründet wird.

[9] Fußnote 6.

Bei den Einrichtungen und Initiativen des Opus Dei sind zwei Formen zu unterscheiden:

Erstens: die offiziellen Niederlassungen der Prälatur, die bisher in 39 Ländern errichtet worden und in der Regel bekannt sind. Diese sind vor der Errichtung beim zuständigen Diözesanbischof anzumelden; durch die erste Einrichtung wird das Opus Dei als Prälatur offiziell in der entsprechenden Diözese errichtet. In der Regel beherbergen die Niederlassungen ehelose Numerarier, die u. a. Führungsaufgaben im Opus Dei ausüben. Die Leiter dieser Einrichtungen, bei denen es sich in der Regel jeweils um zwei Niederlassungen (eine für Männer und eine für Frauen) handelt, haben ihre Namen dem Diözesanbischof mitzuteilen, falls er darum nachsucht.[10]

Nun muß die Prälatur gelegentlich auch gesellschaftlich tätig werden. Um die selbstauferlegte Verpflichtung, nur religiös zu wirken, aufrechterhalten zu können, hat sie 1974 für das Gebiet der Bundesrepublik Deutschland einen weltlichen, zivilrechtlichen Verein gegründet, den Opus Dei e.V., dessen Satzung[41] allerdings in mehreren Punkten den Statuten der rein geistlichen Prälatur widerspricht bzw. den rechtlichen Umgangsformen deutscher Vereine angepaßt ist.

Zum Beispiel wird der römische Prälat des Opus Dei – nach den Statuten – vom Generalkongreß des Opus Dei gewählt und dem Papst vorgeschlagen, der – wenn er es für richtig hält – die Wahl akzeptiert und den Prälaten auf Lebenszeit ernennt.[12] Nach den Statuten ist außerdem der Generalrat bestellt, um den Prälaten bei der „Leitung und Verwaltung der Prälatur zu unterstützen". Die Entscheidungen des Generalrates sind nicht in jedem Fall verbindlich, weil der Prälat Weisungsgewalt besitzt.[13] Dagegen heißt es in der Satzung des Opus Dei e.V.: „Zentrales Leitungsorgan ist der Generalrat, bestehend aus dem Prälaten als Vorsitzendem, dem Generalvikar und wenigstens sieben Beisitzern. Der Generalrat arbeitet kollegial und entscheidet mit Stimmenmehrheit."[14] Stimmenmehrheit – das ist zwar richtig, aber der entscheidende Aspekt, wonach der Prälat an die Beschlüsse des Generalrates nicht gebunden ist – was bedeutet, daß er praktisch allein das eigentliche Leitungsorgan ist –, wird nicht dargestellt.

Außerdem heißt es in der Satzung des Opus Dei e.V.: „Die Amts-

---

[10] Codex, Nr. 89, § 2 und 177 f.
[11] Opus Dei e. V., Satzung, Köln, 26. November 1984.
[12] Codex, Nr. 130, § 1.
[13] Codex, Nr. 60, § 1 (Siehe auch Kapitel XV).
[14] Satzung, Nr. (7) a).

zeit der Mitglieder des Generalrates ist auf acht Jahre festgesetzt."[15] Doch in Wirklichkeit herrscht der Prälat, der letztes Entscheidungsrecht besitzt, auf Lebenszeit.

Zweitens: Gesprächskreise, Institute, Vereine, Studiengemeinschaften, Stiftungen, die juristisch nicht vom Opus Dei als Prälatur, sondern von Mitgliedern des Opus Dei ins Leben gerufen werden.

Manchmal, wenn auch nicht häufig, überläßt das Opus Dei die Initiative zur Gründung dieser Institutionen sympathisierenden Nichtmitgliedern, wenn es sich ihrer einigermaßen sicher zu sein glaubt. Für diese gesellschaftlichen Einrichtungen und Initiativen sind die Initiatoren als Träger zuständig und verantwortlich. Häufig übernimmt die Prälatur die religiöse Ausrichtung dieser Werke. In den Prospekten findet man dann eventuell einen entsprechenden Hinweis; zum Beispiel: „Die geistliche Bildungsarbeit ist dem Opus Dei, einer Personalprälatur der katholischen Kirche, anvertraut." Manchmal jedoch bleibt die Beziehung zum Opus Dei im dunkeln.

Diese Institutionen heißen „Korporative apostolische Werke des Opus Dei". Ihre Aufgaben sind kulturell, politisch und finanziell. Sie sind „der hierarchischen Autorität" des Opus Dei zum „Gehorsam" verpflichtet. Immer wenn die Länderregionen des Opus Dei von der römischen Zentrale visitiert werden, sind auch die korporativen Werke zu inspizieren.[16]

Wenn die Prälatur die geistliche Verantwortung aber nicht übernimmt, dann sind die Initiatoren nicht nur für die technische Organisation, sondern auch für die religiösen Belange verantwortlich. Es ist aber nicht zweifelhaft, daß diese Einrichtungen den Geist des Opus Dei zur Grundlage haben und in seinem Sinne wirken (Näheres im Kapitel XI). Diese Einrichtungen gibt es nicht nur in den 39 Ländern, sondern sie können auch in Ländern[17] existieren, in denen das Opus Dei als Prälatur nicht errichtet und im öffentlichen Bewußtsein wohl kaum vorhanden ist, aber Mitglieder hat.

Das alles bedeutet: Offiziell sagt das Werk, es diene nur geistlichen, nicht aber weltlichen Zielen. Formal betrachtet ist die Aussage richtig, tatsächlich aber unrichtig. Im juristisch-formalen Sinne kann die Prälatur nie für die Tat eines Mitglieds verantwortlich gemacht werden. Wer über sie berichtet und im Ernstfall kein Gerichtsverfahren riskieren will, muß das berücksichtigen. Er darf nicht sagen: das

[15] Satzung, Nr. (7) b).
[16] Constitutiones, Nr. 9 und Nr. 375.
[17] Fußnote 19, IV. Kapitel.

Opus Dei tut dies oder das; sondern: eine *Opus-nahe* Organisation bzw. *Mitglieder* sind hier und dort tätig. Sonst dürfte er, weil das religiöse Selbstbild des Opus Dei stets auch juristisch festgeschrieben ist, in gerichtlichen Streitverfahren von vornherein eine schwache Position haben. Denn den Nachweis, daß *das Opus Dei* tätig ist, dürfte er kaum erbringen können.

Weil das Werk aber Mitgliedschaften geheimhält und die Namen der Mitglieder – bis auf Ausnahmefälle[18] – nicht preisgibt,[19] ist es schwer, alle dem Werk nahestehenden Institutionen herauszufinden. Das betrifft besonders diejenigen, die nicht zu den *korporativen* Institutionen des Opus Dei gehören. Auf die Beziehung nichtkorporativer Institutionen zum Opus Dei stößt man meist nur zufällig – und zwar über die Namen von Opus-Mitgliedern, die der Öffentlichkeit mehr oder weniger zufällig bekannt sind, sich mit Nichtmitgliedern zusammenschließen und in diesen Institutionen die entscheidenden Ämter innehaben.

Ob man das nun mag oder nicht, ob man es für recht und billig hält oder für Mafia-ähnliche Praktiken – wenn man sich mit dem Opus Dei auseinandersetzt, muß man diese Konstruktion kennen und sie bei eventueller Kritik am Opus Dei berücksichtigen. Man muß wissen: die Mitgliedschaft im Opus Dei hat zwei Seiten – je nachdem, ob man sie formal-rechtlich oder praktisch sieht.

Diese Konstruktion bedeutet: die Prälatur kann sich – sofern sie will – bei Handlungen ihrer Mitglieder stets als unbeteiligt ausweisen. Die Dementis lauten dann etwa: „Dies und das ist die Privatsache des Herrn X und der Frau Y. Opus Dei hat damit nichts zu tun, weil seine Mittel und Ziele rein religiös sind."

Vladimir Felzmann veranschaulicht dieses Spiel mit doppeltem Boden am Beispiel des Geldes, das der Vereinigung nicht gehört, wenngleich sie darüber verfügt. Escrivá hat das Werk eine „arme Familie"[20] genannt, was formal auch richtig ist. Juristisch gesehen, sagt Felzmann, habe sie sehr wenig Geld. Aber in Wirklichkeit sei es anders. In England besitze das gesamte Vermögen zwar die Netherhall Educational Association, die rechtlich nicht dasselbe ist wie das Opus Dei, sondern eine wohltätige Stiftung. Aber Mitglieder des Werks seien die Mitglieder des Leitungsgremiums der Stiftung. Wenn

---

[18] Codex, Nr. 89 §2 (Wortlaut im XV. Kapitel).
[19] Constitutiones, Nr. 190f. (Wortlaut im XV. Kapitel).
[20] Salvador Bernal, Msgr. Josemaría Escrivá de Balaguer, Aufzeichnungen über den Gründer des Opus Dei, Köln 1978, S. 309.

Sie zum Beispiel den Wunsch gehabt hätten, fährt Felzmann fort, „dem Opus Dei tausend Pfund zu stiften, dann hätten die Leiter geantwortet: Könnten Sie den Scheck bitte auf die Netherhall Educational Association ausstellen, nicht auf Opus Dei? Aber trotzdem wäre Ihnen klar gewesen, daß Sie ihn an Opus Dei zahlen, obwohl Sie ihn an die Stiftung geben. Warum? Weil das Geld für Opus Dei verwendet wird."[21]

Widmar Puhl, der ehemalige Mitarbeiter in der Öffentlichkeitsarbeit des deutschen Opus Dei, sagte in der schon genannten Rundfunksendung: „Die Mitglieder sind persönlich arm, das stimmt. Aber die Organisation ist reich und versteckt diesen Reichtum hinter juristischen Tricks. Und da beginnt ein regelrechtes Verwirrspiel mit Tarnorganisationen. Nur ein sehr geringer Teil der Häuser, die als Zentren des Opus Dei dienen, ist auch deutlich als Angelegenheit des Opus Dei ausgewiesen. Eine ordentliche Trennung von Wohn- und Geschäftsräumen ist völlig unmöglich. Kaum eine Aktionsgruppe des Werkes tritt offen mit dem erklärten Ziel auf, das sie hat: Mitglieder für das Opus Dei zu werben oder Kirche und Gesellschaft im Sinne des Opus Dei zu beeinflussen."[22]

Puhl fuhr fort: „Das Ganze ist nicht ehrlich. Ein städtischer Beamter zum Beispiel gewährt beachtliche Zuschüsse für die Hausaufgabenbetreuung in einem Jugendzentrum. Er ahnt aber nicht, daß er damit eigentlich etwas anderes finanziert, was ihm seine dienstlichen Richtlinien verbieten würden. Ein Richter oder ein Gemeinderat lenkt Bußgelder von Verkehrssündern, die an eine gemeinnützige Einrichtung fließen sollen, in Zentren des Opus Dei, weil die eine rechtlich anerkannte Fassade unter irgendeinem Vereinsnamen haben."[23]

Ruthard von Frankenberg, der Informationschef des Opus Dei in Deutschland, der die Öffentlichkeit auch unter dem Pseudonym „Franz Sylvius Ludwigsdorf" über das Opus Dei informiert, würde seinem ehemaligen Mitarbeiter widersprechen. Er sagt, die Mitglieder dieser Institutionen handelten als „freie Bürger, Laien, die ihrer Arbeit nachgehen wie andere Katholiken auch".[24] „Jeder handelt

---

[21] Felzmann, Interview, S. 209.
[22] Fußnote 3, I. Kapitel.
[23] Ebd.
[24] Ruthard von Frankenberg, Informationsbüro der Prälatur Opus Dei in Deutschland, in: Schauriges Halbdunkel (Leserbrief), Süddeutsche Zeitung/ Starnberger Neueste Nachrichten, München, Nr. 39, 16. Februar 1990, S. 3.

beruflich auf eigene Kappe und steht selber ein für alles, was er tut, wo, mit wem und für wen auch immer." Die „Horror-Kulisse aus Geheimnis-, Druck-, Macht- und Filz-Vorwürfen", im „schaurigen Halbdunkel" entworfen und „als Karikatur des Opus Dei" präsentiert, sei nichts als „Theater", wie „unter anderem jahrelange Gerichtsverfahren bis hinauf zum Bundesverfassungsgericht bis zur Genüge gezeigt" hätten. 1988 teilte das deutsche Opus Dei mit, man habe sieben Prozesse geführt; und danach war das Werk in sämtlichen Verfahren „erfolgreich". Ähnlich behauptete das Opus Dei in Österreich, in Deutschland und in der Schweiz habe das Werk gegen „einige der schwersten Verleumder" geklagt und „in keinem der angestrengten Verfahren hätten die gegen das Opus Dei vorgebrachten Anschuldigungen erhärtet werden" können.[25] Doch beides ist unrichtig. Das Opus Dei hat keineswegs alle Prozesse gewonnen, und die Frage, ob das Opus Dei insgesamt gesellschaftlich handelt oder ein Opus-naher Verein bzw. das einzelne Mitglied für sich selbst, war nur in der Schweiz ein Gegenstand eines Verfahrens, das vom Opus Dei sogar verloren wurde. Im einzelnen wurden der Öffentlichkeit folgende Prozesse bekannt:

1. Weder Opus-Waffenhändler noch Todesschwadronen
Mehrere Gerichtsverfahren führte das Opus Dei gegen den Autor Jürgen Roth, dem bei seinen Recherchen über das Werk schwere Fehler unterlaufen waren. So warf er dem Opus Dei u. a. vor, es sei in Waffengeschäfte verwickelt und habe in Lateinamerika mit den sogenannten „Todesschwadronen" zusammengearbeitet. Diese Behauptungen stellte er zunächst 1984 in dem Buch „Dunkelmänner der Macht"[26] auf, das der Lamuv-Verlag auf ein Urteil des Landgerichts München I hin zurückzog.[27] Eingeschwärzt wurden – nach einem Spruch des Landgerichts München I – auch entsprechende Passagen in einem Beitrag, den Jürgen Roth 1985 für das Jahrbuch „Weltaktuell"[28] des Rowohlt-Taschenbuchverlages geschrieben hatte.
Größtes Aufsehen erregte in diesem Zusammenhang ein Beitrag

[25] Pressemeldung des Opus Dei, Köln, 4. Mai 1988; Informationsbüro der Prälatur Opus Dei in Österreich, Erklärung, Wien, 2. November 1987, S. 1.
[26] Jürgen Roth/Berndt Ender, Dunkelmänner der Macht – Politische Geheimzirkel und organisiertes Verbrechen, Köln 1984.
[27] Opus Dei gewann Prozesse, in: Frankfurter Rundschau, Nr. 295, Frankfurt, 20. Dezember 1985, S. 4.
[28] Welt-aktuell 86, rororo 5637, Reinbek 1985.

des ARD-Fernsehmagazins „Monitor" (WDR), in dem Jürgen Roth über sein Buch hinausgehend einen angeblichen Waffenhändler präsentierte, der Mitglied des Opus Dei sei.[29] In einem Prozeß vor dem Landgericht München I leugnete der Zeuge, Mitglied des Werkes zu sein. „Monitor" mußte vier Behauptungen über Opus Dei und den Waffenhandel widerrufen.[30]

2. Nicht geohrfeigt, sondern geschlagen

In einem ARD-Film „Opus Dei – Irrenhaus Gottes?" (WDR) hatte eine Interviewpartnerin, ein ehemaliges Opus-Mitglied, behauptet: als sie sich in der Aussprache geweigert habe, etwas zu sagen, habe sie von der Hauswirtschaftsleiterin, einem Opus-Mitglied, eine Ohrfeige erhalten; und als sie sich ein anderes Mal weigerte, einen Befehl auszuführen, sei sie von der Hauswirtschaftsleiterin wieder geschlagen worden, „es war so richtig rechts und links".[31]

In dem Prozeß entschied das Landgericht München I, der WDR und die Interviewpartnerin dürften nicht behaupten, daß die Interviewpartnerin eine Ohrfeige erhalten habe; wohl aber, daß sie geschlagen worden sei.[32] Eine Berufungsklage des Opus Dei gegen diese Entscheidung wies das Oberlandesgericht München zurück.[33] Das Opus Dei hatte 75 Prozent der Kosten des erstinstanzlichen Prozesses und die Gesamtkosten der Berufungsklage zu tragen.

3. Der verdeckte Vater

Um die ARD-Sendung „Opus Dei – Irrenhaus Gottes?" gab es einen zweiten Prozeß, den ein Opus-Dei-Mitglied führte, das in der Sendung weder interviewt noch gezeigt wurde. Kurz vor der Sendung erwirkte das Mitglied beim Landgericht München I eine einstweilige Verfügung gegen den WDR, dem darin untersagt wurde, ein Interview mit dem Vater des Mitglieds so auszustrahlen, daß das Mitglied „identifiziert" werden könne. Daraufhin mußte der WDR den Vater bis zur Unerkennbarkeit verfremden – was die Katholische Nachrich-

---

[29] Wortlaut des Interviews: Dem Gebet muß die Tat folgen, in: Frankfurter Rundschau, Nr. 267, 14. November 1984, S. 4.
[30] Landgericht München I, Urteil vom 31. August 1988.
[31] Martin Blachmann und Bert Herfen, Opus Dei – Irrenhaus Gottes? ARD-Film vom 4. Mai 1984. Im Gegensatz dazu fand der ARD-Film „Die radikale Konsequenz – Einblicke in das Opus Dei" (BR 22. Juli 1988) von Marius Langner hohes Lob beim Opus Dei.
[32] Landgericht München I, Urteil vom 10. Juli 1985.
[33] Oberlandesgericht München, Urteil vom 25. April 1986.

tenagentur in Bonn allerdings nicht hinderte, ihrerseits seinen vollen Namen zu bringen.

Der Vater berichtete über Empfindungen und Erfahrungen, die er als Vater des Opus-Mitglieds gemacht hat; sein Gesicht wurde dabei durch einen grauen Fleck verdeckt, sein Name ausgepiepst und der Text seines Interviews durch einen Berufssprecher vorgetragen. Im Hauptsacheverfahren haben das Landgericht[34] und das Oberlandesgericht München[35] später bestätigt, daß die einstweilige Verfügung zu Recht ergangen sei. Sie meinten, daß das Interview mit dem Vater in die Intimsphäre seines – nicht gezeigten – Sohnes unzulässig eingegriffen habe. Die Kosten hatte der WDR zu tragen, der gegen das Urteil Verfassungsbeschwerde beim Bundesverfassungsgericht in Karlsruhe einreichte.

Hier kam also das deutsche Bundesverfassungsgericht ins Spiel. Es ging weder um unrichtige Tatsachenbehauptungen noch um Verleumdungen, sondern um eine Güterabwägung, die das Gericht nach dem Wunsch des WDR vornehmen sollte: zwischen dem Informationsinteresse der Öffentlichkeit und dem Persönlichkeitsrecht des Mitglieds. Die Verfassungsbeschwerde wurde jedoch nicht angenommen.[36]

4. Eine Tarnorganisation
und die Einschüchterung mit der Sünde

1980 hatte der Zürcher „Tages-Anzeiger" über Aktionen des Opus-nahen „Verein Internationales Tagungszentrum" (VIT) im luzernischen Schongau berichtet. In den Berichten hieß es u. a., der Verein habe planmäßig die Bevölkerung irregeführt und sie unter Hinweis auf „sündhaftes Verhalten" eingeschüchtert. Der entscheidende Vorwurf lautete: das Werk verstecke sich hinter dem Verein, der in Wirklichkeit eine Opus-Tarnorganisation sei. Der VIT fühlte sich in seinen persönlichen Verhältnissen verletzt und reichte beim Bezirksgericht Zürich Klage gegen die Tageszeitung ein. Das Bezirksgericht erklärte, das Opus Dei verstehe sich in der Tat als „Geheimorganisation", und wies 1984 die Klage ab.[37] Doch auf Berufung des Vereins hieß das Obergericht des Kantons Zürich 1986 die Klage teilweise gut.[38] Im drittinstanzlichen Berufungsverfahren hob das

---

[34] Urteil vom 7. November 1984.
[35] Urteil vom 20. September 1986.
[36] Beschluß vom 14. April 1989.

[37] Urteil vom 21. August 1984.
[38] Urteil vom 1. April 1986.

Bundesgericht in Lausanne 1988 das Urteil des Zürcher Obergerichts wieder auf. Der Verein hat sämtliche Prozeßkosten zu tragen (s. auch S. 172f.).[39]

Die tatsächlichen Ergebnisse der vom Opus Dei erwähnten Prozesse zeigen, daß man seinen Stellungnahmen, die manchmal gegeben werden, exakt nachgehen muß, um die Wahrheit Punkt für Punkt ans Licht zu holen. Darüber hinaus gilt es zu erkennen, ob eine Auskunft formal zutrifft oder ob sie tatsächlich richtig ist. Ein Beispiel: 1988 plante das Opus Dei, im rheinischen Düren ein Zentrum für seine Bildungsarbeit im nordwestdeutschen Raum zu errichten. Die Verhandlungen führte „Werner Schmidt von der Prälatur Opus Dei".[40] Er ist der Finanzchef des deutschen Opus Dei und der Generalsekretär der Opus-nahen Rhein-Donau-Stiftung, die der Träger des Bildungshauses werden sollte.[41]

Anfang 1990 wurde im bayerischen Starnberg bekannt, daß das „geheimbündlerische, ultrakonservative" Opus Dei ein Bildungshaus für den süddeutschen Raum errichten wolle.[42] Daraufhin brach Empörung in der Bevölkerung aus. Als dann herauskam, daß Opus-Mitglieder schon längst in Starnberg agieren und die bundesweite Rhein-Donau-Stiftung bereits seit 1986 dort ihren Sitz hat,[43] führte Hans Thomas, der Geschäftsführer der Stiftung, ein Verwirrspiel auf: die Rhein-Donau-Stiftung sei keine „Veranstaltung der Prälatur Opus Dei". Nicht die Prälatur erhalte den jährlichen Geschäftsbericht zur Kontrolle, sondern ausschließlich das Finanzamt. Gemeinsam mit Freunden aus München, Starnberg und Weilheim habe er den Verein 1977 gegründet. „um Bildungsarbeit im christlichen Geist zu fördern".[44] Formal stimmte das. Doch daß er, der Geschäftsführer, und Werner Schmidt, der Generalsekretär, nicht in Bayern, sondern in Köln, dem Sitz des deutschen Opus Dei, wohnen und daß Schmidt auch in Starnberg an den Verhandlungen beteiligt war, behielt er für sich (s. S. 62).

---

[39] Urteil vom 5. April 1988.
[40] Dr. Ruthard von Frankenberg, „Keine Alternative", in: Aachener Volkszeitung, Ausgabe Düren, Nr. 272 vom 22. November 1988, S. 14.
[41] Opus Dei nicht nach Binsfeld, ebd., Nr. 61 vom 13. März 1990, S. 10.
[42] Doris Metz, Der „Stoßtrupp Gottes" erobert Starnberg, in: Süddeutsche Zeitung/Starnberger Neueste Nachrichten, Nr. 21 vom 26. Januar 1990, S. 1f.
[43] Doris Metz, Opus Dei hat schon längst Fuß gefaßt, ebd., Nr. 35 vom 12. Februar 1990, Seite 1.
[44] Dr. Hans Thomas, Nicht mit Villa Aurora befaßt, ebd., Nr. 39 vom 16. Februar 1990, S. 3.

VI
Versteckte Fäden im goldenen Netzwerk

„Nach einem halben Jahrhundert als Priester bin ich wirklich immer noch bettelarm",[1] sagte Josemaría Escrivá über sich selbst. Doch er meinte auch: „Was aber unsere korporativen Einrichtungen angeht, werden wir um so besser den Seelen dienen können, je mehr man uns hilft."[2]

In den meisten Ländern – vor allem in Afrika – erwirtschaften korporative Opus-Einrichtungen nicht soviel Geld, wie sie eigentlich für die selbstgestellten Aufgaben benötigen würden. Das berichtete 1986 die spanische Zeitschrift „Tiempo". Nur in Spanien, Irland und wohl auch in Italien und Mexiko komme mehr Geld ein, als dort gebraucht werde. Von den 30 Milliarden Peseten (etwa 500 Millionen DM, 3500 Millionen ÖS, 400 Millionen SFr), die das spanische Opus Dei 1985 erworben habe, sei ein großer Teil an die römische Zentrale wie auch nach Frankreich, Belgien, Holland, Luxemburg, Deutschland, Schweden, Österreich und Polen gegangen.[3]

Dennoch: insgesamt steht dem Opus Dei ziemlich viel Geld zur Verfügung. Allein 1975 wurden – nach „Tiempo" – für die Vollendung des geistlichen Zentrums Torreciudad[4] nicht weniger als drei Milliarden Peseten bereitgestellt.[5] Auch in Deutschland, Österreich und der Schweiz wurden in den letzten zwei Jahren für Bildungszentren hohe Millionenbeträge ausgegeben bzw. veranschlagt.[6]

Eine Haupteinnahmequelle der Organisation dürfte der Gewinn sein, den *Numerarier* erwirtschaften. Sie gehören fast ausschließlich der gesellschaftlichen Oberschicht an, z. B. als Ärzte, Wissenschaftler, Bankiers, Industrielle. Junge Numerarier und Leiter in Opus-Einrichtungen dagegen, die nichts oder wenig verdienen, werben u. a. neue Mitglieder und bilden sie aus.

---

[1] Salvador Bernal, Msgr. Josemaría Escrivá de Balaguer, Aufzeichnungen über den Gründer des Opus Dei, Köln 1978, S. 325.
[2] Ebd. S. 306.
[3] El Opus Dei, Capítulo III, in: Tiempo, Madrid, 14 de julio de 1986, S. 32.
[4] Näheres: Kap VIII.   [5] Fußnote 3, S. 34.   [6] Näheres: Kap XVI.

John Roche und Widmar Puhl berichten, sie hätten ihre Einkünfte bis auf ein schmales Taschengeld abliefern müssen. Auch Steigleder schreibt, die Numerarier und Assoziierten müßten alle Einnahmen abgeben.[7] Von dem Geld eines jeden Mitglieds werde „monatlich – je nach den Einkommensverhältnissen – ein bestimmter Betrag an die Kommission eines Landes weitergegeben, als Mindestbetrag 30 bis 40 DM. Meine ‚Einnahmen' als Schüler waren das Taschengeld, das ich von meinen Eltern bekam, hin und wieder auch etwas Geld, das mir meine Großmutter zusteckte. Bald schon wurde mir gesagt, daß dies zu wenig sei." So seien seine Schulden gewachsen.[8]

Die *Supernumerarier,* die verheiratet sind oder heiraten dürfen, arbeiten in den korporativen Werken mit und sind zu Spenden angehalten. Auch sie besprechen berufliche Tätigkeiten mit ihren Leitern.

Die *Mitarbeiter* – auch nichtkatholische – unterstützen das Opus Dei vornehmlich durch Spenden.

Wenngleich Einrichtungen, wie sie im Kapitel V beschrieben wurden, mit dem Opus Dei nur lose oder überhaupt nicht verbunden sein sollen, so sind sie häufig doch personell, manchmal auch organisatorisch miteinander vernetzt. Wegen der Geheimhaltung sind die Zusammenhänge praktisch nicht herauszufinden. Auch die meisten Opus-Mitglieder wissen darüber nichts. Daß es das Netz gibt, ist zufällig herausgekommen – und zwar durch den Fall Ruiz Mateos.[9]

José María Ruiz Mateos war Gründer und Leiter des größten spanischen Privatkonzerns, der Rumasa. Als man sich vor 30 Jahren im Opus Dei für ihn zu interessieren begann, hatte er bereits außerordentliche ökonomische Qualitäten als Sherry-Produzent (Marke „Dry Sack") erkennen lassen. 1963 trat er als Supernumerarier ins Werk ein.[10]

---

[7] Steigleder, S. 153f.
[8] Ebd. Ein ehemaliger Numerarier sagte mir, als Student sei er Stipendiat der CSU-nahen Hanns-Seidel-Stiftung gewesen. Sowohl den Betrag des Stipendiums wie auch das Taschengeld, das er von seinen Eltern erhielt, habe er abgeliefert. Außerdem hatte er in einem Testament festgelegt, daß sein nicht geringes Erbteil an eine Institution gehe, die von Opus-Mitgliedern gegründet worden ist. Numerarier – so Alberto Moncada im Juli 1990 auf dem 12. Weltkongreß der Soziologie in Madrid – dürften nur in Ausnahmefällen eigene Bankkonten eröffnen.
[9] Ernesto Ekaizer, José María Ruiz Mateos, El Ultimo Magnate, Barcelona 1985, 844 S., bietet die umfassendste Darstellung (mit Dokumenten) des Falles.
[10] Pietro Calderoni, Parla Ruiz Mateos, La Cassaforte dell' Opus Dei, in: L'Espresso, 4 Maggio 1986, S. 34ff.

Nun kam der aufstrebende Weinhändler mit zwei wichtigen Opus-Mitgliedern in Kontakt: dem Präsidenten der spanischen Volksbank, Luis Valls Taberner und dem Industrieminister Gregorio López Bravo. Später kamen noch der Präsident der Vereinigung der spanischen Privatbanken, Rafael Termes Carreró und der Präsident der Konföderation der spanischen Sparkassen, Sancho Dronda, hinzu. „Alle drei Bankiers sind ganz wichtige Leute im Opus Dei."[11] Die Freundschaften trugen dazu bei, daß Ruiz Mateos vom Weinproduzenten zum mächtigen Konzernherrn aufstieg. Er kaufte und kaufte und errichtete ein gigantisches multinationales Firmen-Konglomerat aus rund 600 Unternehmen, 20 Banken und mit 60000 Angestellten. Strohmänner-Firmen entstanden, Scheingewinne wurden gemacht, und das Opus Dei habe, wie er später notgedrungen enthüllte, durch Schenkungen, die man ihm abgenötigt habe, kräftig mitverdient.

Im Auftrag der spanischen Finanzbehörden sollten die Risiken überprüft werden, die der Konzern eingegangen war. Als Ruiz Mateos ein Ultimatum erneut ignorierte, wurde er 1983 enteignet, damit Schaden verhütet und Arbeitsplätze gerettet würden. Wie sich herausstellte, hatte er den Rumasa-Konzern um – umgerechnet – zwei Milliarden Dollar überschuldet.

In der Untersuchungshaft sind dem einst so mächtigen Opus-Dei-Mann Zweifel an seinen ehemaligen Freunden im Opus Dei gekommen. Ihm ist nämlich aufgefallen, daß nur *er* als Schuldiger dastehe. Damit die anderen ihre Haut retten könnten, so meinte er, hätten sie ihn in einer Art Verschwörung zum Sündenbock auserkoren. Das wollte er nicht mitmachen, weshalb er zu reden begann. Drei führende Mitglieder aus der spanischen Leitung des Opus Dei, nämlich Alejandro Cantero, Juan Francisco Montuenga und Salvador Nacher, so teilte er mit, hätten ihm nicht nur mehrfach Geld für das Opus Dei abverlangt. Sondern Cantero und Montuenga hätten auch ihrerseits Devisen geschmuggelt und ihm sogar die Konten genannt, auf die er dann gezahlt habe.[12]

Ruiz Mateos fürchtete, das Opus Dei wollte ihn ganz fallenlassen; deshalb sprach er. Im Mai 1986 stellte ihm die Leitung des Opus Dei ein Ultimatum: man werde ihn ausschließen, wenn er seine Vorwürfe

[11] Ebd. S. 37.
[12] Ruiz Mateos acusa a tres directivos del Opus Dei de delitos monetarios, in: El País, Madrid, 25 de julio de 1986.

nicht zurücknehme.[13] Daraufhin trat er erst recht die Flucht nach vorn an. Er legte 15 Fotokopien vor, um zu beweisen, daß Opus-Mitglieder und Opus-nahe Institutionen tief in der Affäre stäken.[14] Er wurde nicht ausgeschlossen. Der gerichtliche Prozeß seinerseits kam nicht voran. Was nach hartnäckig sich haltenden Informationen damit zu tun hatte, daß es sich auch bei Fernando Jiménez Lablanca, dem Staatsanwalt, um ein Opus-Mitglied handelte. Ruiz Mateos beschuldigte ihn, von den Überweisungen gewußt zu haben.[15]

Zieht man alle Summen in Betracht, die bei diesem Konflikt der armen Opus-Familie zur Sprache gebracht wurden – soweit diese den Konflikt öffentlich ausgetragen hat –, dann kommt man auf mehr als 50 Millionen Dollar. Spanische Zeitungen meinten, es handle sich nur um die Spitze des Eisbergs. In Wirklichkeit seien weit höhere Beträge aus dem Rumasa-Konzern in die Opus-Arbeit geflossen.[16]

Als der Konzern schon am Rand des Bankrotts stand, habe er noch einmal etwa 1,5 Milliarden Peseten (25 Mio. DM, 175 Mio. ÖS, 20 Mio. SFr) an das „Instituto de Educación e Investigación (IEI)" gezahlt, sagte Ruiz Mateos. Auf die Bemerkung, hier handle es sich offenbar um „eine Einrichtung für Erziehung", meinte er:

„Ach, was heißt denn hier Einrichtung für Erziehung! Das IEI ist eines von diesen Instituten, das 1981 vom Opus Dei nur gegründet wurde, um Geld von den Mitgliedern bekommen zu können. López Bravo war nur als Namensgeber dabei. Die Summe ist mir von den Spitzen des Opus Dei in Spanien, nämlich von Alejandro Cantero und Francisco Montuenga, direkt abgefordert worden. Wenn die mich um Geld baten, habe ich es ihnen immer gegeben, aber ich habe nie gewußt, wohin das Geld geht. Sie haben mir nie auch nur eine einzige Quittung gegeben. Schecks, Bargeld, Banktransfers: die Wege, wie man dem Opus Dei Geld geben kann, sind unzählig. Das IEI war nur einer dieser Wege."[17]

[13] El Opus Dei admite que dió un ultimátum a Ruiz Mateos para que abandone la Obra, in: El País, Madrid, 29 de mayo de 1986.
[14] Ruiz Mateos da pruebas de que transfirió 910 millones al Opus Dei en Suiza, in: El País, Madrid, 21 de Junio de 1986.
[15] Ruiz Mateos acusa a Jiménez Lablanca de conocer la entrega de dinero al Opus Dei a través de Suiza, in: El País, Madrid, 20 de junio de 1986.
[16] El Estado abonó 1.588 millones de pesetas al Opus Dei después de la expropiación de Rumasa; Dineros administrados, in: El País, Madrid, Economía-Trabajo, 29 de junio de 1986.
[17] Fußnote 10, S. 39.

Das Opus Dei hat diese Darstellungen entschieden zurückgewiesen. Ruiz Mateos habe die Fakten verfälscht.[18] Und außerdem, so sagte der spanische Regionalvikar, sei das Werk „nicht verantwortlich für die freien Aktivitäten seiner Mitglieder".[19]

Praktisch undurchschaubar sind jene „freien Aktivitäten", die Opus-Mitglieder im Sinne der Organisation unternehmen, ohne daß diese die religiöse Betreuung übernimmt, weshalb sie in keiner Weise in Erscheinung tritt (vgl. S. 48). Weil die Opus-Mitglieder in der Regel unbekannt sind, bleiben meist auch die Beziehungen dieser Institutionen zum Opus Dei verborgen. Häufig handelt es sich dabei um Stiftungen oder sonstige „gemeinnützige" Einrichtungen.

Die Anfänge des Stiftungswesens lassen sich am Bankenplatz London feststellen, wo 1964 die genannte Netherhall Educational Association gegründet wurde. Ruiz Mateos hat – nach Recherchen des englischen Senders BBC – mindestens sieben Millionen Pfund Sterling an diese Stiftung geleitet.[20] Es ist auffällig, daß die Stiftung hohe Darlehen erhielt – zum äußerst niedrigen Zinssatz von 1 Prozent. Die Gelder kamen in Dollar, D-Mark und Schweizer Franken.

Wenig später wurde in Spanien die „Fundación General Mediterránea" errichtet, und zwar von der Opus-nahen Bankengruppe Atlántico-Bankunión. 1972 wurde am Bankenplatz Zürich die Limmat-Stiftung gegründet, die sich zur Blütezeit des Rumasa-Konzerns offenbar mehr und mehr zum Mittelpunkt eines internationalen Netzes aus Stiftungen und nahestehenden Banken entwickelt hat. Die Mehrheit der Stiftungsratsmitglieder gehörte und gehört dem Opus Dei an.

Die Stiftung wurde von dem Zürcher Anwalt Arthur Wiederkehr, der offenbar kein Opus-Mitglied ist, mit einem Kapital von 100000 SFr errichtet. Drei Jahre später betrug das Vermögen trotz Kursverlusten bereits knapp 9 Millionen SFr. Die Limmat-Stiftung „verfolgt im In- und Ausland ausschließlich gemeinnützige Zwecke", besonders im Erziehungsbereich. Sie ist steuerfrei, da gemeinnützig.

Wiederkehr, der Präsident des Aufsichtsrates der Stiftung wurde, ist Präsident des Verwaltungsrates der Nordfinanz Bank in Zürich,

[18] La Obra de Dios replica al fianciero jerezano, in: El País, Economía-Trabajo, Madrid, 21 de junio 1986; Miembros del Opus Dei niegan las acusaciones de Ruiz Mateos, in: El País, Madrid, 26 de julio de 1986.
[19] Tomás Gutiérrez, Vicario del Opus Dei, Atacan a la Obra los Enemigos de la libertad, in: Epoca, Madrid, 11 de agosto de 1986, S. 12.
[20] Vgl. Michael Walsh, The Secret World of Opus Dei, London 1989, S. 147 ff.

die als schweizerische Hausbank des Rumasa-Konzerns fungierte. U. a. über die Nordfinanz Bank in der Zürcher Bahnhofstraße liefen die Transaktionen, zu denen Ruiz Mateos die Fotokopien vorwies.[21] Wiederkehr dirigierte Zahlungen zum Teil über Scheinfirmen.

Außer in der Limmat-Stiftung und für den Rumasa-Konzern war Wiederkehr auch im weltweiten Bankimperium des Italieners Roberto Calvi tätig. Calvi – wegen seiner umfangreichen Geschäfte mit dem Vatikan auch der „Bankier Gottes" genannt – war Leiter der größten italienischen Privatbank, des Banco Ambrosiano, der 1982 spektakulär bankrott machte. Wegen illegaler Devisengeschäfte war er zu einer vierjährigen Gefängnisstrafe verurteilt worden. Drei Tage vor dem Berufungstermin wurde er unter einer Londoner Themsebrücke erhängt aufgefunden. Die englische Polizei sprach zunächst von Selbstmord, die englischen Behörden setzten später Fragezeichen hinter dieser Feststellung.

Mit dem Banco Ambrosiano waren auch die Vatikanbank IOR und deren Präsident, Erzbischof Marcinkus, ins Zwielicht geraten. Die Vatikanbank war mit Abstand der größte Minderheitsaktionär von Calvis zusammengebrochenem Bankenkonzern. Die italienische Bankenkontrolle nannte den Vatikan mithaftbar, worauf dieser überraschend – ohne Anerkennung einer Zahlungsverpflichtung – 88 Ambrosiano-Gläubigern einen Vergleich anbot und mit den Gläubigern die Zahlung von 250 Millionen Dollar vereinbarte, wobei ihm die Gläubiger wegen rascher Zahlung noch sechs Millionen Skonto gewährten.

Während diese Fakten nachprüfbar sind, blieb die Frage offen, wie der Vatikan, der ja gelegentlich Schwierigkeiten hat, die Gehälter seiner Angestellten voll zu bezahlen, das Geld so schnell beschaffen konnte, um die Gläubiger zu befriedigen. Es hieß, auch Finanzkreise des Opus Dei seien eingesprungen, wobei sie vom Heiligen Stuhl bestimmenden Einfluß auf die vatikanische Politik gegenüber kommunistischen Staaten und Dritte-Welt-Staaten gefordert hätten – eine Behauptung, die sich mit Aussagen der Familie Calvis wie auch des ehemaligen Konzernherrn Ruiz Mateos in Einklang bringen ließe. Sie wird vom Opus Dei mit dem stereotypen Dementi, die Vereinigung

[21] Ruiz Mateos implica al Banco Popular y al Opus Dei en una operación financiera realizada en Suiza en 1978, in: El País, Madrid, 10 de julio de 1986. Ernesto Ekaizer, Una empresa panameña giró los supuestos donativos al Opus Dei, in: La Vanguardia, Barcelona, 9 de julio de 1986.

habe nur religiöse Ziele und treibe keine wirtschaftlichen Geschäfte, energisch bestritten und ist nicht näher zu verifizieren.[22]

1975 nahmen die Spanier José Ferrer Bonsoms und Pablo Bofill de Quadras an einer Aufsichtsratssitzung der Limmat-Stiftung teil. Bofill galt schon in den fünfziger/sechziger Jahren als Finanzier des Opus Dei in Spanien. Mit Ferrer gehörte er zur Führung des Banco Atlántico, der dem Opus Dei nahestand und in dessen Verwaltungsrat ebenfalls Wiederkehr saß, schreibt der spanische Journalist Ernesto Ekaizer. Und weiter: 1962 gründeten Bofill und Ferrer die Bankunión, eine Industriefirma und Finanzierungsgesellschaft. So wurde die Gruppe Atlántico-Bankunión geschaffen. Ferrer bat die Hambros Bank um Beteiligung an der Bankunión. Das Opus Dei hat damals dementiert, daß es dieses Bankensystem kontrolliere.[23]

Verbindungen zu Hambros unterhielten der vatikanische Erzbischof Paul Marcinkus, Präsident der Vatikanbank IOR, und Michele Sindona, ein sizilianischer Bankier, der auch enge Verbindungen zur Mafia hatte. Er kam in einem italienischen Gefängnis durch Gift um. Eine Zeitlang war Sindona Partner von David Kennedy, der Chef der Continental Illinois National Bank war. Der Mormonenführer Kennedy war Regierungsmitglied unter dem US-Präsidenten Nixon. Mitte der sechziger Jahre beteiligten Ferrer und Bofill diese Bank zu 15 Prozent am Kapital des Atlántico. Die Beteiligung wurde später von Ruiz Mateos gekauft.

Eine Beteiligung an der Bankunión besaß die Limmat-Stiftung in Zürich. Sie hatte – so Ekaizer – von der Bankunión Aktien gekauft. Wenn die Bankunión ein Geschäft tätigte, aber nicht genannt werden wollte, habe es die Limmat-Stiftung ausgeführt.

---

[22] In diesem Zusammenhang hat José María Ruiz Mateos einen bösen Verdacht geäußert. Der Journalist Pietro Calderoni (Fußnote 10) bemerkte, es sei doch etwas eigenartig, daß Ruiz Mateos 1982 genau zu dem Zeitpunkt, als das IOR in größten Schwierigkeiten war, an das IEI gezahlt habe. Ob da eine Verbindung bestehe, wollte er wissen. Ruiz Mateos antwortete: „Das kann ich Ihnen nicht sagen. Mir haben sie nichts gesagt. Ich habe nie Verbindungen mit den Leuten vom IOR gehabt. Allerdings könnte ich Ihnen mal eine Frage stellen; oder jedenfalls möchte ich Sie mal zum Nachdenken einladen: kommt es Ihnen nicht komisch vor, daß die so heiß ersehnte Personalprälatur, die dem Opus Dei jahrelang abgelehnt worden ist, vom Vatikan ausgerechnet im Jahre 1982 genehmigt worden ist? ... Könnte es sein: vielleicht im Gegenzug zu irgend etwas anderem, zu einer Hilfe? Also, wie gesagt, ich lade Sie nur mal ein nachzudenken."

[23] Einzelheiten über diese und die folgenden Zusammenhänge bei Ernesto Ekaizer (Fußnote 9), S. 149 ff.

Präsident des Limmat-Stiftungsrates wurde nach der Gründung der Stiftung das schweizerische Opus-Mitglied Edwin Zobel. Ein Zweck der Limmat-Stiftung ist – laut Stiftungsurkunde – die „Beratung und Hilfeleistung zugunsten von Personen oder Institutionen, die gleiche oder ähnliche Ziele wie die vorliegende Stiftung verfolgen oder zu verfolgen wünschen, dies, um ihnen die Schaffung, Organisierung und Verwaltung von Stiftungen oder ähnlichen Organisationen mit gemeinnützigem Zwecke zu ermöglichen oder zu erleichtern". Dementsprechend war Zobel mit der Opus-nahen spanischen „Fundación General Mediterránea" an der Gründung der „Fundación General Latinoamericana (Fundamérica)" mit Sitz in Venezuela beteiligt. Seinen Wohnsitz hatte er – bis 1978 – in Barcelona, wo er regionales Verwaltungsratsmitglied der spanischen Volksbank (Banco Popular) war. Deren Präsident, Valls Taberner, ist Opus-Numerarier. Unter anderem über eine Filiale der spanischen Volksbank in Genf sind nach Angaben von Ruiz Mateos Transaktionen gelaufen, zu denen er von den führenden spanischen Opus-Mitgliedern veranlaßt worden sei.[24]

Am 20. Juni 1986 waren in Spanien Berichte über Ruiz Mateos und seine Überweisungen veröffentlicht worden.[25] Am 21. Juni um 11 Uhr trat in Zürich der Stiftungsrat der Limmat-Stiftung zu seiner „Jahressitzung" zusammen. Wiederkehr und Zobel traten zurück. Neuer Aufsichtsratspräsident wurde Edgardo Giovannini, neuer Stiftungsratspräsident wurde Hans Georg Rhonheimer. Die Rücktritte seien „altershalber" erfolgt, ließ die Limmat-Stiftung wissen; wobei merkwürdig war, daß der jüngere Wiederkehr (75) durch den älteren Giovannini (77) abgelöst wurde und durchaus rüstig genug war, weitere Aufsichtsratsposten in der Schweiz beizubehalten.

Schwieriger ist es schon, Ruiz Mateos aus dem Verkehr zu ziehen. Zwar behaupten Opus-Mitglieder gelegentlich, er gehöre der Organisation nicht mehr an. Im Dezember 1986 wurde die Zugehörigkeit offiziell noch zugegeben.[26] Er selbst sagte im Mai 1989, aus dem Opus Dei habe man ihm bedeutet, aufgrund seines Verhaltens habe er sich selbst ausgeschlossen.[27] Und ironisch meinte er: „Sie haben mich

[24] Fußnote 21.
[25] Zum Beispiel: Ruiz Mateos denuncia ante la Fiscalía y el Poder Judicial que sufre un complot, in: El País, Economía, 20 de junio de 1986.
[26] Fußnote 3, Eine Anfrage, die auf Antwort wartet, S. 47.
[27] La confesión de Ruiz Mateos al Opus Dei (4), in: Tribuna, Madrid, 20 de Mayo de 1989, S. 34 f.

selbstausgeschlossen, weil ich nicht hinausgegangen bin."[28] Offensichtlich ist hier eine Art Exkommunikation aus dem Opus Dei vorgenommen worden – ähnlich der Exkommunikation in der katholischen Kirche, bei der sich der Delinquent selbst ausschließt. Doch in den Statuten des Opus Dei ist ein solcher Selbstausschluß nicht vorgesehen. Vielmehr muß das Mitglied zunächst zwei Abmahnungen erhalten und dann in einem ordentlichen Verfahren ausgeschlossen werden, worauf es noch beim Papst Berufung einlegen kann.[29] Rechtlich und faktisch gehört Ruiz Mateos dem Opus Dei deshalb weiterhin an.

Mitglied des Stiftungsrates der Limmat-Stiftung ist außerdem der Italiener Umberto Farri, der im Gesamt-Werk für „St. Raphael", das Apostolat unter der *Jugend,* verantwortlich ist. Klaus Steigleder berichtet, daß die Eltern der Kinder, die einem Jugendclub angehören, in der Regel schon sehr bald aufgesucht würden, um per Dauerauftrag eine möglichst hohe Spende zu leisten. Würden Gelder für den Um- oder Neubau eines Hauses der Vereinigung benötigt, so würden die „Jungen von St. Raphael" zur Beteiligung an einer „Spendensuche" angehalten.[30]

In Deutschland ist die „Studentische Kulturgemeinschaft" der wichtigste Träger und Finanzier von Einrichtungen und Initiativen. Ihr Geschäftsführer war bis 1986 Hans Thomas. An ihm zeigt sich, wie die drei genannten Ebenen multinational verknüpft werden: Thomas, zeitweise „Berater des Regionalvikars" in Deutschland, ist Geschäftsführer des Lindenthal-Institutes in Köln, in dem das Werk bzw. Opus-Mitglieder auf wissenschaftlich-akademischer Ebene arbeiten; seit 1975 ist er Mitglied des Stiftungsrates der Limmat-Stiftung, und 1977 hat er die Rhein-Donau-Stiftung initiiert, die in Starnberg sitzt und in Köln eine Filiale hat (s. S. 53). Sein Bruder, der Priester Rolf Thomas in der römischen Zentrale, ist das ranghöchste deutschsprachige Opus-Mitglied.

Innerhalb der Rhein-Donau-Stiftung gibt es eine unselbständige Stiftung, die Zwei-Brücken-Stiftung. Auch innerhalb der Limmat-Stiftung, die als Signet eine stilisierte Brücke hat, bestehen Sonderpatronate für besondere Zwecke.

Für die Vernetzungen ein weiteres Beispiel: die Fundación Gene-

---

[28] „Me han autoexcluido porque yo no me he ido." El Opus Dei cerca a Ruiz Mateos, in: Tiempo, Madrid, 24 de julio de 1989, S. 26.
[29] Codex, Nr. 30–32.
[30] Steigleder, S. 189.

ral Mediterránea unterhält offenbar eine Tochter in Zürich.[31] Geschäftsführer der FGM-Stiftung für internationale Zusammenarbeit ist Peter Kopa, der sich schon lange um Kapitalabwicklungen kümmert. Laut Ekaizer war er viele Jahre für die Limmat-Stiftung tätig. 1977 bewarb er sich für den Jugendclub Allenmoos in Zürich (s. S. 172) um finanzielle Unterstützung bei der „Kirche in Not/Ostpriesterhilfe". „Speckpater" Werenfried van Straaten, der belgische Gründer der „Kirche in Not", machte ihn darauf aufmerksam, daß das Opus Dei zwar großzügige Spenden erhalte, aber daß „uns aus allen Erdteilen Bitten von Opus Dei erreichen, denen wir aus Geldmangel leider nicht allen entsprechen können". Die „Ostpriesterhilfe" habe mit Hans Thomas „eine Auswahl der dringendsten Projekte" getroffen. In Zukunft sollten „alle Projekte von Opus Dei via Dr. Hans Thomas bei uns eingereicht werden".

Generalsekretär der Rhein-Donau-Stiftung ist Werner Schmidt, der Finanzchef des deutschen Opus Dei. Er hat ebenfalls weitere leitende Aufgaben auf den unterschiedlichen Ebenen; zum Beispiel ist er Geschäftsführer der Studentischen Kulturgemeinschaft.

Wenngleich die Kulturgemeinschaft – entsprechend der Trennung zwischen geistlichen und zeitlichen Angelegenheiten – keine Veranstaltung der Prälatur ist, so ist sie ihr doch zu Diensten. So wirbt die Prälatur für den „Seligsprechungsprozeß des Gründers des Opus Dei" und stellt dann eine Bescheinigung für „eine steuerbegünstigte Spende gem. Freistellungsbescheid des Finanzamtes Bonn-Innenstadt für Studentische Kulturgemeinschaft e. V." aus.

Die formale Trennung der drei Ebenen verbietet also nicht, daß sie in der Praxis miteinander verquickt sind und einander zuarbeiten. Zum Beispiel hatte sich die Rhein-Donau-Stiftung das Erwerbsrecht an einer Burg in Binsfeld bei Düren gesichert, um sie zu einem Opus-Bildungszentrum auszubauen (s. S. 53). Doch die Wünsche des Denkmalschutzes gingen der Stiftung zu weit. Nunmehr wird das Haus Hardtberg in Euskirchen-Kreuzweingarten, dessen Träger bereits seit den sechziger Jahren die Studentische Kulturgemeinschaft ist, als Bildungszentrum des Opus Dei im nordwestdeutschen Raum ausgebaut.[32] Wenngleich Stiftung und Kulturgemeinschaft offiziell nichts miteinander zu tun haben, konnte Werner Schmidt wegen seiner verantwortlichen Tätigkeit in beiden Gremien problemlos umsatteln.

---

[31] Alois Schuler, Recht unheiliges Wirken auf dem Weg zur Heiligkeit, in: Die Weltwoche, Zürich, Nr. 32 vom 9. August 1990, S. 27.
[32] Fußnote 41, Kapitel V.

Im Fußvolk des Opus Dei sind solche Vernetzungen weitgehend unbekannt. Viele Mitglieder sehen sie nicht, wollen vielleicht auch gar nichts davon wissen. Für sie macht das fromme Werk schon alles richtig. Ihr Opus Dei hat nichts mit weltlichen Geschäften zu tun. Sie möchten ihren Glauben überzeugend leben und dienen dem Werk unauffällig bis zur Selbstaufgabe. Dieses religiöse Engagement ist bewundernswert. Aber der Außenstehende kann wohl kaum daran vorbei, daß die innere Struktur des Opus Dei dem Organismus der Geheimorganisationen gleicht, zu dessen typischen Kennzeichen die Abschottung untereinander gehört: das eine Auge weiß nicht, was das andere sieht, erst recht wissen die Augen nicht, was die Hände oder Füße tun; nur das Gehirn kennt alles, was im Organismus vor sich geht. Das Opus Dei unterscheidet sich von säkularen Organismen u. a. dadurch, daß es sogar eine theologische, durch seine Statuten kirchenoffiziell approbierte Theorie – gemeint ist die Trennung zwischen Geistlichem und Weltlichem – hat, in der die Vernetzungen einerseits unsichtbar werden, andererseits aber sozusagen ihre Weihe erhalten. So ist das einfache Mitglied nach innen und außen immunisiert. Nur die Spitze dürfte alle Organisationszusammenhänge kennen. Zum Beispiel, daß Fritz Pirkl, der Vorsitzende der CSU-nahen Hanns-Seidel-Stiftung, der wie Ruiz Mateos im Europaparlament sitzt, Präsident der Rhein-Donau-Stiftung ist.

Zwecke der Rhein-Donau-Stiftung sind Erziehungsaufgaben, die Förderung des gemeinnützigen Wohnungsbaus – um den sich auch die genannte, ebenfalls 1977 gegründete lateinamerikanische Stiftung kümmert – und die Förderung der Entwicklungshilfe. So unterstützt die Rhein-Donau-Stiftung die Opus-Arbeit auf den Philippinen – sekundiert von der Hanns-Seidel-Stiftung.

In einem Opus-freundlichen Buch, das im fernen Australien erschienen ist, ist darüber zu lesen[33]: in Manila gibt es das Center for Research and Communication (CRC), ein „korporatives Werk" des Opus Dei. Das CRC hat das „Dual Tech" im Geschäftszentrum von Metro Manila initiiert, ein „Joint Venture" zwischen der gemeinnützigen Opus-nahen „Southeast Asian Science Foundation" und der Hanns-Seidel-Stiftung.

Wie diskret und vor der Öffentlichkeit verdeckt sich diese Arbeit vollzieht, zeigen zwei Beispiele:

---

[33] William West, Opus Dei, Exploding a Myth, Crows Nest NSW 1987, S. 137–154.

Erstens. Im Auftrag des CRC hält sich ein junger Mann aus Manila in Deutschland auf und sucht Kontakt zu Medien-Unternehmen, die Bildungsarbeit für Zeitungsvolontäre und Journalisten leisten. Er teilt mit: Sein Aufenthalt von März 1985 bis März 1987 wird vom Bonner Bundesminister für wirtschaftliche Zusammenarbeit über die Hanns-Seidel-Stiftung finanziert. Ziel ist es, „eine Art Journalistenschule oder Akademie für Publizistik zu gründen". Später „könnten wir unsere Tätigkeit in den ganzen südostasiatischen Raum ausbreiten". Das CRC „wird getragen von der ,Southeast Asian Science Foundation Inc.' und finanziert durch die jährlichen Beiträge und Spenden der Mitglieder des ,Freundeskreises von CRC.' In der Regel sind die Mitglieder private Geschäftsleute und Firmen (jedoch meistens kleine Betriebe)." Daß er für eine Opus-nahe Initiative arbeitet, bleibt unerwähnt.

Zweitens. Anfang 1988 besuchte der philippinische Kardinal Jaime Sin die Bundesrepublik Deutschland. Als Einladender trat offiziell die Hanns-Seidel-Stiftung auf. Doch bei Sins Besuch des Missionswerkes Missio München kam heraus, daß er „auf Einladung von Opus Dei" gekommen war.[34] Die Reise habe Hans Thomas organisiert. Auch hier hielt sich das Opus Dei bedeckt. Und sicher war es kein Zufall, daß Sin auch die Katholische Hochschulgemeinde in Wien besuchte, die einige Monate zuvor vom Opus-nahen Wiener Weihbischof Kurt Krenn handstreichartig umorganisiert worden war (s. S. 183).

Die Einladung an Sin hatte einen handfesten wirtschaftlichen und politischen Hintergrund: der Kardinal, der eine bedeutende Rolle bei der Vertreibung des Diktators Marcos gespielt hat, ist ständiger Berater der Präsidentin Corazon Aquino. Den Rat progressiver Theologen, die Kirche solle nicht wie einst unter Marcos den Fehler begehen, sich mit der staatlichen Macht zu verbünden, sondern auf kritische Distanz gehen, schlägt er konstant in den Wind. Um so mehr gilt der gewiefte Kirchenpolitiker finanziellen und politischen Kreisen des Opus Dei als eine Schlüsselfigur, mit deren Hilfe sie Einfluß auf die philippinische Regierung gewinnen können (s. auch S. 151 f.).

Auch die Limmat-Stiftung ist inzwischen auf den Philippinen tätig geworden und unterstützt in Zusammenarbeit mit der Direktion für Entwicklungszusammenarbeit und humanitäre Hilfe (DEH) Bern die Opus-nahe „Foundation for Professional Training Inc. (FPTI)", die

[34] Missio Pressedienst, München 3/88.

in Manila angesiedelt ist. Vizedirektor der DEH und Chef der DEH-Abteilung Politik und Planung der Entwicklungszusammenarbeit ist Jean-François Giovannini, Sohn von Edgardo Giovannini, des Aufsichtsratspräsidenten der Limmat-Stiftung, der früher Präsident der Kulturgemeinschaft Arbor (s. S. 171f.) war. Jean-François Giovannini ließ auf Anfrage wissen, daß er die von seiner Organisation unterstützten Projekte der Limmat-Stiftung nicht kenne.[35]

Darüber hinaus ist die Limmat-Stiftung wie die Rhein-Donau-Stiftung vor allem im Hinblick auf Lateinamerika tätig, wobei in erster Linie Peru zu nennen ist.

Es ist sehr schwierig, solche wirtschaftlichen und finanziellen, politischen und kirchlichen Verquickungen herauszufinden. Auch die Unternehmungen des Señor Ruiz Mateos sind ja nur zufällig herausgekommen, weil er in eine Zwickmühle geraten war. Erst so erhielt ich genügend Anhaltspunkte, die weiteren dargestellten Details recherchieren und seit 1986 insbesondere die Rolle der Limmat-Stiftung beschreiben zu können.[36]

Der diskrete Umgang der Opus-Dei-Mitglieder mit ihren eigenen Verbindungen trägt dazu bei, daß das Netzwerk von der Öffentlichkeit allenfalls schemenhaft wahrgenommen wird. Man weiß, daß das Opus Dei da ist, aber wer weiß schon wie, wo und mit wem. Das mag mit dazu beitragen, daß das Werk so vielen unheimlich ist und daß es im Ursprungsland Spanien „Santa Mafia – Heilige Mafia" genannt wird.

Radio Vatikan sieht ein „gewisses Eliteprinzip, welches das Opus Dei in der Auswahl seiner Mitglieder anwendet. Dies hat zur Folge, daß sich Mitglieder dieser Laienvereinigung in vermehrtem Ausmaß in einflußreichen Stellungen befinden, was die berufliche Zusammensetzung in bestimmten Bereichen begünstigt, ja sogar nahelegt. Dadurch entstehen einflußreiche Gruppierungen, wie sie in unserer modernen westlichen Gesellschaft von immer größerer Bedeutung werden."[37]

---

[35] Michael Meier, „Octopus Dei" an der Limmat – spanischer Import, in: Tages-Anzeiger, Zürich, Nr. 157, 10. Juli 1990, S. 2.

[36] Weitere Details: Peter Hertel, Fromm und geldfürchtig, in: Deutsches Allgemeines Sonntagsblatt, Hamburg, 16. November 1986, Nr. 46, S. 19; Peter Hertel, in the last of a series on Opus Dei, examines the workings of the organisation's finances – Economic Manipulation, in: Catholic Herald, London, 27. November 1987, S. 5.

[37] Fußnote 8, Kapitel V.

Mit anderen Worten: zum Eliteprinzip gesellt sich ein konspiratives Element. Die Organisation setzt an einem strategisch wichtigen Punkt an, mehr und mehr Mitglieder finden zu dem entsprechenden Bereich Zugang. Je stärker die Besetzung, desto leichter ist es dann, Sympathisanten und neue Gefolgsleute zu werben. Opus-Leiter del Portillo spricht von „einer Arbeitsweise, bei der wir uns gleichsam wie ein Fächer ausbreiten, wobei jeder von uns danach trachtet, daß er dort Salz oder Sauerteig ist, wo er seine berufliche Arbeit verrichtet, sowie jeder in seiner Familie und bei seinen Freunden".[38]

Diese Forderung, die religiös gemeint ist, aber auch gesellschaftliche Wirkungen hat, ist verhältnismäßig allgemein gehalten. Die Zeitschrift „Crónica", die sich an den inneren Kreis der Organisation richtet, ist hingegen wie in vielem, so auch in diesem Punkt offener und klarer. In einem Leitartikel, der das Thema „Der Sauerteig und die Menge" behandelte, hieß es: „Wir haben den großen Ehrgeiz, die Institutionen der Völker, der Wissenschaft, Kultur, Zivilisation, Politik und Kunst und der sozialen Beziehungen zu heiligen und zu christianisieren. Alles sollte christlich sein als ein kollektiver gesellschaftlicher Ausdruck des Glaubens der Menschen und als ein Werkzeug, Seelen zu retten, sie in ihrem Glauben zu erhalten und sie zu Gott zu führen."[39]

Dies wäre die christliche Taufe der pluralistischen Gesellschaft, in der für weltanschaulichen und weit gefächerten demokratischen Pluralismus kaum Platz bliebe. Andersdenkende wären wie Ketzer ausgegrenzt.

---

[38] Alvaro del Portillo, Litterae nuper nuntiatum, 8. Dezember 1981, Rom, Anlage zum Codex des Opus Dei, Nr. 8. S. XXXVII.
[39] Crónica, 1963, Heft 8.

VII
Erster Exkurs: Die Wahrheit, die Religionsfreiheit und der heilige Zwang

1. Wer die dunkelsten Kapitel der christlichen Kirchengeschichte, die Kreuzzüge und die Inquisition, vor Augen hat, wird sich mit der These, daß im Christentum die Wahrheit und die Freiheit unabdingbar zusammengehören, sehr schwer tun. Die Freiheitsrechte und die Menschenrechte sind weitgehend gegen die Kirchen durchgesetzt worden. Aber das Wort Jesu „die Wahrheit wird euch frei machen" weist darauf hin, daß die Wahrheit und die Freiheit zueinander gehören. Jesus verkündete seine Botschaft klar und unmißverständlich, aber er drängte sie niemandem auf. Auch wenn er sich selbst die Wahrheit nannte („Ich bin der Weg, die Wahrheit und das Leben"), zwang er doch seine Zuhörer nicht, sie anzunehmen. „Heiliger Zwang" war ihm fremd. So kann sich ein Christentum, das Andersdenkende mit Zwang, Gewalt und dem Schwert bekehren will, nicht auf ihn berufen. Es verkehrt seine Botschaft ins Gegenteil.

Christen haben keinen Grund, jene schrecklichen Episoden ihrer Geschichte zu verharmlosen, sondern sie haben Anlaß, ihnen entschiedener abzusagen als jeder Nichtchrist. Um die Trennung wirklich zu vollziehen, ist es notwendig, das Phänomen, das hinter der Verirrung steht, in den Blick zu nehmen: den kirchlichen Triumphalismus, der in seiner damaligen Form wohl als überwunden gelten kann. Aber als Geisteshaltung hat er die Menschenrechtsbewegung der letzten zwei Jahrhunderte überdauert.

Triumphalisten sind vom Gedanken an die absolute Geltung der Wahrheit bzw. an das, was sie dafür halten, voll und ganz beseelt. Für sie steht die Wahrheit über allem, und sie ist allen Menschen beizubringen. Die Wahrheit wird alle glücklich machen. Wer das nicht einsehen kann, weil er verblendet ist oder nicht will, weil er verstockt ist, darf von Besserwissenden und Einsichtigen zu seinem Glück gezwungen werden.

Nur: was da als Wahrheit präsentiert wird, ist gar nicht die christliche Wahrheit. Zur Wahrheit des Christentums gehört nämlich, daß sie die Freiheit einschließt. Sie ist keine Sache, die sich verordnen ließe, sondern ein Geschenk, das auf Gnade beruht. Gnade aber läßt sich weder erzwingen noch reglementieren. Sie entzieht sich menschlicher Verfügungsgewalt.

Nun tritt die Wahrheit mit einem Absolutheitsanspruch auf, und die Einstellung der Triumphalisten enthält die richtige Erkenntnis: die Wahrheit soll zur Geltung gebracht werden. Aber die andere Prämisse bleibt ganz oder zumindest weitgehend außer acht: wenn der Mensch den christlichen Glauben freiwillig annehmen soll, dann muß es ihm auch möglich sein, ihn abzulehnen. Der Freiheit zum Glauben entspricht also die Freiheit zum Unglauben. Christlichen Glauben verwirklichen heißt deshalb auch: auf die Freiheit des Andersgläubigen und des Nichtgläubigen achten, ihm mit Respekt begegnen, ihm nicht Gewalt antun, Toleranz üben.

Feuer und Schwert sind als Mittel christlicher Mission eine ungeheure Provokation. Aber sogar mit sanfter Gewalt und geheimen Tricks gefährden christliche Missionare ihre Glaubwürdigkeit. Der Werbende kann auf das freie Ja nur dann hoffen, wenn er durch sein Wort überzeugt – oder was noch besser, aber viel schwerer ist: durch sein Beispiel, sein Lebenszeugnis.

Als der Kampf gegen die äußeren Feinde des Christentums mehr und mehr scheiterte, wurde er gegen den Feind im Innern aufgenommen: Ketzer, Häretiker, Rebellen. Im Jahre 1231 machte Papst Gregor IX. die Inquisition, die sich gewissermaßen informell gebildet hatte, zu einer päpstlichen Einrichtung. Längst hatte die Kirche die antik-römische Reichsidee in die Vorstellung umgesetzt, daß das Imperium romanum einmal christlich sein werde. Das eigentlich Verhängnisvolle war nun, daß die Liga zwischen weltlicher und geistlicher Macht, die trotz spannungsreicher Konflikte stets bestand, voll funktionierte: der Erzfeind der Kirche, Kaiser Friedrich II., dehnte die Inquisition ein Jahr später auf das gesamte Heilige Römische Reich aus. Er ordnete an, daß man Ketzer der Zunge berauben oder sie verbrennen solle. Staat und Kirche führten offiziell die Todesstrafe für Ketzer ein.

Es war die Zeit, in der das Reich und die Kirche in Auflösung gerieten. In einem mörderischen Kampf hatten sich Papst und Kaiser gegenseitig entmachtet. In den Städten rangen Bischöfe, Patrizier, Großbürger, Zünfte und kleine Handwerker um die Macht. Bürger erhoben sich gegen die Priester und den Adel, gegen die Kirche und das Reich. Die beiden geschwächten Ordnungsmächte versuchten, sich selbst zu retten: die kirchliche Einheit und den Glaubensstaat. Beide Gebilde sahen sich durch die Ketzer und sonstigen Abweichler bedroht, von denen sich viele als „Brüder" und „Schwestern" um ein eigenständiges religiöses Leben der Freude, der Freiheit und des Friedens bemühten.

Wir schaudern heute, wenn wir von jener grausamen Unmenschlichkeit der Inquisition hören, die Jahrhunderte währte, und zwar im Namen einer Reichskirche und eines Heiligen Reiches. Jene Bischöfe und Fürsten aber hielten es für eine gute Sache, um der Wahrheit willen das Kreuz mit dem Schwert zu vertauschen und das Lamm in den Folterknecht zu verwandeln. Sie taten es ohne Gewissensbisse. Die Wahrheit, daß die christliche Botschaft pervertiert wird, wenn das Kreuz von Kanzeln politischer und militärischer Macht verkündet wird, wurde erst viel später wiederentdeckt. Vielen fällt es freilich immer noch schwer, die Verfehlung der Inquisition offen zu bekennen.

2. Sieben Jahrhunderte nach dem Beginn der organisierten Inquisation ist sie selbst abgeschafft. Aber geistert jener Denkansatz nicht noch immer umher? In der Tat zeigt er sich, wenn die römische Glaubenskongregation, deren Vorgängerinnen das „Heilige Offizium" und die „Heilige Inquisition" waren, kritischen Theologen durch eine Instruktion den Maulkorb verpaßt oder sie gar mit Berufsverbot belegt. Ketzer werden nicht mehr ausgelöscht, aber weiterhin in ihrer Existenz getroffen. Der Streit um die Wahrheit wird auch heute oft in erschreckender Bitterkeit geführt, weniger aber in Toleranz und in der Bereitschaft, sich anzuerkennen und zu verständigen.

Verwunderlich ist solche Verbissenheit nicht. Denn alle Seiten erklären, daß es ihnen um die Wahrheit geht. Aber liegen die Dinge wirklich so einfach? Mit im Spiel sind doch auch andere, oft unbewußte Faktoren: persönlicher Ehrgeiz und Besserwisserei, Kampf um religiöse Macht und gesellschaftliche Vorherrschaft. Und allzuoft wird übersehen, daß im Konflikt um die Wahrheit nur sehr selten letztverbindliche Dogmen, also gleichsam Fragen auf Leben und Tod der Glaubensgemeinschaft, auf dem Spiel stehen. In den strittigen Fragen können tatsächlich unterschiedliche Positionen eingenommen werden: wieviel Einheit, wieviel Pluralität sind möglich bzw. notwendig? Wo ist Einheit unabdingbar? Diese Fragen sind selbst von kirchlichen Autoritäten verschieden beantwortet worden. Ein Christ kann zwar den Auftrag Jesu, daß alle eins sein sollen, nicht verneinen. Zu fragen ist aber auch, welche Einheit denn jeweils verwirklicht werden soll: die Einheit im Glauben, in der Lebenspraxis, die Einheitsidee des Kirchenpolitikers, die Einheitsvorstellung des Politikers in einer Diktatur, eines Kirchenfürsten in einem Glaubensstaat? Letztlich stehen hier zwei Richtungen gegeneinander, die sie durch die ganze Kirchengeschichte ziehen.

Im 19. Jahrhundert schien die alte Position der Kirche, nämlich in den Staat eingebettet und Trägerin der Staatsreligion bzw. Repräsentantin der objektiven Wahrheit zu sein, auch in den Staaten mit großer Mehrheit von Katholiken aufs höchste gefährdet. Mit hohem Aufwand machte sich die Kirche daran, ihre althergebrachten Privilegien zu verteidigen. Ihren ersten Höhepunkt hatte die kirchliche Abwehrarbeit im „Syllabus" von 1864, einer Sammlung von Kernsätzen, die aus päpstlichen Rundschreiben herausgenommen und zu einer Art Katechismus zusammengestellt worden waren. Papst Pius IX. verwarf in dieser Zusammenstellung von 80 der „hauptsächlichsten Irrtümer unserer Zeit" vor allem politische Theorien und Lehren. Zum Schluß wurde die These zurückgewiesen, daß sich der römische Papst mit dem Fortschritt, dem Liberalismus und der modernen Zivilisation aussöhnen und verständigen könne und solle.

Vier Jahrzehnte später verfaßte das Heilige Offizium mit dem Dekret „Lamentabili" einen neuen Syllabus, der 65 Sätze sogenannter „Modernisten" zurückwies. Im selben Jahr nahm sich Papst Pius X. in der Enzyklika „Pascendi" den „Modernismus" als System vor und brandmarkte ihn als das „Sammelbecken aller Häresien". In Wirklichkeit war der Modernismus eine sehr vielschichtige Erscheinung. Aber in der folgenden Phase des Antimodernismus wurde der gesamte reformkatholische Aufbruch in diesen Begriff gezwängt und bekämpft, auch der Versuch katholischer Laien, sich in politischen und sozialen Fragen von hierarchischer Bevormundung unabhängig zu machen.

Die „Integralisten" erschienen auf der kirchlichen Szene, um die „Modernisten" zu bekämpfen und die „reine Lehre" zu verteidigen. Den Namen „Integralisten" haben sie sich selbst zugelegt. Sie leiteten ihn ab vom lateinischen Wort „integer – unverletzt, unverfälscht, ungeschwächt, rein". In Deutschland gaben sie als ihr Ziel an, die „katholische Lehre" zu bewahren und den „Besitzstand des katholischen Deutschlands" zu retten.[1] Sie wollten unter anderem verhindern, daß die katholische Basis mit der evangelischen zu einem gro-

---

[1] Emil Ritter, Die katholisch-soziale Bewegung Deutschlands im 19. Jahrhundert und der Volksverein, Köln 1954, S. 336.

ßen christlich-sozialen Block zusammengeschweißt und der Einfluß der katholischen Bischöfe in der Öffentlichkeit zurückgedrängt werde.[2] Ihre Gegenspieler – man könnte sie auch „Pluralisten" nennen – wollten den Turm kirchlicher wie politischer Geschlossenheit verlassen. Die Kirche war für sie wie ein sich öffnender Fächer. Ihrer Initiative ist es mit zu verdanken, daß sich dieser kirchliche Fächer in den folgenden Jahrzehnten zu einer großen Spannweite an religiösen, sozialen und politischen Vorstellungen, an nationalen Traditionen und theologischen Schulen auftat. Für die Integralisten dagegen war der Fächer zusammengeklappt. Alles wird vom Punkt in der Spitze beherrscht.

Entsprechend unterschiedlich war die Einstellung zum Glauben und zur Gesellschaft. Die einen erfuhren das Leben in seiner Verflochtenheit, ihre Perspektive führt nicht nur „von oben nach unten", sondern auch umgekehrt „von unten nach oben". Wahrheit und Gnade ereignen sich auch ganz unten. Die anderen sahen die Wahrheit der göttlichen Offenbarung oben, im höchsten Lehramt, angesiedelt. Sie wird nach unten durch fertige, fixierte, unabänderliche Sätze in Katechismusart weitergegeben. Deshalb ist sie von oben durch den Klerus nach unten weiterzuleiten. Laien können nicht Lehrer, sondern nur Schüler sein. Wahrheit und Gnade werden an sie ausgeteilt. Im Ansatz zeigten sich schon hier die unterschiedlichen Kirchenbilder, um die es heutzutage geht: eine Kirche, die von oben her betreut, verwaltet wird; und eine Kirche, die von der kirchlichen Gesamtwirklichkeit unter Einschluß der „Basis" ausgeht.

Nun gibt es für den Integralismus heute ein grundsätzliches Problem. Seine religiöse Perspektive läßt sich nicht durchsetzen, weil der Kirche der weltliche Arm nicht mehr zur Verfügung steht, so in kommunistischen und nicht-christlichen Glaubensstaaten, aber auch in pluralistischen Demokratien. Anders ist es in sich christlich nennenden autoritären Staaten bzw. Diktaturen. Da kann sich zeigen, daß Integralismus und politisch autoritäre Ideologien durchaus gemeinsame Bezüge haben. Das bedeutet aber nicht, daß etwa Integralisten und Faschisten gleichgesetzt werden dürfen, wie sich am Beispiel der spanischen Bischöfe in den dreißiger Jahren veranschaulichen läßt: sie waren überzeugt, daß der Bürgerkrieg ein religiöser Krieg, ein Kreuzzug und ein Aufwallen der Nächstenliebe war. Als mit Franco

---

[2] Ebd.

der Katholizismus triumphierte, fand sich der Episkopat auf der Siegertribüne. Aber deshalb war er nicht faschistisch. Vielmehr schloß sich der „Integrismo católico" dem Caudillo an, weil dieser den Staat offizell zum katholischen Staat machte, in dem die kirchliche Hierarchie als eine vom Staat anerkannte Gewalt in die Zentren der politischen Macht eingreifen konnte. Dieser Staat sollte nun nach den Gesetzen und Normen der katholischen Lehre regiert werden.

In laizistischen Ländern, so in Frankreich, und in Ländern der Reformation, so in Preußen, war dieser Weg schon Ende des 19. Jahrhunderts nicht mehr möglich. Wie die zeitlichen Sachgebiete der Politik, Wirtschaft, Kultur und Wissenschaft, so entzog sich auch die berufliche Arbeit der Laien dem unmittelbaren Zugriff der kirchlichen Autorität. Daraus entwickelte sich um die Jahrhundertwende ein schwerwiegender, leidenschaftlich geführter Konflikt, in Frankreich um den „Sillon", eine 1893 gegründete Bewegung und Vereinigung französischer Katholiken für Religion und menschliche Gesellschaft, und in Deutschland um ursprünglich katholische, dann aber interkonfessionellen Charakter annehmende Zusammenschlüsse wie die Christlichen Gewerkschaften und die Zentrumspartei. Der sogenannte Integralismus-Streit wurde auf politischem, wirtschaftlichem, sozialem, kulturellem und wissenschaftlichem Gebiet ausgetragen.

Nicht selten wird kurzschlüssig angenommen, der Integralismus sei auf die damalige Zeit beschränkt und seitdem überwunden. Zu dieser Ansicht kann man gelangen, wenn man das Phänomen gesellschaftlich, nicht aber auch theologisch betrachtet. Doch Integralismus ist eine religiöse Einstellung, die sich auch heute feststellen läßt.[3]

3. Zweifellos läßt sich aus jener Zeit viel über den Integralismus an sich lernen. Kern der Auseinandersetzung war die Frage, ob und inwieweit die Laien in ihrer beruflichen Arbeit der direkten Befugnis des Klerus, der kirchlichen Autorität, unterstehen und zu gehorchen haben. Doch auch diese Fragestellung führt uns noch einen Schritt weiter, nämlich zum integralistischen Weltbild. In der notwendigen Kürze und Vereinfachung möchte ich es so beschreiben: Integralisten gehen, dualistisch denkend, von zwei in sich geschlossenen Bezirken

---

[3] Zu Recht bemerkte schon in den zwanziger Jahren das Staatslexikon: „Man kann einen geschichtlichen und systematischen Integralismus unterscheiden, je nachdem er als eine zeitgeschichtlich begrenzte geistige Bewegung oder als eine bleibende religiöse Geistesrichtung angesehen wird" (Staatslexikon, Bd. 2, Freiburg[5] 1927, S. 1496).

aus: erstens dem geistlichen Reich der Übernatur, zweitens dem weltlichen Reich der Natur. Das geistliche Reich ist vollkommen, rein, göttlich; das weltliche dagegen unvollkommen, irdisch, menschlich. Die Übernatur steht über der Natur, sie hat absolut Vorrang. Die weltlichen Belange sind von den geistigen abhängig und ihnen untergeordnet. Der weltliche Bereich hat keinen Eigenwert, er muß strikt nach den Normen des geistlichen gestaltet werden. Weil die im weltlichen Bereich tätigen Laien nur Schüler seien können, haben sie die Normen zu verwirklichen, die ihnen aus dem übergeordneten Bereich vom Klerus vorgegeben werden. So wird eines Tages die kirchliche Hierarchie auch das Reich des Weltlichen leiten können, nämlich dann, wenn die Gesellschaft und ihre Strukturen sozusagen getauft sind.

Diese Haltung lief auf die Errichtung einer theokratischen Gesellschaft hinaus, in der die Leiter sich mit der Offenbarung identifizieren können bzw. die Offenbarung mit sich, wie ein Satz erkennen läßt, mit dem der Dominikanerpater Albert Maria Weiß, der ein angesehener Wortführer der integralistischen Richtung wurde, schon 1892 seine „Apologie des Christenthums" beschloß: „Die schönste, die segensreichste, gottgefälligste Friedenskirche aber wäre ohne Zweifel die nach christlichen Grundsätzen eingerichtete Gesellschaft, die Gesellschaft unter der Leitung der Kirche, die Verwirklichung des Gottesreiches auf Erden."[4]

Ähnliche Gedanken hegte Papst Pius X. Als er 1910 den französischen „Sillon" verbot, warf er ihm vor, sein Ideal sei „mit der Revolution" verwandt. Nun wolle er „gotteslästerliche Beziehungen zwischen dem Evangelium und der Revolution herstellen" und arbeite für die Humanität. Die Kultur brauche jedoch „nicht mehr erfunden zu werden, noch ist die neue Stadt in den Wolken zu erbauen. Sie ist bisher dagewesen und ist da: es ist die christliche Kultur, es ist der katholische Staat."[5]

Dagegen sahen die Pluralisten die Kirche und die Welt als spannungsvolle Einheit, in der jeder seine ihm eigene Aufgabe habe: der Priester, der Arbeiter, der Politiker, der Bauer. Die Argumentation lautete etwa so: jedes zeitliche Gebiet wie die Wirtschaft, die Wissenschaft, die Kunst, der Sport usw. weist eine sittliche Seite auf. Insofern hat die Arbeit in jedem dieser Gebiete einen sittlichen Aspekt

[4] Albert Maria Weiß, Apologie des Christenthums, Bd. 4, Freiburg 1892, S. 990.
[5] Albert Houtin, Histoire du Modernisme Catholique, Paris 1913, S. 294ff.

und muß deshalb in das religiöse Leben des einzelnen einbezogen werden. Aber der Auftrag des berufstätigen Christen heißt nicht: „Arbeite fromm" oder „Arbeite katholisch", sondern: „Arbeite gemäß den sachlichen Normen deines Arbeitsgebietes". Erst dies vorausgesetzt, kann der Alltag geheiligt werden.

Die Pluralisten gingen nicht von Glaubenssätzen aus, sondern vom Lebensalltag, in dem sie mit Nichtkatholiken gemeinsame Erfahrungen machten. Das war für die damalige Zeit ein revolutionärer Weg. Sie entdeckten, daß sie stärker wären, wenn sie sich mit Menschen zusammenschlössen, die zwar eine andere Religion hatten, aber wie sie selber für mehr Gerechtigkeit und Humanität kämpfen wollten.

Die Solidarität mit allen Menschen guten Willens, die sich aus dieser Position ergeben kann, mögen waschechte Integralisten nicht akzeptieren. Von ihrer hohen Warte aus sehen sie ja alles in religiöser bzw. konfessioneller Perspektive. Damals warfen sie den Pluralisten vor, eine neue, „universalere Religion" gründen zu wollen, die, so Pius X., „weder katholisch noch protestantisch noch jüdisch" sein werde. „Man arbeitet nicht für die Kirche, man arbeitet für die Humanität." Am Ende aber arbeite man nur dem „Sozialismus" in die Hände.[6]

Hier geht die theologische Innenseite des Integralismus in seine kirchenpolitische Außenseite über. Eine weitgespannte Brüderlichkeit, in der alle in ihrer Eigenständigkeit und in ihren Überzeugungen geachtet werden, erschreckt Integralisten auch deshalb, weil sie sich in ihr geistliches Überreich eingeigelt haben. Ihre Kirche ist geschlossene Einheit, eine bewaffnete, bewachte Bastion. Da mußten die Pluralisten als Bedrohung erscheinen, weil sie sich mit den vermeintlichen Glaubensfeinden solidarisierten. Sie stellten den Katholizismus als in sich abgeschlossene gesellschaftliche Kraft in Frage, aber aus integralistischer Sicht weichten sie ganz logisch die Einheit auf. Wie kann man, so fragten sich die Integralisten, mit Menschen, die im Irrtum befangen sind, gemeinsame Sache machen, wenn es doch darauf ankommt, den Irrtum auszulöschen und den katholischen Staat zu errichten.

Aus dieser Einstellung ergibt sich in einer hierarchisch strukturierten Kirche konsequenterweise Klerikalismus, den der Trierer Bischof Korum, ein Wortführer der Integralisten, so zum Ausdruck brachte: „Auch wenn die Gewerkschaften nur katholische Mitglieder aufwie-

[6] Ebd.

sen, die Leitung aber einem Arbeiter zuwiesen, müßten wir sie bekämpfen. Alles kommt darauf an, daß die Geistlichen die katholischen Arbeiter in der Hand behalten."[7] Die deutschen Integralisten, die sich in ihrer Papsttreue durch niemanden übertreffen lassen wollten, suchten bei Papst Pius X. zu erreichen, daß wie der französische pluralistische „Sillon" auch die deutschen Pluralisten verurteilt würden. Aber diese hatten sehr starken Rückhalt im Kölner Kardinal Antonius Fischer, der schon in seinem ersten Hirtenbrief bemerkt hatte: „Ich werde gewiß als katholischer, aber auch als deutscher Bischof wirken."[8] Seinem unnachgiebigen Auftreten in der römischen Zentrale war es wohl zu verdanken, daß Pius X. die deutschen Pluralisten nicht zu Ketzern stempelte. In seiner Enzyklika „Singulari quadam" hieß der Papst 1912 die interkonfessionellen Gewerkschaften zwar nicht gut, aber tolerierte sie. Jeder Bischof erhielt das Recht, diese ursprünglich katholischen Gründungen in seiner Diözese zuzulassen oder abzulehnen.

4. Das deutsche Modell mit seiner Ermöglichung praktischer Toleranz in religiösen Dingen konnte nach dem Ersten Weltkrieg beibehalten werden. Die römische Kirchenleitung indes gewährte Toleranz weiterhin nur aus Opportunitätsgründen. Die offizielle katholische Lehre ging davon aus, daß der einzelne kein Recht auf religiöse Freiheit habe, wenn er im Irrtum befangen sei. Der Staat sei der objektiven Wahrheit verpflichtet, die in Glaubens- und Sittensachen durch die katholische Kirche repräsentiert werde. Die allgemeine Religionsfreiheit wurde also nicht als ein Recht angesehen, das auf die Würde der menschlichen Person gegründet ist, sondern sie wurde soweit notwendig als unabwendbares Übel des gesellschaftlichen Pluralismus toleriert – was beispielsweise im katholischen Spanien der dreißiger Jahre nicht erforderlich war.

Die Neuorientierung, die um die Jahrhundertwende in Frankreich und Deutschland eingesetzt hatte, fand mit Papst Johannes XXIII. und dem Zweiten Vatikanischen Konzil auch in die kirchenamtliche Lehre Eingang. Auf dem Konzil hat die katholische Kirche in einer bemerkenswerten Wende einen jahrhundertelang verteidigten Anspruch preisgegeben und sich positiv zur allgemeinen Religions-

[7] Ritter, S. 323.
[8] Johann Schmitz, Antonius Kardinal Fischer, Erzbischof von Köln, Köln 1915, S. 198.

freiheit bekannt. In der Erklärung über die Religionsfreiheit, „Dignitatis humanae", heißt es:

„Das Vatikanische Konzil erklärt, daß die menschliche Person das Recht auf religiöse Freiheit hat. Diese Freiheit besteht darin, daß alle Menschen frei sein müssen von jedem Zwang, sowohl von seiten einzelner wie gesellschaftlicher Gruppen, wie jeglicher menschlicher Gewalt, so daß in religiösen Dingen niemand gezwungen wird, gegen sein Gewissen zu handeln, noch daran gehindert wird, privat und öffentlich, als einzelner oder in Verbindung mit anderen – innerhalb der gebührenden Grenzen – nach seinem Gewissen zu handeln" (Art. 2).

Gleichzeitig „ist die katholische Kirche die Lehrerin der Wahrheit; ihre Aufgabe ist es, die Wahrheit, die Christus ist, zu verkünden und authentisch zu lehren" (Art. 14). Der Wahrheitsanspruch ist also nicht aufgegeben. Aber er darf nicht mit Mitteln, die „dem Geist des Evangeliums . . . entgegengesetzt" (Art. 12) sind, vertreten werden. Sondern „Menschen, die in Irrtum und Unwissenheit in den Dingen des Glaubens befangen sind", soll „in Liebe, Klugheit und Geduld" begegnet werden. „So ist Rücksicht zu nehmen sowohl auf die Pflichten gegenüber Christus, dem lebendigmachenden Wort, das es zu verkünden gilt, wie auch auf die Rechte der menschlichen Person und auf das Maß der Gnade, das von Gott durch Christus dem Menschen gewährt wird, an den sich die Einladung richtet, den Glauben freiwillig anzunehmen und zu bekennen" (Art. 14).

Das Konzil sprach sich auch gegen den Klerikalismus der Integralisten aus. In der Pastoralkonstitution „Gaudium et spes" hob es die lang umstrittene relative Eigenständigkeit der irdischen Bereiche hervor und lehnte es ab, diese Bereiche der kirchlichen Machtbefugnis zu unterstellen. Freilich dürfe man nicht übersehen, daß die Schöpfung von Gott abhänge und nicht ohne Bezug auf ihn gebraucht werden dürfe. Diese Lehre ist heute in der katholischen Kirche allgemein anerkannt.[9]

Die Pastoralkonstitution betrachtet die Beziehung zwischen dem Geistlichen und dem Weltlichen neu. Im Mittelalter hatte man das Verhältnis beider Bereiche zueinander als Unterordnung bzw. Über-

---

[9] Vgl. auch das Dekret über das Apostolat der Laien, „Apostolicam actuositatem", insbesondere Artikel 7: Den Hirten obliegt es, die *Grundsätze* über das Ziel der Schöpfung und über den Gebrauch der Welt klar zu verkünden, sittliche und geistliche *Hilfen* (nicht Anweisungen!) zu gewähren, damit die zeitliche Ordnung auf Christus ausgerichtet werde.

ordnung gesehen. Die Kirche behauptete, das Zeitliche sei dem Geistlichen untergeordnet. Aus dieser Sicht erwartete sie von den gewöhnlichen Laien, daß sie den Fürsten gehorchten, die ihrerseits Gesetze zu erlassen hätten, die dem Gesetz Gottes entsprechen müßten, das vom Klerus dargelegt wurde. Nach der Reformation und mit der Aufklärung änderte sich dieses Verhältnis: beide Bereiche traten – konkretisiert in den beiden Gewalten der Kirche und des Staates – auseinander. Der Dualismus äußerte sich nun auch ganz praktisch: das Geistliche und die Kirche befanden sich auf der einen Seite; sie waren vom Zeitlichen, der säkularen Welt, auf der anderen Seite abgegrenzt.

Erst die Pastoralkonstitution über die Kirche in der Welt von heute hat diesen Dualismus theologisch offiziell beseitigt. Dieses Konzilsdokument befindet, daß das „Volk Gottes" nicht in einem von der Welt unterschiedenen Bereich lebt, sondern in ihrer Mitte, wo es auch handelt. Sicher hat das kirchliche Lehramt das Recht zu erklären, was der Glaube beinhaltet. Es darf auch bestimmte Verhaltensweisen untersagen. Aber der zeitliche Bereich ist weder dem geistlichen untergeordnet noch von ihm getrennt. Und die Welt ist nicht einfach ein bloßes Mittel, den Himmel zu erlangen. Sie hat ihren Wert und ihre Autonomie.

5. Trotz der Konzilsbeschlüsse lebt die Geisteshaltung des Integralismus weiter, wenngleich es ihn so klar abgrenzbar wie um die Jahrhundertwende nicht mehr gibt, zumal die Fronten nicht an Personen so eindeutig fixierbar sind. Oft sind die Grenzen fließend. Integralistische Elemente verwischen sich mit anderen Elementen.

Heute zeigt sich der alte Konflikt der Integralisten und Pluralisten insbesondere in der kirchlichen Auseinandersetzung um die Mitwirkung der Laien und die Gleichberechtigung der Frau. Vor allem in Lateinamerika hat sich eine Basiskirche gebildet, in der Bischöfe, Priester und Laien miteinander sehen, urteilen und handeln. Die jungen Kirchen der sogenannten Dritten Welt suchen nach *ihren* Wegen.

Dagegen denkt die andere Seite zentralistisch, von Rom aus. In diesem eurozentrischen System, von dem die katholische Kirche noch immer weitgehend geprägt ist, sind die Rechte bei Männern in der Spitze konzentriert: beim Papst und bei den Bischöfen. Das Volk darf nur bedingt mitwirken.

Glaubenshüter, die von einem ein für allemal festgelegten Kirchenbild ausgehen, sehen die Kirche bedroht: wenn neue, auf mehr allgemeine Mitwirkung und Pluralismus angelegte Strukturen entstehen, wenn das Kirchenvolk sogar mitentscheidet, ist dann nicht die hierarchisch aufgebaute Kirche selbst in Frage gestellt? Wer soll in einer solchen Kirche die Wahrheit rein halten? Das ist der Kern des kirchlichen Konfliktes: es geht um die Wahrheit – aber auch um die Macht.

Im Konzept der Basiskirche übernehmen alle Verantwortung. Auch die Politik erscheint als Sache aller, nicht nur der Machthaber: Kirchenpolitik als Sache des gesamten Volkes Gottes, nicht nur der Oberhirten. In diesem Modell arbeiten – politisch – alle Menschen guten Willens zusammen, wenngleich sie – theologisch – unterschiedlicher oder gar gegensätzlicher Anschauung sein mögen. Integralisten indes wittern auch hier wieder eine Gefahr für die Reinheit des Glaubens und sehen zerstörerische Kräfte am Werk, weshalb sie sich von den „Gottlosen", insbesondere den Marxisten, abgrenzen.

Zwei Jahrzehnte nach dem Konzil ist das integralistische Ideal der Abgrenzung nach außen und der Strenge nach innen wieder aktuell, wie viele aufmerksame Beobachter der katholischen Weltkirche registrieren. Im römischen Klima gedeiht der Enthusiasmus für das Autoritäre und die Disziplin, ja selbst die Verketzerung. Sicher schwingt die wehmütige Erinnerung an die Zeit des pianischen Monolithismus mit, in der die Kirche nicht nur eine stark ausgebaute Institution war, sondern zumal in westlichen Ländern auch größere gesellschaftliche Macht hatte. Sie war eine deutlich abgrenzbare Gruppe mit einer einheitlichen Theologie und einer einheitlichen Glaubenspraxis. Aus dieser Geschlossenheit ergab sich gesellschaftliche Stärke.

Der nachlassende kirchliche Einfluß macht vielen Kirchentreuen angst. Man gibt der Pluralität die Schuld. Sie weiche die Einheit im Glauben auf. Aber man fragt nicht, ob der (zugegeben unbequeme) Pluralismus tatsächlich den Glauben sprengt. Kein Wunder, daß die Versuchung groß ist, das Heil im Rückzug zu suchen. Das Wort „Konzil" wird dann schließlich nichts weiter als ein Lippenbekenntnis.

In der uniform gestalteten Festung des Rückzugs würde es so gut wie keine Konflikte geben: sei es, weil man sie nicht sähe oder nicht sehen wollte; sei es, weil man sie verschwiege – aus Angst vor Unruhe oder im wohlmeinenden Glauben, den Gläubigen schützende Sicherheit geben zu müssen. Doch man würde nichts anderes schaffen als das kirchliche Gegenstück zum „neuzeitlichen abschließenden Denken", in dem die Gottesfrage nicht mehr auftaucht (Carl Friedrich von Weizsäcker). Es ist das Tragische dieses Dualismus, daß im

Gegenzug das Menschliche aus dem Kirchenraum verbannt und ein geistlich steriles Reich der „Übernatur" errichtet würde.

Man sieht: der Sehnsucht nach dem politischen Paradies auf Erden entspricht die Sehnsucht nach dem religiösen Paradies auf Erden. Aber das eine wie das andere läßt sich nicht verwirklichen. Es ist ein Traum, ein Alptraum. Religion und Politik waren stets dialektisch miteinander verbunden, wie auch das Göttliche und das Zeitliche. Zum einen gilt es, diesen Zusammenhang einsichtig zu machen, und zum anderen, zu verhindern, daß das eine durch das andere beherrscht, verdrängt und seines Eigenwertes entkleidet wird.

Im Falle der Theologie und der Kirche ergibt sich daraus, daß sie ihre Beziehung zum Politischen ins Auge fassen müssen und nicht herunterspielen dürfen. Wer sich für unpolitisch hält oder als unpolitisch etikettiert, wirkt um so politischer zugunsten bestehender Verhältnisse, weil er sie stillschweigend unterstützt. Das geht in diesem verschleierten religiös-politischen Machtgefüge fast immer zu Lasten der Schwächeren, Armen und Entrechteten.

VIII
Wie Opus Dei auf die alte Festung Torreciudad kam und eine neue Bastion baute

Majestätisch erhebt sich der Wallfahrtsort Torreciudad über dem tiefblauen, klaren See von El Grado im Norden Spaniens. Wohltuend reine Luft, Stille, Frieden. Und als überragendes Panorama die schneebedeckten Gipfel der Pyrenäen von Aragón. Ein himmlischer Ort, um den Opus Dei zu beneiden ist. In Torreciudad spürt der Besucher den Geist des Opus Dei auf Schritt und Tritt.

Josemaría Escrivá de Balaguer y Albás, der Gründer des Opus Dei, war überzeugt, den Auftrag, seine Gemeinschaft zu gründen, von Gott selbst erhalten zu haben.[1] Auf seine Erwählung hat schon ein wunderbares Ereignis in seiner frühen Kindheit hingedeutet, dessen Folge dieses Heiligtum aus gelbbraunem Backstein ist. Im Jahre 1904 war der zweijährige Josemaría so schwer erkrankt, daß die Ärzte ihn aufgegeben hatten. Doch die Mutter empfahl den Todgeweihten der Jungfrau Maria, Unserer Lieben Frau von Torreciudad, die in einer kleinen Bergkapelle verehrt wurde. Ganz wider Erwarten wurde der Junge wieder gesund. Voll Dankbarkeit brachten ihn die Eltern aus Barbastro ins 30 Kilometer entfernte Torreciudad.[2]

1975 ist Josemaría Escrivá, wie es in seiner Vereinigung heißt, „heiligmäßig" gestorben.[3] Opus Dei bemüht sich darum, daß der Vater – El Padre, wie er sich auf spanisch nennen ließ – auch tatsächlich vom Papst heiliggesprochen wird. Oft wird von Heiligen berichtet, ein außergewöhnliches Ereignis in ihrer Kindheit habe schon frühzeitig auf ihre spätere Berufung hingewiesen. Der Nachweis einer solchen Begebenheit kann beim römischen Prozeß der Selig- und Heiligsprechung sehr wichtig sein. Von Escrivá heißt es in den Unterlagen für diesen Prozeß, der 1981 in Rom eröffnet wurde, seine Mutter habe ihm gesagt: „Die Jungfrau [Maria] muß dich in der Welt

---

[1] Vgl.: Der Diener Gottes Josemaría Escrivá de Balaguer. Gründer des Opus Dei, Informationsblatt Nr. 5, Köln 1983, herausgegeben vom Vizepostulator in Deutschland für den Seligsprechungsprozeß des Gründers des Opus Dei, S. 3.
[2] Ebd. S. 11.
[3] Ebd. S. 2.

gelassen haben, um irgend etwas Großes zu tun, denn du warst schon mehr tot als lebendig."[4]

Kein Wunder, daß das Opus Dei der Muttergottes von Torreciudad eine eindrucksvolle Wallfahrtsstätte baute und so den hohen Rang des Ereignisses von 1904 anschaulich herausstellte. Durch die Selig- und Heiligsprechung des Gründers würde das Werk weiteren Aufschwung nehmen und vielleicht sogar den entscheidenden Durchbruch in der katholischen Weltkirche erzielen.

Josemaría Escrivá hatte indes fünf Jahrzehnte lang kaum eine engere geographische Beziehung zu Torreciudad. Erst als er den Zentralsitz seines Werkes längst von Spanien nach Rom verlegt hatte, erhielten von dort die Mitglieder der Kommission des Opus Dei in Spanien ein Bild der Muttergottes von Torreciudad. Auf der Rückseite hatte der Gründer vermerkt, daß ihn seine Eltern 1904 in Torreciudad unter den Schutz der Muttergottes gestellt hatten. Doch niemand kannte den Ort. Man entdeckte ihn auf einer Wirtschaftskarte des 18. Jahrhunderts. Noch im selben Jahr – 1956 – machten sich Mitglieder des Opus Dei auf den Weg und fanden eine kleine Kapelle, die der zuständige Bischof sechs Jahre danach dem Opus Dei zur Betreuung übertrug. Nun ging man sofort an die Planung und an den Bau des Heiligtums[5] – zur Verehrung Marias und zur Erinnerung an die wunderbare Errettung des Erwählten. Escrivá selbst kam erst 1970 – zum erstenmal seit 1904 – wieder an den denkwürdigen Ort, als die Bauarbeiten an der Kultstätte bereits begonnen hatten.[6]

Die offizielle Broschüre über die Pilgerstätte, die man im Wallfahrtsladen kaufen kann, gibt Auskunft, wie Opus Dei sein geistliches Zentrum versteht. Als sich der Autor José A. Vidal Quadras von Barbastro, dem Geburtsort des Gründers, aus Torreciudad näherte und es auf der Höhe liegen sah, fiel ihm die Bergpredigt ein: „,Eine Stadt, die auf einem Berg liegt, kann nicht verborgen bleiben. Auch zündet man kein Licht an und stellt es unter den Scheffel, sondern auf den Leuchter. Dann leuchtet es allen im Hause' (Matthäus 5,14–15). Denn so erscheint Torreciudad. Wie eine Stadt auf dem Berg, mit

---

[4] Articoli, 7 (Romana Postulazione della causa di Beatificazione e Canonizzazione del Servo di Dio Josemaría Escrivá de Balaguer y Albás, Sacerdote Fondatore dell' Opus Dei, Articoli della Postulazione, Roma 1979). Zitiert nach Berglar, S. 23.
[5] Berglar, S. 356f.
[6] Der Diener Gottes, Nr. 5, S. 11.

hohem Glockenturm, wie ein neuer Mittelpunkt des Lichtes und der spirituellen Wärme..."[7]

Verborgen ist Torreciudad nicht. Trotzdem macht es den Eindruck, als habe es etwas zu verbergen. Kommt man vom Parkplatz herab, dann zeigt sich das Zentrum des Opus Dei wie eine abgeschottete Bastion, die sich breit und trutzig auf den Felsen gesetzt hat: viel Stein, wenig Öffnung; Mauern über Mauern, aber kaum Fenster. In der zitierten Schrift ist auch die Geschichte Torreciudads beschrieben. Das lateinische Wort „turris" bedeutet Turm; mit „civitas" bezeichneten die Christen die Bastion, die den islamischen Mauren zur Verteidigung diente. Nach der Jahrtausendwende wurde Torreciudad ein vorgeschobener christlicher Stützpunkt im Kampf gegen die „Ungläubigen", die von den Höhen der Pyrenäen her zurückgedrängt und schließlich aus ganz Spanien vertrieben wurden.

Eine christliche und sehr dunkle Premiere, die damals in Barbastro stattfand – in der Schrift wird sie nicht erwähnt –, spielte sich 30 Jahre vor dem ersten eigentlichen Kreuzzug ab. Man kann dieses Ereignis als den ersten Angriffskrieg eines christlichen Heeres bezeichnen. Das Heer der Christen, dessen Mitgliedern ein Papst, Alexander II., erstmalig einen vollkommenen Ablaß gewährte, versprach allen Moslems von Barbastro das Leben, wenn sie die Stadt übergäben. Als sie dann kapituliert hatten, hielt man sich nicht daran, sondern metzelte viele Einwohner nieder, um die letzten Schätze zu erpressen.

Auch auf dem Berg von Torreciudad hatte eine Moschee gestanden. Sie wurde zu einer Kirche der Muttergottes umgestaltet.

Zwischen dem Opus Dei und den Kreuzrittern, insbesondere den Templern, sieht Vladimir Felzmann auffällige Ähnlichkeiten. Da sei der äußere Feind, der Unglaube, den es zu bekämpfen gelte. Die Templer nannten ihre Aufgabe lateinisch „militia – Kriegsdienst", während Opus Dei sich selbst mit einem spanischen Wort charakterisiert, das auf diesen lateinischen Stamm zurückgeht: „milicia – Kriegsdienst bzw. Kampftruppe".[8] Wie die Templer habe auch Opus Dei eine feudalistische Gesinnung. Anzumerken ist in diesem Zusammenhang, daß Josemaría Escrivá – ähnlich den Rittern – aus dem

[7] José A. Vidal Quadras, Torreciudad, Ein Wallfahrtsort der Mutter Gottes, Wallfahrtsort Torreciudad Auskunftsbüro 1979, S. 4.
[8] Beispielsweise Crónica, 1959, Heft 3.

gewöhnlichen Volk in die Adelselite aufstieg. Er stammte aus einer einfachen Kaufmannsfamilie und wurde Marqués von Peralta.[9] Hören wir Felzmann selbst: Da ist „der militärische Aspekt, der männliche; der Krieg, den die Templer führten, um das Christentum und das Heilige Land vom Islam zu befreien. Opus Dei ist dabei, das Christentum von dem zu befreien, was wir Modernismus, Subjektivismus, Marxismus und Materialismus nennen." Es gebe für Opus Dei einen ungläubigen Feind, wie damals für die Kreuzritter. Der Ruf „Gott will es" sei auch eine Parole im Opus Dei.[10]

Hinter der langgezogenen Fassade der Wallfahrtsstätte liegt, an den Berghang geschmiegt, das Zentrum für Soziale Bildung, auf dessen Tagungen jährlich mehr als 4000 Menschen im Geiste des Opus Dei geschult werden. Doch diese Innenseite des Werkes nimmt der normale Besucher wohl kaum wahr. Nicht nur, weil sie schon optisch hinter der wuchtigen Front verborgen ist. Auch die Kursteilnehmer selbst führen ein Eigenleben. Sogar die Gärten, Wege und Sportplätze sind den Wallfahrern nicht zugänglich.

[9] Das „Boletín oficial del Estado", Madrid, gab am 25. Januar 1968, S. 1008, eine Notiz des Justizministeriums bekannt: „Don José María Escrivá de Balaguer y Albás hat beantragt, den Titel Marqués wiedereinzusetzen, der am 12. Februar 1718 durch Erzherzog Carlos von Österreich an Tomás de Peralta verliehen worden ist." Über die Hintergründe gibt es drei Versionen: Es war im Interesse des Werkes, die Leute glauben zu machen, Escrivá gehöre zur Aristokratie, sagt die eine. Dafür sei viel Geld ausgegeben worden. Die andere behauptet, an der Opus-eigenen Universität im spanischen Pamplona habe jemand Escrivás Stammbaum untersucht und die Linie zu Tomás de Peralta entdeckt. Die Nachforschung wäre nicht unverwürdlich gewesen, weil sich schon zu seinen Lebzeiten ein Kult um den Vater gebildet hatte und an einem Denkmal gebaut wurde. Diese zweite Version würde die erste nicht ausschließen. (Vgl. Felzmann, Interview, S. 201 f.) Die dritte Darstellung schließlich ist die offizielle des Opus Dei. Salvador Bernal (vgl. Fußnote 1, Kap. VI) berichtet, der Gründer sei von Ehrungen und Ehrenzeichen wie überhaupt von menschlichem Besitz losgelöst gewesen. Er habe eine „heroische Entscheidung" auf sich genommen, die „einen tiefen menschlichen und christlichen Reichtum" zeige: 1968 habe er sich „mit Rücksicht auf seine Familie" darum bemüht, den Titel „zurückzuerlangen". Vier Jahre später habe er dann „auf den Titel, den er selber nie geführt hat, zu Gunsten seines Bruders Santiago" verzichtet. Er habe sich von der „moralischen Sicherheit" leiten lassen, daß er das einzige Familienmitglied gewesen sei, das die notwendigen rechtlichen Schritte zur Wiedererlangung des Titels für seine Familie unternehmen konnte. Warum Escrivá gerade 1968 die Schritte einleitete und warum er den Titel erst einmal vier Jahre behielt, ehe er ihn, nachdem die Sache bekanntgeworden war und heftige Kritik ausgelöst hatte, an seinen Bruder weiterreichte, erwähnt Bernal nicht (S. 324). Zweifel an der Opus-Version meldet L. Carandell, Vida y milagros de monseñor Escrivá, Barcelona 1975, S. 62 ff., an: Zu der Zeit, als Escrivá den Marqués-Titel erhielt, habe sich sein Bruder Santiago um den Titel „Barón de San Felipe" bemüht.

[10] Felzmann, Interview, S. 195 f.

Auch in diesem Zusammenhang ist ein Hinweis Felzmanns aufschlußreich. Im Opus Dei herrsche eine „Belagerungsmentalität". Man verteidige sich gegen Außenstehende und schirme sich gegen die bedrohliche Außenwelt ab.[11] Mit Tagungsteilnehmern und Hausbewohnern kommt der Besucher vornehmlich in der Kirche in Berührung. Den Kern der Opus-Dei-Mitglieder erkennt er, wenn er schon etwas Erfahrung mit dem Werk hat, an einer Art Uniform: die männlichen Laien an den feinen dunkelblauen Anzügen und gedeckten Krawatten, die weiblichen an rötlichen und blauen Kleidern, die Priester an den römischen Kragen und langen schwarzen Talaren.

In der Kirche wird der Blick vom Altarraum gefangen, wo es golden glänzt. Hier steckt immenser Reichtum. So baut man, wenn man sich auf Jahrhunderte einzurichten gedenkt. In der Krypta fällt vor allem die hohe Anzahl von 40 Beichtstühlen auf. Dort sind auch Nebenaltäre errichtet, an denen der Priester die Messe mit dem Rükken zum Volk zelebrieren kann, wie es vor dem Zweiten Vatikanischen Konzil üblich war. In der moderneren Meßform der Konzelebration versuchte sich Escrivá bei drei herausgehobenen Gelegenheiten. Ansonsten bewegte er sich in den vertrauten Bahnen der an sich untersagten tridentinischen Messe, für deren private Feier er eine Sondererlaubnis hatte. Opus Dei, so sagte er, werde als „rein" erkannt werden, wenn die „turbulenten Wasser" schwächer würden und der „Fluß in sein wahres Bett zurückfließen"[12] werde. Zumindest in liturgischer Hinsicht mag ihm die Entwicklung recht geben: 1984 wurde der alte tridentinische Ritus unter Auflagen vom Papst auch für die kirchliche Öffentlichkeit wieder erlaubt.

Die Theologie, die im Schulungszentrum von Torreciudad wie in den übrigen Studienzentren – 1985 errichtete das Opus Dei eine Theologische Fakultät in Rom und 1990 die römische Hochschule vom Heiligen Kreuz – gelehrt wird, basiert „ganz und gar" auf dem aristotelischen Weltbild des Kirchenlehrers Thomas von Aquin, „dem System, der Lehre und den Prinzipien des Doctor Angelicus".[13] Sie sind als verbindlich vorgegeben. Insofern ist die Behauptung der Statuten, Opus-Mitglieder genössen „innerhalb der von der kirchlichen Hierarchie, die das Gut des Glaubens bewahrt, festgelegten

[11] Ebd. S. 208f.
[12] Peter Hebblethwaite, Opus Dei: Lifting the veil of mystery, in National Catholic Reporter, May 27, 1983, Kansas City (USA), S. 9.
[13] Codex, Nr. 103.

Grenzen dieselbe Freiheit wie die übrigen katholischen Gläubigen",[14] doch wieder zu relativieren.

Außer in der bekannten, kirchlich approbierten Lehre des Aquinaten werden die Studierenden auch in der Sonderlehre des Opus Dei geschult. Sie wurde viele Jahre hindurch in der internen Zeitschrift „Crónica" dargestellt. Da erscheint, während die römisch-katholische Kirche in theologischer und disziplinärer Auflösung begriffen ist, das Opus Dei als der heilige Rest der wahren Kirche.[15] Das Werk, das auf einen göttlichen Eingriff zurückgeht, hat die Pflicht, sich über die Welt auszubreiten.

Die Organisation ist als Instrument der Rettung von Gott „im Herzen Seiner Kirche" geschaffen worden.[16] Sein Diener Josemaría, der zum Vater vieler Kinder wurde, ist dem Patriarchen Abraham gleich: „Wenn wir an den Vater denken, dann erheben wir gemeinsam unsere Herzen zu Gott; wir erinnern uns an den Mann, den die Schrift preist, weil ‚er in der Prüfung treu befunden wurde. Deshalb versprach ihm Gott mit einem Eid, daß in seinen Nachkommen die Nationen gesegnet würden, daß er ihn zahlreich mache, wie den Staub der Erde und seinen Stamm wie die Sterne erhöhen werde; daß er ihm einen Besitz von Meer zu Meer gebe und vom Strom bis an die Enden der Erde' (Ekklesiastikus 44, 21–24)."[17]

Selbst das Jesuswort „Ich bin der gute Hirt" wird auf Escrivá hin gedeutet. „Unser Vater ist auch der gute Hirt, der die Herde des ganzen Werkes führt. Er kennt uns und führt uns auf heilsame und überfließende Auen. Er gibt sein Leben hin, so daß wir, seine Kinder, es in immer größerer Fülle besitzen können."[18]

Diese Lehre über den ebenso erhabenen wie erhobenen Vater ist keineswegs erst nach dessen Tod entstanden, sondern schon zu seinen Lebzeiten. Wie er ist auch sein Werk herausgehoben. Gott hat es durch die „ganze Länge und Breite der Zeiten" vorausgeplant. Laut „Crónica" wird es nie mehr vergehen. „Unser Herr wünscht nicht eine vorübergehende Gestalt für sein Werk, sondern eine unsterbliche." Das Opus Dei ist „heilig, unveränderlich und unsterblich". Es wird nie alt werden. „Das Werk wird immer jung sein, immer neu, immer voll Schönheit, voll Kraft. Opus Dei besitzt eine ewige Jugend, die aus seiner inneren Natur stammt, und ein göttliches, dynamisches Wesen,

---

[14] Ebd. Nr. 109.
[15] Crónica, 1972, Heft 2.
[16] Crónica, 1966, Heft 5.

[17] Crónica, 1971, Heft 1.
[18] Ebd.

das sich ständig erneuert."[19] So enthebt es sich selbst der Notwendigkeit, sich je reformieren zu müssen – im Gegensatz zur Kirche. Das Werk erstrahlt in übernatürlicher Schönheit. Um seine Klarheit, seinen unerschöpflichen Reiz und seine unbefleckte Schönheit überhaupt beschreiben zu können und „außerstande, ausdruckskräftigere Worte der Liebe zu finden, nahmen wir unsere Zuflucht zur Schrift: ‚Tota pulchra es, amica mea, et macula non est in te‘ (Hoheslied 4,7). Alles ist schön an dir, meine Freundin, und kein Makel ist in dir. Das Werk ist ‚tota pulchra‘."[20] Die Stichworte „makellos" und „unbefleckt" lassen Linien zum Integralismus erkennen. Integralisten wittern allenthalben gefährliche Befleckungen des Glaubens, vor denen sie ihn bewahren möchten. Zu Anfang unseres Jahrhunderts, zur Zeit Pius' X., meinten sie, die katholische Kirche als hochgerüstete Bastion verteidigen zu müssen, um ungläubige Kirchenfeinde – einige tatsächliche und sehr viele vermeintliche – abwehren und die angeblich bedrohte theologische und kirchliche Einheit retten zu können (vgl. Kap. VII).

Es ist kein Zufall, daß Papst Pius X. der eigentliche „Held" Escrivás war, wie Felzmann bemerkt. Ähnlich weist Berglar auf eine solche geistige Verbindung hin. Der Gründer habe sich in seinem letzten großen Sendschreiben von 1974 auf Papst Pius X. und dessen Motuproprio „Doctoris angelici" berufen. „Man muß", zitiert Escrivá darin Pius X., „die philosophischen Grundlagen, die der heilige Thomas gelegt hat, heilig halten und unversehrt; denn von ihm ausgehend sind wir in der Lage, die geschaffene Welt in einer mit dem Glauben übereinstimmenden Weise zu erfassen: vermögen wir die Irrtümer jeder Epoche zu widerlegen und mit Sicherheit auszumachen, was allein Gott eigen ist und was wir niemandem sonst zuschreiben können."[21]

Zur Zeit Pius' X. war die Lehre des Aquinaten, der zu seinen Lebzeiten auch als gefährlicher Neuerer und Modernist angegriffen worden war, längst in das System eines starren „Thomismus" eingezwängt. Pius X. war seelsorglich ein Mann der Güte, Milde und Armut, aber dogmatisch der Unnachgiebigkeit und einer gewissen Starre. Er war ein Erneuerer eines formal christlich gelebten Lebens und bekämpfte – wie im VII. Kapitel beschrieben – mit nicht erlah-

[19] Crónica, 1968, Heft 8.
[20] Crónica, 1966, Heft 5.
[21] Berglar, S. 275.

mendem Eifer jene, die sich, ohne auf die Methode seiner antimodernistischen Thesen zu achten, um eine innere Erneuerung der katholischen Kirche bemühten. Pius X. ist durch Papst Pius XII. heiliggesprochen worden. Er ist übrigens neben dem eifrigen Gegenreformator Pius V. der einzige unter den Päpsten der Neuzeit, der auf solche Weise nach seinem Tode geehrt wurde. Papst Pius X. lebte in einer kirchengeschichtlichen Epoche, in der auf protestantischer Seite ein Begriff auftauchte, der heute mehr und mehr an Bedeutung gewinnt: Fundamentalismus. Als „Fundamentalisten" wurden zunächst jene antimodernistischen amerikanischen Protestanten bezeichnet, die darauf bestanden, daß die Bibel, insbesondere der Schöpfungsbericht, wörtlich zu nehmen sei. Deshalb wiesen sie jede Evolutionstheorie zurück. Dieser protestantische Fundamentalismus erregte um 1910 mit der Schriftenreihe „The Fundamentals" Aufsehen, genau zu der Zeit, als in der katholischen Kirche der Integralismus auf seinem Höhepunkt ankam. In etwa ist er das Gegenstück zum katholischen Antimodernismus.

Fünfzig Jahre nach jener Wortschöpfung in den USA, nämlich in den sechziger Jahren, wurde der Begriff „Fundamentalismus" auch auf die Bereiche der Kultur, Politik und Wirtschaft ausgeweitet. Die Philosophen Karl Popper und Hans Albert formulierten die Gegenposition des kritischen Rationalismus. Seitdem steht „Fundamentalismus" für einen umfassenden, weltumspannenden Gegenmodernismus, der alle Lebensbereiche durchzieht. Fundamentalisten – weltlich-politische wie religiöse – suchen in der alltäglichen Unsicherheit und gesellschaftlichen Offenheit, denen unsere moderne Zeit ausgesetzt ist, nach absoluter Gewißheit. Oft erliegen sie dem integralistischen Irrglauben, daß sie die Wahrheit besitzen und darüber verfügen können.

Dadurch ist der Begriff „Fundamentalismus" aber auch sehr schillernd geworden. Heute ist er ein Name für alles mögliche – von Khomeini bis zu Alice Schwarzer und den grünen Fundis; entscheidend ist wohl, daß damit Einstellungen und Gruppen gemeint sind, die sich dem Hinterfragen verweigern und nicht selten fanatisch auftreten.

Auch in der katholischen Kirche spricht man neuerdings von Fundamentalismus. Der katholische Theologieprofessor und Kirchenrechtler Knut Walf (Nimwegen) hat[22] einen „nachkonziliaren Funda-

---

[22] Knut Walf, Fundamentalistische Strömungen in der katholischen Kirche, in: Fundamentalismus in der modernen Welt, Hrsg. Thomas Meyer, Frankfurt 1989, S. 249.

mentalismus" festgestellt. Als wichtigste fundamentalistische Gruppe sieht er das Opus Dei an.

Indes sind die fundamentalistischen Strömungen, die man heute in der katholischen Kirche entdeckt, strukturell nicht neu. Deshalb mag, wer will, von „katholischem Fundamentalismus" sprechen; dies hat, zugegeben, für sich, daß dadurch heutige Beziehungen zwischen der Regression in der katholischen Kirche und in der Weltgesellschaft ins Blickfeld gerückt werden. Dennoch scheint mir der Begriff „Integralismus" präziser zu sein. Er läßt deutlich werden, daß es hier um ein strukturell-katholisches Problem geht, das über die aktuelle Debatte hinausreicht. Vermutlich wird die Kirche auch dann noch mit dem integralistischen Problem und dem Opus Dei zu tun haben, wenn die Fundamentalismus-Diskussion ihre Aktualität verloren hat.

Es wäre kurzschlüssig, die gesellschaftliche Situation der Jahrhundertwende und des ausgehenden Jahrhunderts auf ein und dieselbe Folie zu pressen. Erst recht ist nicht die Situationsbedingtheit der mittelalterlichen Kreuzzüge und der Inquisition zu übersehen. Aber es gibt zeitlose Denkweisen, die Kreuzzüge und Inquisition ermöglicht haben. Ihnen gilt es nachzuspüren und damit offenkundig werden zu lassen, in welchen zeitbedingten Formen sie sich heute ausdrücken.

IX
Über gutmeinende Christen, Verleumder und falsche Brüder

1984 klagte Dr. César Ortiz, der Regionalvikar des Opus Dei in Deutschland, gegenüber deutschen Bischöfen in gleichlautenden Schreiben,[1] daß das Opus Dei seit einiger Zeit „Entstellungen und Verleumdungen ausgesetzt" sei. Aus „gleicher Quelle stammend" würden „die katholische Kirche und katholische Grundpositionen verunglimpft". Quelle dieser „Entstellungen und Verleumdungen" war das Buch des ehemaligen Mitglieds und katholischen Theologiestudenten Klaus Steigleder, das im katholischen Benziger-Verlag erschienen ist.

Verleumdung und „bösartige Kritik" hatten Sekretariat und Informationsbüro[2] des Opus Dei in Deutschland schon zuvor Kritikern des Werkes unterstellt.

„Verleumdung gegen eine Institution der Kirche" hat auch mir die Zentrale des Opus Dei in Rom – nachdem ich den schon erwähnten Artikel für „Concilium" geschrieben hatte[3] – pauschal vorgeworfen, ohne auch nur eine einzige Einzelheit zu nennen, auf der dieser Vorwurf basieren würde.[4] Das Informationsbüro des Opus Dei in Deutschland verschickte nach Erscheinen der ersten Auflage dieses Buches einen Artikel „Kampfjournalismus mit ideologischer Fracht"[5] an deutsche Bischöfe, in dem mir unterstellt wurde, ich attackierte nicht nur das Opus Dei, sondern auch die katholische Kirche insgesamt. Und das Informationsbüro der Prälatur Opus Dei in Österreich meint, meine „starrsinnigen Meinungen" vermöchten

---

[1] Prälatur vom Heiligen Kreuz und Opus Dei, Der Regionalvikar, Schreiben an deutsche Bischöfe und Generalvikare vom 18. April 1984, Köln.

[2] Sekretariat des Opus Dei in Deutschland, Köln, Schreiben vom 13. Januar 1981; Informationsbüro des Opus Dei in Deutschland, Köln, Schreiben vom 29. Februar 1984.

[3] Peter Hertel, Die politische Berufung des „Opus Dei", in: Concilium, Mainz, 5/ 1987, S. 415–421, siehe auch Fußnote 11, Kap. I.

[4] Ufficio Informazioni della Prelatura Opus Dei in Roma, Schreiben vom 29. Oktober 1987.

[5] Informationsbüro des Opus Dei in Deutschland (Hans Thomas), Schreiben vom 13. Februar 1986.

bei „Personen mit mangelhaftem kirchlichen Sinn" den „Eindruck der Glaubwürdigkeit" zu erwecken.[6] Gerade *katholischen* Kritikern unterstellt das Opus Dei nicht selten, sie griffen mit der Kritik am Opus Dei gleichzeitig auch die Kirche an. Dafür gibt es zahlreiche Beispiele. Und damit verbindet sich – auch nicht selten – der Vorwurf der Verleumdung.

Verleumdung wirft das Opus Dei zum Beispiel der ehemaligen spanischen Opus-Leiterin María Angustias Moreno vor.[7] Es geht um eine Aussage, die auch in diesem Buch abgedruckt ist (S. 40), wonach Escrivá gesagt habe, Ziel des Werkes sei es auch, „Apostolat in diplomatischen Einrichtungen zu üben". Ähnliches sagt Vladimir Felzmann, und in den Konstitutionen des Opus Dei steht, wie schon erwähnt, sogar klipp und klar, das „charakteristische Mittel des Apostolates" seien „öffentliche Ämter", besonders „jene mit Leitungsfunktionen".

Der römische Kurienkardinal Pietro Palazzini, der dem Werk nahesteht und sich nach Angaben der Tageszeitung „Die Welt" sogar als Opus-Mitglied bezeichnet hat,[8] schrieb in einem Brief: „Gewisse Personen" verbreiteten „Verleumdungen", um „nicht nur eine bestimmte Institution", nämlich die Prälatur, zu treffen, „sondern letztlich die Kirche und die Hierarchie".[9] Ihre „ungerechten Verdächtigungen und Verleumdungen" wiesen „wenig übernatürlichen Sinn auf".

Verleumden bedeutet, jemandem wider besseres Wissen etwas Unwahres nachsagen und seinem Ruf dadurch schaden. Der Ausdruck bezeichnet ein bösartiges Verhalten. Dennoch gibt es kaum ein Wort, das gegen Opus-Kritiker so häufig eingesetzt wird wie „Ver-

---

[6] Enrique H. Prat de la Riba, Informationsbüro der Prälatur Opus Dei in Österreich, Schreiben vom 21.10.1989.

[7] Fußnote 3, Einleitung (Eine Anfrage, die auf Antwort wartet), S. 31. Es geht um die Zitate, die auch in diesem Buch wiedergegeben sind: Fußnote 8, Kapitel IV und Fußnote 21, Kapitel XIII. Auch mehrere Aussagen Felzmanns, so heißt es weiter, seien unwahr: 1. Im Opus Dei heiße es: In 20, 30 Jahren werde das einzige, was von der Kirche bleibt, Opus Dei sein (S. 196). 2. Escrivás Aussagen über Hitler und die Nazis (S. 205 f.). 3. Jedes einzelne Mitglied habe sich freiwillig für die Blaue Armee gemeldet (S. 205). 4. Der Gründer sei der einzige Kanal der Kommunikation mit Gott gewesen (S. 199). 5. Den Gründer habe das Wort Jesu „Ich bin gekommen, um Feuer auf die Erde zu werfen. Und ich will, daß es brenne" schon als Teenager begeistert, und es sei sehr oft aus seinem Unterbewußtsein ins Bewußtsein gekommen (S. 194). 6. Zölibatäre Mitglieder des Opus Dei hätten psychosomatische Schwierigkeiten (S. 198 f.).

[8] F. Meichsner, Papst verleiht Opus Dei mehr Autonomie, in: Die Welt, Bonn, Nr. 196, 25. August 1982, S. 5.

[9] Sacra Congregazione per le Cause dei Santi, Il Cardinale Prefetto, Schreiben vom 28. Oktober 1983, Rom.

leumdung". Und so ungeniert. Zum Beispiel sagte der 1988 verstorbene Kölner Kardinal Joseph Höffner, der dem Werk nicht nur nahestand, sondern auch zu seinen bedeutendsten aktiven Förderern zählte: „Opus Dei einen blinden Gehorsam zu unterstellen, ist eine Verleumdung."[10] Indes schrieb Opus-Gründer Escrivá in seinem Hauptwerk „Camino": „Blind dem Vorgesetzten gehorchen... Weg der Heiligkeit."[11]

Wie unverständlich gerade katholischen Christen solche Vorwürfe aus dem Opus Dei und seinem Umfeld sind, zeigt eine Kontroverse, die sich 1984 zwischen der Gesellschaft Katholischer Publizisten und Höffner entwickelte. Vor allem ging es um den WDR-Film „Opus Dei – Irrenhaus Gottes?", gegen den das Opus Dei später einen Prozeß führte.[12]

Zornig schrieb der Vorsitzende der Gesellschaft: „Man könnte meinen, der Kardinal habe in den Medien die schlimmsten Feinde des Papstes und der Kirche ausgemacht."[13] Er nahm Mitglieder gegen den erzbischöflichen Vorwurf in Schutz, sie hätten „Hetze" gegen das Werk betrieben.

Der Vorsitzende hielt dem Kardinal entgegen: „Der verantwortliche Redakteur ist Mitglied der Gesellschaft katholischer Publizisten seit langem, ein kundiger Fachmann für die Fragen der Kirche. Der zuständige Abteilungsleiter im WDR arbeitet im Sachausschuß Medien des Kölner Diözesanrates der Katholiken ehrenamtlich mit. Die Deutsche Bischofskonferenz hat ihn vor einem Jahr mit dem Katholischen Journalistenpreis ausgezeichnet. Der Programmplanungschef des WDR-Fernsehens – wenigstens er müßte, wenn überhaupt einer, in ‚Kampagnen' seines Senders eingeweiht sein – ist Mitglied der Gesellschaft Katholischer Publizisten und engagiert sich

---

[10] „Soll ich mich nach der Hetze der Massenmedien richten?" Erzbischof von Köln, Kardinal Joseph Höffner, über das Opus Dei, in: Katholische Nachrichtenagentur, Das Interview, Nr. 30, 24. August 1984, S. 5.

[11] Camino, Nr. 941. Der spanische Originaltext läßt keinen Zweifel: „Obedecer ciegamente al superior... camino de santidad." Auch hier wirkt die deutsche Übersetzung beschwichtigend: „Den Vorgesetzten mit rückhaltlosem Vertrauen gehorchen... Weg der Heiligkeit" (Der Weg, S. 232 f.). Im Opus Dei heißt es, man müsse berücksichtigen, daß Escrivá dies asketisch gemeint habe; der Gehorsam im Opus Dei beinhalte, daß jeder aktiv seinen Verstand und seinen Willen einsetze und verantwortlich handle. Dem widersprechen ehemalige Mitglieder.

[12] Fußnoten 31 ff., V. Kapitel. Zu Höffner: Fußnote 10.

[13] Hubert Schöne, Vor den Kopf gestoßen, in: Informationen der Gesellschaft Katholischer Publizisten Deutschlands e. V., Nr. VII vom 13. September 1984, Köln, S. 1f.

ebenfalls im Sachausschuß Medien des Kölner Diözesanrates. Ein erfahrener Ordenspriester – auch er Mitglied der Gesellschaft Katholischer Publizisten – übt im WDR schließlich das Amt eines offiziellen kirchlichen Beauftragten aus. Da sei doch die Frage erlaubt: Weiß der Kardinal eigentlich, wen er da alles bezichtigt und in Verruf bringt?" Nun muß man den vorschnellen Reaktionen gegen vermeintliche Verleumdungen zugute halten, daß das Werk schon seit den Gründerjahren auch verleumdet wird. So bezichtigte man es, ein „jüdischer Zweig der Freimaurerei" zu sein. Dieser Vorwurf hat ebenso seine Tradition wie die übrigen leidenschaftlich diskutierten Vorwürfe: Opus Dei arbeite im geheimen; es sei eine häretische Sekte; Jugendliche würden indoktriniert und Kinder den Eltern entfremdet; das Werk habe nicht nur übernatürliche, sondern auch weltliche Ziele.[14]

Jeder dieser Vorwürfe müßte für sich und differenziert betrachtet werden, weil möglicherweise auch der Wahrheitsgehalt und die Urteilskriterien unterschiedlich sind. Doch solche Unterscheidungen mag man im Opus Dei offensichtlich nicht treffen. Möglicherweise steht dahinter auch die Überzeugung, selbst Verleumdungen hätten gute Folgen für das Opus Dei: je massiver und umfangreicher die Verleumdungen seien, um so mehr erweise sich die Göttlichkeit des Werkes.

In diesem Zusammenhang ist ein Gedanke Kardinal Höffners bemerkenswert. Er machte darauf aufmerksam, daß Hetze und Verleumdungen in der Tat für Opus Dei nützlich werden können: „Die Kölner Opus-Dei-Hetze wird bei der Seligsprechung des Gründers wahrscheinlich eine Rolle spielen. Wenn ein neu in der Kirche entstandenes Werk nicht angegriffen wird, liegt die Vermutung nahe, daß dieses Werk nicht von Gott ist. Jesus hat gesagt: ‚Wenn sie mich verfolgt haben, werden sie auch euch verfolgen' (Joh 15,20). Durch seine parteiischen und gehässigen Sendungen gegen Opus Dei hat der Westdeutsche Rundfunk den Seligsprechungsprozeß des Gründers ungewollt gefördert."[15]

Daß insbesondere und fast ausschließlich engagierte Katholiken an jenen Sendungen mitgewirkt haben, dürfte den Kardinal eher bestärkt als verunsichert haben. Escrivá selbst pflegte vom „Widerspruch der Guten" zu reden, „die putantes obsequium se praestare Deo handelten, in dem Glauben, Gott einen Dienst zu erweisen".

---

[14] Vgl. hierzu Bernal, S. 257 ff. (Der Widerspruch der Guten).
[15] Der Erzbischof von Köln, Schreiben vom 28. August 1984, Tgb.-Nr. 1960/84.

93

Gerade in dieser Antwort, so sein Biograph Salvador Bernal, habe sich „seine übernatürliche Reaktion"[16] gezeigt. Nach Bernals Überzeugung waren Kritiker sogar ungewollt Werkzeuge Gottes: „Gott bediente sich tatsächlich mancher Menschen, die überzeugt waren, für eine gute Sache zu streiten, um durch sie den Gründer des Opus Dei noch mehr am Kreuz Christi teilhaben zu lassen, der selbst wie niemand sonst unter den Verfolgungen und Verleumdungen *der Guten* gelitten hat. Aber: der Herr schreibt gerade auch auf krummen Zeilen."[17]

Von großen Heiligen, die sich im Dienste der Kirche auf neue Wege begaben, wird berichtet, sie hätten grausam den Widerspruch der eigenen Glaubensbrüder erfahren. Ein markantes Beispiel ist der spanische Ordensreformer Johannes vom Kreuz, der, als Rebell, Verräter und Heuchler beschimpft, von seinen Ordensbrüdern so unmenschlich gequält wurde, daß er dem Tode nahe war. Teresa von Avila, die mit ihm befreundet war, meinte, es sei „besser, wäre er in die Hände der Mauren gefallen", und fügte hinzu: „Gott verfährt doch recht schrecklich mit seinen Freunden, allein, er tut ihnen in Wahrheit nicht unrecht, weil er ebenso mit seinem Sohn verfahren ist."

Auf diese und ähnliche Begebenheiten greift die traditionelle Hagiographie gern zurück, um zu zeigen, daß ein Heiliger über das Mittelmaß der Christen erhoben sei und daß alle Anfeindungen seinem Werk nichts anhaben können. Ja, je größer und schlimmer die Anfeindungen, um so deutlicher erglänzt seine triumphale Berufung. Wenngleich Opus-Gründer Escrivá auch nicht im entferntesten solche physische Marter zu erdulden hatte wie Johannes vom Kreuz und wenngleich längst nicht jeder Widerspruch, den das Opus Dei zu erleiden meint, in Verleumdungen besteht, werden doch Parallelen konstruiert: beispielsweise schrieb Rolf Thomas, Mitglied der römischen Opus-Leitung, als 1981 das ehemalige Mitglied John Roche aus dem Innenleben des Werkes berichtete: „Da kann man nur an das Wort der heiligen Gründerin Theresia erinnern, die sehr wohl wußte, was Verleumdungen und Verdrehungen sind: ‚Wenn sie schon lügen, sollen sie dicke Lügen sagen, so wird ihnen wenigstens niemand glauben.'"[18]

---

[16] Bernal, S. 269.   [17] Ebd. S. 260.

[18] Rolf Thomas, Das Opus Dei – im Dienst an der Kirche, Eine Stellungnahme der Generalleitung des Werkes, in: L'Osservatore Romano, Wochenausgabe in deutscher Sprache, Nr. 8, Rom, 20. Februar 1981, S. 5.

Ähnlich Peter Berglar: „Aus der Autobiographie der heiligen Theresia von Avila wissen wir, daß sie viel unter dem Mißtrauen, der Verkennung und unguten Nachrede von an sich guten, frommen, um Heiligkeit ringenden Menschen gelitten hat. Ganz ähnlich erging es auch Josemaría Escrivá de Balaguer . . ."[19] Zwei Seiten später fährt er in demselben Abschnitt fort: „Bei der in den vierziger Jahren in Spanien von den wenigen, aber sehr betriebsamen Gegnern organisierten Kampagne gegen das Werk und seinen Gründer spielte auch die blanke Eifersucht eine Rolle, Eifersucht auf die starke Anziehungskraft, die das Apostolat dieser jungen geistlichen Familie in ganz Spanien ausübte. Von der Eifersucht zum Neid ist es nur ein Schritt: das Umkippen von Schwäche in Bosheit. Es gibt, das muß man sich klarmachen, den *geistlichen* Neid, der es einfach nicht ertragen kann, daß andere fähig sind und gewürdigt werden, sich Gott rückhaltlos hinzugeben. Solcher Neid, der zudem unter allen Lastern am perfektesten verdrängt wird und, dem Teufel gleich, sich so gut wie niemals selbst beim Namen nennt, führt zu bösen Handlungen, denen bei aller Unterschiedlichkeit im einzelnen stets eines gemeinsam ist: die Heimtücke."

Hier deutet sich ein Grund an, warum es katholische Kritiker mit dem Werk nicht leicht haben. Die Anfrage des Vorsitzenden der Gesellschaft Katholischer Publizisten, ob Gott nur bei Opus Dei mitwirke, mag sich zwar im ersten Moment wie ein Gag anhören, doch sie war ernst gemeint. Genaugenommen scheint sie ein Empfinden widerzuspiegeln, das unter Christen, die dem Opus Dei nicht angehören, aber mit ihm zu tun hatten, offensichtlich verbreitet ist: Opus Dei begegnet dem Rest der Christenheit, also soweit es sich nicht um Mitglieder und Gleichgesinnte handelt, von einer hohen Warte herab, was kein Wunder ist, weil es sich dem Übernatürlichen zugeordnet sieht. Der Kritiker wird dadurch in eine niedrigere, gar moralisch minderwertige Position versetzt: angeblich fehlt es ihm an theologischer und spiritueller Kompetenz, und er steht als sittlich gefährdet da, bedroht durch seinen eigenen geistlichen Neid, durch Haß und Bosheit. Eine solche grundsätzliche Disqualifikation der Kritik und des Kritikers kann diesen nur noch bedenklicher stimmen. Wenn er dann auch noch den Eindruck gewinnt, daß die Antworten auf seine Fragen nichtssagend sind bzw. die wirklichen Sachverhalte eher verdecken als aufklären und daß man ihm vielleicht deshalb nichts oder

---

[19] Berglar, S. 199.

eben nur wenig sagt, weil man meint, er könne die hohen geistlichen Werte ohnehin nicht erfassen, dann wird seine Skepsis gegenüber dem Opus Dei geradezu herausgefordert. Notwendig wäre ein offenes Gespräch. Aber will dies das Werk überhaupt? Josemaría Escrivá sagt: „Es gibt viele Leute, auch heilige, die deinen Weg nicht begreifen. – Mühe dich nicht damit ab, ihn ihnen begreiflich zu machen. Du verlierst nur Zeit und gibst Raum für Indiskretionen."[20] Auf der anderen Seite: sind die psychologischen Hürden, vor denen sich die katholischen Kritiker des Opus Dei befinden, überhaupt zu überwinden, wenn sie sich beispielsweise mit den Vorwürfen Berglars konfrontiert sehen? Gewiß, er behandelt die vierziger Jahre, aber daß sich Opus-Kritiker in der Nähe zum Teufel wiederfinden, ist kein Einzelfall. Ich kenne die Parallele aus den Beschreibungen Ehemaliger, die berichteten, was ihnen unmittelbar vor und bei ihrem Austritt aus dem Opus Dei gesagt wurde; ich habe die Parallele auch in einer internen Betrachtung aus dem Opus Dei entdeckt: 1963 hatte der Theologe Hans Urs von Balthasar seinen schon genannten Aufsatz über den „Integralismus" und Anfang 1964 seine Anfrage an die „lieben Brüder und Freunde vom Opus Dei" veröffentlicht. Der Stoß seiner Kritik lief – wie erinnerlich – darauf hinaus, daß das Werk weltliche Macht anhäufe.

Im Laufe des Jahres 1964 widmete Opus Dei einen Leitartikel von „Crónica"[21] diesem Thema und verteidigte sich gegen den Vorwurf von Balthasars, ohne den Theologen und seinen Artikel ausdrücklich zu nennen. Da war von „falschen Brüdern" die Rede, und in diesem Zusammenhang wurde auch ein Wort des Apostels Paulus (Röm 14,20) zitiert, das sich an sie richte. Doch in seiner Schriftstelle sagt Paulus zwar etwas über den „Bruder", aber nichts gegen „falsche Brüder". Dieser Begriff wurde im „Crónica"-Artikel dann noch einmal aufgenommen, wo es um den Kern der Kritik Balthasars ging:

„Obwohl sie in den ausschließlich übernatürlichen und apostolischen Unternehmungen des Werkes auch nicht die geringste Stütze für ihre Verleumdung finden, haben diese Personen mit ihrem kurzsichtigen Blick und ihrer großen Geschwätzigkeit gesagt, das Werk horte wirtschaftliche Güter für politische Ziele. Sie haben nichts Neues erfunden. Die falschen Brüder brachten eine ähnliche Verleumdung gegen das selbstlose Apostolat des Paulus auf . . . Er warnt

---

[20] Camino, Nr. 650.
[21] Crónica, 1964, Heft 4.

die Korinther vor diesen Verleumdern, die manchmal ,sich als Apostel Christi tarnen. Kein Wunder, denn auch Satan tarnt sich als Lichtengel. Seine Handlanger fallen also nicht aus der Art, wenn sie sich als Diener der Gerechtigkeit tarnen. Ihr Ende wird ihren Taten entsprechen' (2Kor 11,13–15)."

Kurz vor seinem Tode hat Hans Urs von Balthasar in einem Aufsatz „Integralismus heute"[22], der kurz nach seinem Tode erschien, seine Bedenken wiederholt, ohne das Opus Dei ausdrücklich zu nennen. Er schrieb:

„Macht als Weg, das Kreuz aufzurichten, war weithin der Weg der Kolonisatoren (oder muß man zu Karl dem Großen und zu seinen

[22] Hans Urs von Balthasar, Integralismus heute, in: Diakonia, Mainz/Freiburg 4/1988, S. 221–229. Das Opus Dei in der Schweiz schränkt ein, der Aufsatz richte sich „allgemein gegen ,christliche Gemeinschaften'; es könnte durchaus sein, daß auch das Opus Dei gemeint war (am ehesten jenes der 70er Jahre)". Der Theologe habe „seine Kritik aus dem fernen 1963/64" im Jahre 1979 „mehr als relativiert". Dabei wird aus einem „1979 verfaßten, nicht veröffentlichten" und „von ihm an die Neue Zürcher Zeitung" gerichteten Leserbrief zitiert. (Dr. Beat Müller, Informationsbüro der Prälatur Opus Dei in der Schweiz, Dieser Vorwurf ist unfair, Leserbrief in: Frankfurter Rundschau – FR – vom 26. Januar 1991.) Von Balthasar starb 1988. Seit er sich nicht mehr wehren kann, versucht man im Opus Dei, auch seine Vorwürfe zu begraben 1989 verlautete schriftlich aus der Umgebung des Feldkircher Diözesanbischofs Küng (der zuvor Leiter des Opus Dei in Österreich war), „der große Theologe" habe sich „mehrmals – öffentlich und privat – von dieser Kritik distanziert". In Wirklichkeit hat Hans Urs von Balthasar seine Kritik bis zu seinem Tode – also auch nach 1979 – aufrechterhalten. 1980 schrieb er in der „Internationalen Katholischen Zeitschrift" (Alle Wege führen zum Kreuz, Heft 4, Juli/August, Köln, S. 341): „Man darf aber auch dieser gewaltigen Organisation zur Selbstprüfung die Frage vorlegen, ob das Kreuz Christi in ihr theologisch umfassend genug gesehen wird und nicht allzu vorwiegend asketisch, ob auf tiefe Theologie überhaupt hinreichend Gewicht gelegt wird . . ." 1984 kritisierte er erneut die „Verschlossenheit und Geheimhaltung des Opus Dei" (IL Nobel Cattolico, in: 30 Giorni, Rom, Heft 6/1984, S. 17). Im selben Jahr sagte er öffentlich, Escrivás Hauptwerk „Der Weg" sei „ein ungenügendes spirituelles Fundament für eine Bewegung von solchem Umfang" (H. U. v. Balthasar mit „Paul-VI.-Preis" ausgezeichnet, in: Deutsche Tagespost, Würzburg, Nr. 77, 27. Juni 1984, S. 4). Nachdem Opus-Leiter Portillo ihn deshalb attackiert hatte, befand er sich handschriftlich über das Opus Dei: „Ich glaube nicht, daß die Sache sich lange halten wird, die Grundlagen sind zu schwach. Habe einen bösen Brief von Portillo erhalten für Aussage in Pressekonferenz in Rom. Studieren Sie lieber die großen Theologen." Und Ende 1986, 15 Monate vor dem Tod von Balthasars, wurde vom Informationsbüro des Opus Dei in Deutschland bedauert, daß er von seiner Kritik aus den Jahren 1963/64 „nichts zurückgenommen" habe. Die Aussage, das Opus Dei sei die stärkste integralistische Machtballung in der katholischen Kirche, wurde vom Opus Dei als „nicht widerrufener, offenbar hartnäckiger Irrtum v. Balthasars" bezeichnet (Fußnote 3, Eine Anfrage, die auf Antwort wartet, S. 40).

alttestamentlichen Vorbildern zurückgehen?), deren verheerende Politik bis heute ihre Früchte trägt, so vieles die nachträglichen Missionierungen an Gutem gestiftet haben mögen. Es ist gut, daß der Vatikan arm ist. Denn auch Geld kann ein Machtmittel sein, mit dem man sich zu einer Zeit, da das Wort Simonie obsolet geworden ist, manches erkaufen kann, vielleicht sogar Heiligsprechungen. Wir leben in einer Zeit, da Propaganda, Reklame, Werbetechnik eine Großmacht geworden sind. Es bereitet tiefe Sorge zu sehen, wie christliche Gemeinschaften heute für sich werben, oft schon bei Minderjährigen, die sich durch geschickte Lockmittel einfangen lassen. Ich besitze eine ganze (internationale) Sammlung von Klagebriefen übertölpelter Eltern, denen eine kirchliche Institution oder Bewegung die Kinder weggestohlen hat. Mehr oder weniger unbewußt steht hinter solcher Werbung das Bewußtsein einer Gruppe, die katholische Kirche in ihrer Integralität am besten und wirksamsten zu repräsentieren. Heilige Ordensgründer wie Franziskus oder Ignatius haben nie für sich geworben, sondern für das Gottesreich, zu dem man durch Nachfolge Christi Zutritt gewinnt. Merkwürdigerweise vermählt sich heute (wie im Mittelalter und Barock) persönliches Armutsideal mit Reichtum der Gemeinschaft. Aber das Volk ist dieser Vermählung gegenüber mißtrauisch. Eine Statistik hat nachgewiesen, daß in Frankreich die um reiche Abteien liegenden Ländereien die am meisten entchristlichten sind.

,Ihr könnt nicht zwei Herren dienen: Gott und dem Mammon' – selbst wenn ihr nicht Mönche, sondern eine Laienbewegung seid. Gewiß verlangt das Evangelium ,Schlangenklugheit' neben ,Taubeneinfalt', aber nicht ohne sie; und gewiß wird der kluge und getreue Knecht gelobt, mit dem Vermögen seines Herrn gearbeitet zu haben, aber eben nicht mit dem eigenen und nicht für sich, während das Bedenkliche an manchen heutigen florierenden kirchlichen Bewegungen darin besteht, daß sie für sich arbeiten, weil sie sich ,integral' mit der Kirche identifizieren. Das erweckt, weil wir alle im Sog der Propaganda sind, bei vielen nur ein leichtes Malaise; es sollte aber, wo echte Unterscheidung der Geister geübt würde, mehr wecken: dezidierte Abkehr."

X
Worte über den Gründer Josemaría Escrivá

Den Gründer von Opus Dei, Msgr. Escrivá, habe ich persönlich gekannt und mehrmals längere Gespräche mit ihm geführt. Ich habe ihn als einen vom apostolischen Eifer erfüllten Priester schätzengelernt. Besonders beeindruckt hat mich die Zielsetzung, die er seinem Werk gegeben hat: daß sich der Christ im normalen Alltag – in Ehe und Familie, in Arbeit und Beruf, daheim und in der Öffentlichkeit – in seinem Glauben bewähren muß. Auf diese Weise wird er die Botschaft Christi auch in das gesellschaftliche Leben hineintragen. Daß der Weg radikaler Christusnachfolge den Beifall der „Welt" nicht findet, wundert mich nicht.[1] *Joseph Höffner †, Kardinal, Erzbischof*

1946 hatte ich das Glück, Msgr. Escrivá de Balaguer persönlich kennenzulernen; und von da an verband mich mit ihm eine Freundschaft voll gegenseitiger Hochschätzung und herzlichen Wohlwollens ... Das beredte Zeugnis, mit dem zahlreiche Personen aller Stellungen und Berufe in der ganzen Welt sein heiligmäßiges Hinscheiden begleitet haben, läßt auch für ihn an den Tag denken, an dem sein leuchtender Weg auf dieser Erde offiziell als beispielhaft erklärt wird für die ganze Kirche.[2] *Sebastiano Baggio, Kurienkardinal*

Erst 1971 habe ich ihn persönlich kennengelernt, als 69jährigen. Aber wie es einem manchmal geht, die Erfahrung eines alten Wortes bestätigte sich: „Zwei kennen sich schon manches Jahr / und kennen doch sich nicht am Ende. / Zwei reichen einmal sich die Hände / und kennen sich schon manches Jahr." An seiner Erscheinung faszinierte mich dreierlei: (1) seine Augen, die gütig und doch zugleich scharf blickten, verhalten und doch gelegentlich wie Fixsterne leuchteten; (2) seine Hände, die das gesprochene Wort verdeutlichten und zugleich vergeistigten; (3) seine Gestalt, die demütig und doch voll

---

[1] Siehe Fußnote 10, Kap. IX.
[2] Sebastiano Baggio, Das Opus Dei – eine Wende in der Geschichte der Laienspiritualität, in: Deutsche Tagespost, Würzburg, Nr. 99, 19. August 1975, S. 8.

des priesterlichen Auftrags bewußt dem Gast nicht nur entgegenkam, sondern ihn brüderlich an die Seite nahm.[3]

Franz Hengsbach, Kardinal, Bischof und Ehrendoktor der Opus-Dei-Universität Pamplona

Er ist zum Vorbild dafür geworden, wie das in den Konzilsdokumenten entworfene echte Bild der Kirche verwirklicht werden kann. Wegen der Gründung des Opus Dei allein – das den Menschen die Wege der Heiligkeit im Umkreis ihrer täglichen Aufgaben erschlossen hat – sind wir Msgr. Escrivá de Balaguer zu besonderem Dank verpflichtet. Ich bin davon überzeugt, daß man im Laufe der Zeit in ihm nicht nur den Gründer sehen, sondern einen Mann erkennen wird, dessen Leben auch ganz die Maße des Bildes der Kirche widerspiegelt: Einen auserwählten Menschen, der – durch das Opfer seines Lebens und die Universalität seiner Lehre – zu einem Vorbild für uns alle geworden ist, ein Zeichen der ewigen Jugend der Kirche.[4]

Franz König, Kardinal, Erzbischof

Der Gründer des Opus Dei gibt sich als ein „Konservativer" von christlichem Urgestein, oder auch von urchristlichem Gestein, zu erkennen, und zwar in einer Tiefe und Konsequenz, die ihn zugleich als den größten „katholischen Revolutionär" der letzten zweihundert Jahre ausweisen.[5]

Peter Berglar, Biograph

Seine natürliche Gabe, sich verständlich zu machen, die Schnelligkeit der Antworten, sein Witz und seine Herzlichkeit zielten aber nie auf Beliebtheit. Alles war ungekünstelt, spontan, echt: auch sein Vertrauen uns gegenüber – ich stand in jenem Sommer 1960 noch mitten im Studium –, als er uns sein Herz öffnete und sehr persönliche Dinge erzählte. In allem drückte sich seine schier unbegrenzte Fähigkeit zu lieben aus, die von den höchsten und größten Realitäten – dem Umgang mit Gott, der Liebe zu Maria, der Sorge um die Ausbreitung der Kirche in Afrika und Asien – bis in die Kleinigkeiten reichte: etwa zum väterlichen Tadel wegen eines aus Vergeßlichkeit nicht geschlossenen Fensterladens ...[6]

Salvador Bernal, Biograph

[3] Franz Hengsbach, Ging in J. Escrivá de Balaguer ein moderner Heiliger von uns? in: Ruhrwort, Essen, Nr. 34, 23. August 1975, S. 10.
[4] Franz König, Ein Leben für die Kirche, in: Salzburger Nachrichten, Nr. 143, 22. Juni 1985, S. 24.
[5] Berglar, S. 217.   [6] Bernal, S. 11.

Eindringlich und überzeugend pflegte der Gründer des Opus Dei zu versichern, daß das christliche Leben letztlich in nichts anderem bestehe als *Christus nachzufolgen: das ist das ganze Geheimnis. Es gilt, Ihn so sehr aus der Nähe zu begleiten, daß wir mit Ihm zusammen leben wie die ersten Zwölf; so nahe, daß wir mit Ihm eins werden,* so fügte er hinzu (Freunde Gottes, Nr. 299). Deshalb empfahl er, immer wieder das Evangelium zu meditieren. Diejenigen, denen es vergönnt war, seine Betrachtungen zu Ereignissen aus dem Leben Christi zu hören, haben sie als etwas Lebendiges und Aktuelles erfahren, weil sie dazu gebracht wurden, sich *als Teilnehmer am Geschehen zu fühlen.*[7]   *Alvaro del Portillo, Bischof und Prälat des Opus Dei*

Es würde ein Buch in Anspruch nehmen, den Vater zu porträtieren. Gelegentlich, wenn er jemanden gern hatte, wußte er sehr angenehm zu sein. Aber hatte er eine Person nicht gern oder hatte man ihm etwas Schlechtes über jemanden gesagt, dann war er der ungesittetste Mensch, an den ich mich erinnern kann. Er war imstande, jemanden mit seinem Schreien zu vernichten, mit seinem Brüllen, indem er seine Arme wie Dreschflegel schwang. So sehr, daß manchmal Alvaro del Portillo mit sanfter Stimme zu ihm sagte: „Padre!" Dann pflegte er zornig zu antworten: „Ni padre, ni madre – weder Vater noch Mutter!" und setzte sein Schreien fort. Wer waren die Adressaten dieser Wutanfälle? Irgendeiner, der gerade da war, derart, daß es im Opus Dei eine Art Sprichwort gab: „Gesegnet sind jene, denen des Vaters Wutanfälle gelten, denn sie sind nahe bei ihm." Niemand konnte den Wutausbrüchen des Vaters entgehen, besonders wenn er aus Spanien war und in der römischen Zentrale lebte. Ich habe Frauen während des Wochengespräches und im Oratorium wegen der Schelte des Vaters weinen sehen.[8]

María del Carmen Tapia, Spanierin und ehemalige Leiterin
im Opus Dei

Vor einigen Jahren hatte ich die Gelegenheit, ihn in Rom kennenzulernen und mit ihm länger zu sprechen. Er war bescheiden, dabei von überragender Intelligenz und in seinen Worten klar und schlag-

---

[7] Alvaro del Portillo, Vorwort, in: Der Kreuzweg von Josemaría Escrivá de Balaguer, Köln 1982, S. 11 f.
[8] María del Carmen Tapia, Good housekeepers for Opus Dei (Fußnote 9, Kapitel III).

fertig. Seine Ausstrahlung war beeindruckend. Er hatte nicht nur alle Charakterzüge weltlicher Größe – er wäre ein erstklassiger Politiker in seinem Land geworden –, sondern auch eine Aura persönlicher Heiligkeit, der man sich nicht entziehen konnte.[9]

Otto von Habsburg, Politiker

Als Person war er sehr warm, sehr leidenschaftlich. Er hatte ein sehr, sehr heftiges Temperament, war ausgesprochen temperamentvoll, was offiziell geleugnet wurde . . . Da war die offizielle Person und die wirkliche. Die wirkliche Person war ein Mensch, der sagte: „Bitte, hilf mir. Ich bin niedergeschlagen. Halte meine Hand, halt mich wach, ich möchte nicht einschlafen." Sehr warm, sehr aufrichtig. Die offizielle Gestalt dagegen war viel strenger, idealisierter, ich meine das im Gegensatz zu „humanisiert" . . . Sicherlich war er ein Mann, der, entsprechend seinen eigenen Verstehensmöglichkeiten, sich seinen Idealen hingab. Er gab alles für das, was er als Gott ansah, als Jesus Christus. Also: er war ehrlich in dieser Weise. Aber ich glaube, daß er insofern nicht sehr aufrichtig war, als er das Unterbewußtsein nicht akzeptieren mochte. Es schien ihm suspekt. Der Wille, der Verstand – das war für ihn wichtig. Er war also unehrlich, ohne es zu wissen. Er hatte keinen Kontakt mit seinen Emotionen, er verleugnete sie. Die Emotionen waren ein Feind für ihn, den man kontrollieren mußte. Also: war er ein guter Mensch? Nach seinen eigenen Verstehensmöglichkeiten: ja.[10]

Vladimir Felzmann, Priester und ehemaliger Leiter im Opus Dei

---

[9] Otto von Habsburg, Eine moderne Nachfolge Christi, in: Bayernkurier, München, Nr. 39, 30. September 1978, S. 20.
[10] Felzmann, Interview, S. 202 ff.

XI
Vom Geist der Gründerjahre

Wer die richtigen Referenzen hat und sich nicht gerade in einem Gammlerlook in der römischen Villa Tevere an der Viale Bruno Buozzi einfindet, darf in die Krypta hinabsteigen, um am Grabe von „El Padre" zu verweilen. Im Oval um die schmucklose Grabplatte sitzen oder knien Menschen, inbrünstig in Gebet und Meditation versunken. Der Raum ist mit 80 Rosen geschmückt, die laufend erneuert werden. Die Rose ist so etwas wie das Wahrzeichen des Opus Dei. Sie findet sich allenthalben in seinen Häusern und Kirchen.

Die Villa Tevere ist das geistige und organisatorische Zentrum des Opus Dei. Sie liegt wie viele andere Häuser der Prälatur in einer Gegend der besseren Leute. In den zwanziger Jahren errichtet, war das dreistöckige Gebäude der Sitz der ungarischen Botschaft beim Heiligen Stuhl. Vater Escrivá zog dort 1947 ein. Er war damals 45 Jahre alt.

Nachdem der kleine José María Julián Mariano[1] anno 1902 das Licht der Welt erblickt hatte, verlief sein Leben zunächst in normalen Bahnen. Den Eltern ging es nicht schlecht, aber sie waren auch nicht reich. Wohl niemand dachte daran, daß die wunderbare Heilung von Torreciudad eine wichtige Rolle für sein weiteres Leben spielen werde. Doch heute ist dieses Ereignis, weil es „Teil des Lebens des Gründers" ist, auch ein „Teil der Geschichte des Opus Dei".[2]

Josemaría Escrivá wuchs in einem frommen Elternhaus auf. Als er 15 Jahre alt war, hatte er eine Art geistliches Schlüsselerlebnis: im Schnee sah er die Fußspuren eines unbeschuhten Karmeliters. „Was tue ich für Gott?" fragte er sich und gewahrte, daß Gott etwas Besonderes von ihm erbitte. Er beschloß, Priester zu werden. Mit 23 Jahren erhielt er in Saragossa die Priesterweihe.

Inzwischen hatte er mit einem zweiten Studium begonnen, dem der Jurisprudenz. Nachdem er kurze Zeit als Aushilfspfarrer gearbei-

---

[1] Diesem Kapitel lege ich weitgehend die Biographien von Peter Berglar und Salvador Bernal zugrunde.
[2] Vidal Quadras, S. 16.

tet hatte, wurde er Seelsorger im Stift einer Vereinigung wohltätiger Frauen. Dort betete er inständig, daß sich ihm der Wille Gottes deutlich offenbare. „In diesem Zustand überraschte ihn der 2. Oktober 1928. Er machte gerade Besinnungstage im Haus der Paulaner, in der Straße García de Paredes in Madrid, als an jenem Tage das Opus Dei zur Welt kam."[3] Sein Biograph Bernal fährt fort: „Während er hier betet – wir wissen es durch eine vor kurzem öffentlich gemachte Bemerkung von Don Alvaro del Portillo, seinem Nachfolger seit 1975 –, *sieht* er das Opus Dei, und er hört gleichzeitig die Glocken der nahen Kirche Unserer Lieben Frau von den Engeln zu Ehren ihrer Herrin läuten. Von diesem Augenblick an, so sagte er in einer Predigt am 2. Oktober 1962, fand ich keine Ruhe mehr. Ich begann zu arbeiten, widerwillig, weil ich mich nicht darauf einlassen wollte, irgend etwas zu gründen; aber ich fing an zu arbeiten, mich zu bewegen, zu wirken: die Fundamente zu legen."[4]

Den Kern der Botschaft Escrivás habe ich schon angedeutet[5]: die Menschen müssen nicht einem Orden angehören oder Priester, also Mitglieder des „geistlichen Standes", sein, um zur Heiligkeit zu gelangen; sondern sie können das auch in der „Welt", der Eisverkäufer ebenso wie die Hausangestellte, der Bankdirektor, der Universitätsprofessor, der Bauer, der Kofferträger.[6] Diese Botschaft ist so alt wie das Evangelium, aber sie wurde weithin vergessen. „Alle sind zur Heiligkeit berufen!" verkündete nun der spanische Priester. Das Werk, das er gegründet hat, folgert daraus: Gott habe ihm „aufgetragen, die geistliche Familie zu begründen, die jene Erkenntnis in Leben umsetzen und viele andere Menschen, sie in Leben umzusetzen, lehren sollte".[7] Das Opus Dei als Lehrmeisterin und als „übernatürliches Unternehmen"[8] – von da ist es nur ein kleiner Schritt zu der Selbsteinschätzung, daß das Werk die Wahrheit besitze und sie als heiliger Rest der Kirche verkündige.[9]

Es ist Escrivás unbestreitbares Verdienst, den Weg der alltäglichen Heiligkeit in Erinnerung gerufen zu haben. Doch war er darin nicht einzig. Schon 1925 war die Karmelitin Therese von Lisieux heiliggesprochen worden. Sie ist den „kleinen Weg" der Vollkommen-

---

3 Bernal, S. 103.
4 Ebd. S. 105.
5 Im Kapitel IV, S. 38.
9 Zu diesem Anspruch des Opus Dei, durch den es Außenstehenden den Zugang außerordentlich erschwert und eher Gefühle der Abwehr hervorruft, siehe auch Felzmann, Interview, S. 196 f.

6 Vgl. Bernal, S. 107.
7 Berglar, S. 10.
8 Bernal, S. 106.

heit gegangen, indem sie die „kleinen Dinge" ihres Alltags im Kloster heiligte. Ihr Herz hing an der Schönheit der Blumen, des Schnees, der Wälder, eines kleinen Hasen, des Meeres. So umfing sie die Welt mit ihrer Liebe. Therese hat eine große Bedeutung für die Entwicklung der modernen Laienfrömmigkeit.

Zu erinnern ist auch an die katholische Laienbewegung in Deutschland und Frankreich. Sie kämpfte nicht lediglich gegen den Integralismus, sondern war auch ein Nährboden, auf dem sich charismatische Impulse für die neue Alltagsfrömmigkeit bildeten. Um einen Zeugen aus England zu nennen: den Humanisten Friedrich von Hügel, der schrieb: „Jedes arme Waschweib, das sorgfältig die Vorschriften für eine gute Wäsche sich aneignet und ausführt, das sich abwechselnd von dieser Aufmerksamkeit auf das Ding zur Gesamtheit und zu einem zunehmend liebenden Gebet und zu den Anfängen der Betrachtung hinwendet, . . . oder jeder einfache Landarbeiter oder Schmied oder Bergarbeiter"[10] könne volles christliches Leben verwirklichen.

In Spanien dagegen war diese Entwicklung offenbar kaum vorangekommen. Josemaría Escrivá empfand sein Vorhaben unter spanischen Vorzeichen als tollkühn. Und folgerecht fand er nur „das massivste Unverständnis".[11] 1962 erinnerte er sich: „Ich hatte meine sechsundzwanzig Jahre – ich wiederhole es –, die Gnade Gottes, gute Laune und sonst nichts. Aber so wie wir Menschen mit einer Feder schreiben, so schreibt der Herr mit einem Tischbein, damit man sieht, daß Er es ist, der schreibt: das ist das Unglaubliche, das ist das Wunderbare. Es galt, die gesamte theologische und asketische und auch die gesamte juristische Lehre erst zu schaffen. Wenn ich die Jahrhunderte überschaute, konnte ich nur eines feststellen: es war nichts da. Rein menschlich betrachtet, war das Werk Wahnsinn. Deshalb sagten auch manche, ich sei verrückt oder ein Ketzer oder was sonst noch alles."[12]

Zunächst hatte der Gründer nur an eine männliche Abteilung gedacht. War schon, wie er es sagte, die Gründung des Opus Dei ohne ihn geschehen, so erfolgte die Gründung der weiblichen Abteilung ganz gegen seinen Willen. Frauen, so meinte er zunächst, sollten nicht einmal im Scherz im Opus Dei vorkommen. Doch er beugte sich, wie

[10] Friedrich von Hügel, Andacht zur Wirklichkeit, München 1952, S. 222.
[11] Bernal, S. 108.
[12] Ebd.

er bekannte, dem Willen Gottes. Salvador Bernal berichtet: „Er gab das später vor seinen Töchtern ausdrücklich zu: Ich wollte weder eine männliche noch eine weibliche Abteilung des Opus Dei gründen. An die weibliche Abteilung hatte ich vorher nie gedacht. Ich versichere euch mit physischer Sicherheit – jawohl, physischer –, daß ihr Töchter Gottes seid."[13] Mit solchen und ähnlichen Worten hat Escrivá darauf aufmerksam gemacht, daß das Opus Dei nicht auf die Kirche, sondern unmittelbar auf Gott zurückgehe.

Peter Berglar weiß von einer „correctio divina" (einer göttlichen Korrektur) zu berichten, die Christus dem Gründer am 14. Februar 1930 erteilt habe, „indem er ihn wissen ließ: Ich will Frauen im Werke Gottes."[14] Wie das geschah, erzählte Escrivá selbst: „Ich besuchte das Haus einer alten achtzigjährigen Dame, die bei mir zu beichten pflegte, um in ihrer kleinen Hauskapelle die heilige Messe zu feiern. Und dort war es, in jener heiligen Messe, nach der Kommunion, daß die weibliche Abteilung zur Welt kam. Nach der Messe beeilte ich mich, meinen Beichtvater aufzusuchen, der mir sagte: Das kommt genauso von Gott wie alles andere."[15]

Das spirituelle Fundament war gelegt – im theologischen Denken eines weitgehend geschlossenen katholischen Landes. Die politische und gesellschaftliche Ausrichtung des Werkes entstand damals ebenfalls, und zwar zum einen aus dem Horizont des Vaters und zum andern aus der Einstellung der Mitglieder, die sich der Gemeinschaft anschlossen. Diese war zunächst eine Art Kadergruppe in Madrid. Das politische Klima, das seit den zwanziger Jahren in Spanien herrschte, begünstigte ihr Wachstum, besonders unter der Diktatur Primo de Riveras. Es waren Teile der antikommunistisch geprägten Elite des Landes, die sich in dem neuen Verband zusammenfanden.

Die These des spanischen Historikers Rodríguez Casado, wonach der Bürgerkrieg kein Kampf zwischen „Republikanern" und „Faschisten", sondern zwischen Katholiken und Kommunisten gewesen sei, stimmt so holzschnittartig nicht. Aber es ist kein Wunder, daß für das Opus Dei, das die Erhaltung und Ausbreitung des katholischen Glaubens auf seine Fahnen geschrieben hat, an Casados These etwas dran ist.[16] Nicht von ungefähr berichtet Peter Berglar diese Begebenheit aus dem Leben Josemaría Escrivás:

[13] Bernal, S. 136.
[14] Berglar, S. 75.
[15] Bernal, S. 136.
[16] Vgl. Berglar, S. 139.

„Während es auch selbst in Rot-Spanien gemäßigtere Zonen gab, wie etwa die Provinzen Valencia und Alicante, wo es nicht zu den ärgsten Exzessen der Grausamkeit kam, entwickelte sich während der folgenden Wochen und Monate in Madrid eine Schreckensherrschaft. Schon am Tage nach dem Massaker in der Montaná-Kaserne konnte Jiménez Vargas, der sich ein Bild von der Lage machen wollte, im Leichenschauhaus Berge von Getöteten sehen. Der Gründer hatte am Morgen des 20. Juli [1936], in Monteurkluft – als Priester erkenntlich, wäre er umgebracht worden – das Zentrum des Werkes verlassen, zusammen mit den wenigen Gefährten, die die Nacht über bei ihm gewesen waren, darunter Isidoro Zorzano. Schon die durch keine Kopfbedeckung versteckte priesterliche Tonsur bedeutete Lebensgefahr, aber niemand bemerkte sie, und so konnte er in der Wohnung seiner Mutter die erste Zuflucht finden. Hier mußte er sich völlig versteckt halten, durfte nicht auf die Straße, nicht an die frische Luft, denn jeder in der Gegend wußte, daß er Priester war; er wäre sofort festgenommen oder von einer der Miliz-Patrouillen umgelegt worden. Das sind durchaus keine Übertreibungen: in der Nachbarschaft des Hauses der Mutter hängte man einen Mann auf, den man mit Josemaría verwechselt hatte; menschlich gesprochen ein tödlicher Irrtum; in Gottes Augen ein Blutzeuge des Opus Dei. Von dem Moment an, da Escrivá das Schreckliche erfuhr, hat er bis zum Lebensende für diesen Unglücklichen gebetet und aufgeopfert..."[17]

Erfahrungen, die um so prägender wirken, weil sie ursprünglich sind und an die Nieren gehen. Vladimir Felzmann zweifelt nicht daran, daß der Antikommunismus Escrivás hier seine Wurzeln hat. „Wenn er in seinem Leben etwas haßte, dann war es der Kommunismus. Das war das Böse für ihn, weil er darunter gelitten hatte."[18]

Die Lösung, die dem Gründer wohl zupaß kam, war das Eingreifen der Offiziers-Junta, die sich selber als Retter des nationalen und katholischen Spaniens vor der Errichtung einer marxistisch-sozialistischen, rätekommunistischen Diktatur sah.

Der Gegensatz „Kommunismus contra Christentum (Katholizismus)" dürfte wohl auch Escrivás Blick für die gesamteuropäischen Vorgänge bestimmt haben. Vladimir Felzmann berichtet, in den Siebzigern habe man Mitgliedern in der römischen Zentrale das Beispiel der frühen Gefolgsleute Escrivás vor Augen gestellt: jedes einzelne

---

[17] Ebd. S. 148.
[18] Felzmann, Interview, S. 205.

Mitglied, so hieß es, habe sich „freiwillig für die Blaue Division" –
eine spanische Freiwilligentruppe, die im Zweiten Weltkrieg auf
deutscher Seite gegen die Sowjetunion kämpfte – gemeldet. Man
habe sie nicht genommen, aber sie seien zum Einsatz bereit gewesen.
Ähnlich – unter den veränderten Bedingungen – sollten die Mitglieder auch heute bereit sein, sich voll für ihren Glauben einzusetzen.

In diesem Zusammenhang berichtete Felzmann von einem
Gespräch mit Escrivá, dessen Inhalt ungeheuerlich erscheint. Danach
sei er durch Hitlers Eingreifen in Spanien zugunsten Francos und des
Christentums so geblendet worden, daß er die Nazi-Greuel kaum
wahrnahm. Er habe „Nazi-Deutschland als einen Kreuzzug gegen den
Kommunismus" gesehen. Es habe für ihn nicht „Hitler gegen die
Juden, Hitler gegen die Slawen, sondern Hitler gegen den Kommunismus" geheißen. Der Gründer habe gesagt, „wenn die Leute
behaupteten, Hitler habe sechs Millionen Juden getötet, dann übertrieben sie. So schlecht sei Hitler nicht gewesen. Er könne nicht mehr
als drei oder vier Millionen Juden getötet haben." Felzmann sucht
den Opus-Gründer zu verstehen: Hitler habe für ihn das Christentum
in Spanien gerettet. „Für ihn war es so: man ist schon fast tot, plötzlich
kommen die Deutschen in Waffen, und das Leben geht weiter. Die
Kirche, die fast schon zu Grabe getragen wurde, richtete sich wieder
auf."[19]

Was Felzmann hier berichtet, hört sich im ersten Moment fast
unglaublich an. Sollte das ehemalige Opus-Dei-Mitglied, das selbst
slawischer Herkunft ist, den Gründer falsch verstanden oder auch nur
ein Wort überinterpretiert haben? Ich habe zweimal nachgefragt.
Vladimir Felzmann erinnerte sich sogar an den Ort und an die
Umstände: er habe mit Escrivá allein in einem Raum der Opus-Zen-
trale zusammengesessen, und bei dieser Gelegenheit habe Escrivá
diese Gedanken geäußert. Natürlich, fügte Felzmann hinzu, würde
Escrivá das nie geschrieben haben. Aber es gehöre zu seiner Gesamt-
einstellung.

Mir scheint, daß in der politischen Grundhaltung des Opus-Gründers Integralismus deutlich wird: die Politik hat die Aufgabe, der
Kirche zu dienen, ihr zu helfen, den christlichen Besitzstand zu wahren, den Glauben zu erhalten und auszubreiten. Machthaber, die
diesen „übernatürlichen" Imperativ erfüllen, kommen einer Aufgabe
nach, die Integralisten als vorrangig für die Politik erscheint. Wer sie

---

[19] Ebd. S. 206.

ausführt, hat seinen Hauptauftrag verwirklicht. Alles andere ist unter diesem Gesichtspunkt zu sehen und zu bewerten – und auch zu entschuldigen.

Eine Theologie, die der integralistischen Denkweise entspringt, muß mit einer Theologie, die die gesellschaftlichen Strukturen, ihre Widersprüche und die Leiden, die aus ihnen entstehen, bedenkt, zwangsläufig in Konflikt kommen. Für Johann B. Metz ist die Erkenntnis gewachsen, „daß wir eigentlich – in unserem historischen Kontext – eine Theologie ‚nach Auschwitz' treiben, ohne daß dies wirklich in das Bewußtsein der Theologen eingedrungen ist. Ich fragte mich öfter, was wir denn für eine Theologie treiben, die sich gewissermaßen von einer solchen Katastrophe nicht unterbrechen läßt; was das also für eine Theologie ist, die man mit dem Rücken zu dieser Katastrophe treiben kann, vor der Katastrophe, während der Katastrophe und nicht zuletzt auch noch nach ihr. Da habe ich mir vorgenommen, niemals mehr Theologie mit dem Rücken zu solchen Leidenskatastrophen zu treiben. Diese Absicht macht die Theologie notwendigerweise politisch, zumindest widerstandspolitisch."[20]

Es wäre verleumderisch zu behaupten, das Werk betreibe eine bestimmte Parteipolitik. Josemaría Escrivá selber hat immer darauf bestanden, daß es sich nicht in die Politik einmische.[21] Aus seiner Theologie[22] wie aus der mit dieser Ausrichtung verbundenen Mitgliederzusammensetzung ergeben sich aber bestimmte, von der Opus-Mehrheit getragene politische Optionen.[23]

Man geht wohl nicht fehl in der Vermutung, daß Escrivá die Richtung dieser Optionen in seinem Brief „Dei amore" angezeigt hat. Er veröffentlichte ihn wenige Wochen, nachdem das Pontifikat Johan-

---

[20] Johann B. Metz, Ein politisch Neutraler wäre nie gekreuzigt worden, in: Peter Hertel/Alfred Paffenholz (Hrsg.), Für eine politische Kirche, Hannover 1982, S. 70.
[21] Darauf weisen Berglar und Bernal übereinstimmend hin.
[22] Dazu vgl. insbesondere S. 85 ff.
[23] Diese Optionen sind nicht im Sinne einer festliegenden politischen bzw. sozialen Lehre zu verstehen. Aber tatsächlich ist die politische Spannweite der Opus-Mitglieder nicht groß. Dagegen scheint der Fall des Opus-Publizisten Rafael Calvo Serer zu sprechen. Er fiel 1954 bei Franco in Ungnade. Der Grund war aber nicht ein schärferer politischer Dissens. Vielmehr hatte er über eine soziale Volksmonarchie nachgedacht. Grund genug für Franco, Escrivá von Rom nach Madrid zu zitieren. Doch der Gründer blieb konsequent: er könne dem unbequemen Calvo Serer den Mund nicht verbieten. Die politische Betätigung sei die Privatsache des Mitglieds. (Vgl. Alfred Schüler, Die Ideologie des spanischen Opus Dei, in: Die Weltwoche, Zürich, Nr. 1640, 15. April 1965, S. 9.)

nes' XXIII. begonnen hatte – für Peter Berglar „an der Schwelle einer unglücklichen Epoche, in der die dogmatischen Glaubenswahrheiten nicht nur ihrem Inhalt, sondern ihrer Natur nach infragegestellt und als sozio-historisch determinierte Produkte des subjektiven Menschengeists erklärt werden (und dies nicht selten auch innerhalb der Kirche)...“[24]
Josemaría Escrivá spricht in diesem Brief „von drei großen ‚manchas‘, Flecken, die die Welt verschmutzen: zunächst ‚esa mancha roja‘, jener rote Fleck (gemeint ist der marxistische Atheismus), ‚der sich mit großer Geschwindigkeit über die Erde ausbreitet, der alles niederreißt, der noch die winzigste übernatürliche Regung zu zerstören trachtet‘. Dann das Vordringen einer zweiten großen Woge von losgelassener Sinnlichkeit, ja geradezu Verblödung, die die Menschen dazu bringt, sich wie Tiere aufzuführen. Schließlich ein noch ‚andersfarbiger Fleck‘: die ständig zunehmenden Tendenzen, Gott und Kirche sozusagen die *objektive* Wirklichkeit und Bedeutung abzusprechen und sie in einen Winkel des Privatlebens zu verbannen, wo sie unter Kuratel eines subjektivistischen ‚Gewissens‘ gestellt werden sollen; mit anderen Worten, die Verdrängung des Glaubens und seiner Bekundungen aus dem öffentlichen Leben. Diese drei ‚manchas‘ stellen andauernde, offenkundige und aggressive Gefährdungen dar.“[25]
Der innere strukturelle Aufbau des Opus wurde im Jahre 1943 abgeschlossen. Escrivá hatte längst bemerkt, daß seinem Werk eine wichtige tragende Säule fehlte: die Priester. Dieses Manko wirkte sich ungünstig nach innen aus: die Opus-Dei-Mitglieder mußten bei Priestern beichten, die vom Opus Dei – so fürchtete der Vater – nicht genügend wußten oder sogar Priester waren, die nicht im Sinne des Opus Dei geformt waren; so konnten seine Söhne und Töchter vom rechten Weg abkommen. Nach außen hin wirkte sich das Fehlen von Priestern ungünstig auf die Ausbreitung des Opus Dei aus, wie es auch das Mißtrauen der Amtskirche erregte. Einen Ausweg bot die Gründung der Priesterlichen Gesellschaft vom Heiligen Kreuz. 1944 wurden die ersten drei Opus-Priester geweiht, unter ihnen Alvaro del Portillo, des Gründers heutiger Nachfolger. 1956 erinnerte sich Escrivá: „Am 14. Februar 1943, nachdem ich bis dahin erfolglos nach der juristischen Lösung gesucht hatte, schenkte sie mir der Herr in

---

[24] Berglar, S. 216.
[25] Ebd. S. 215.

aller Genauigkeit und Klarheit. Am Ende der heiligen Messe in einem Zentrum der weiblichen Abteilung (...) war ich imstande, von der Priesterlichen Gesellschaft vom Heiligen Kreuz zu sprechen."[26]

Die Gründung der Priester-Abteilung trug dem Werk am 11. Oktober 1943 die vorläufige Approbation durch den Heiligen Stuhl ein. Die endgültige Anerkennung jedoch ließ auf sich warten. 1946 begab sich Escrivá selbst nach Rom. Ende August kehrte er nach Madrid zurück. Mit sich brachte er ein Dokument des Heiligen Stuhls: „Approbation der Ziele".[27]

Nun startete eine neue Phase der Entwicklung: Opus Dei verlegte seinen Schwerpunkt von Spanien nach Rom, ins Herz der katholischen Weltkirche. Es begann, sich dort festzusetzen und von dort aus weltweit auszubreiten.

Am 2. Februar 1947 war in der katholischen Kirche mit der Apostolischen Konstitution „Provida Mater Ecclesia" ein neuer geistlicher Stand ins Leben gerufen worden: die Säkularinstitute. Zu ihnen zählen approbierte Priester- und Laiengemeinschaften. Schon drei Wochen später, am 24. Februar 1947, wurde Opus Dei durch das „Decretum laudis" zu einem Säkularinstitut erhoben. Die endgültige Anerkennung durch den Heiligen Stuhl erfolgte am 16. Juni 1950.

Damit hatte das Werk eine gewisse Einzigartigkeit erreicht. Sie wurde mehr und mehr eingeschränkt, als weitere Säkularinstitute entstanden. Nun machte sich der Gründer daran, über einen neuen besonderen Status nachzusinnen. 1958 verfaßte er das schon erwähnte Schreiben „Non ignoratis", das er 1964 an Papst Paul VI. schickte mit der Bitte, seiner Gründung einen neuen juristischen Zuschnitt zu geben, den sie erst 1982 mit der Personalprälatur erreichte.

Josemaría Escrivá de Balaguer ist 1975 im Alter von 73 Jahren gestorben. Er war nicht nur Gründer des Opus Dei, sondern auch Professor für Allgemeine und Berufsethik an der Hochschule für Publizistik in Madrid sowie Professor für Kanonisches und Römisches Recht in Saragossa und Madrid; Großkanzler der Opus-Dei-Universitäten in Pamplona und in Piura (Peru); Päpstlicher Hausprälat; Mitglied der Päpstlichen Römischen Akademie für Theologie; tätig als Konsultor der Kongregation für Seminare und Universitäten sowie der Päpstlichen Kommission für die authentische Interpretation des

[26] Bernal, S. 147.
[27] Ebd. S. 248.

Codex Iuris Canonici, des kirchlichen Gesetzbuches; Marqués von Peralta,[28] Träger des ihm von Franco verliehenen Großkreuzes des heiligen Raimund von Peñaforte.

Er ist, so heißt es im Opus Dei, von der Erde in den Himmel übergegangen; und für das Werk ist er „unser Vater im Himmel", wobei ein gewisser, nicht aufgelöster Doppelsinn zu Gott, dem himmlischen Vater, entstehen kann.[29] Sein irdisches Ende wird als so wunderbar wie der Beginn angesehen. Auf den Gebetszetteln,[30] die im Hinblick auf seinen Seligsprechungsprozeß verteilt werden, steht: „Wiederholt hatte Msgr. Escrivá de Balaguer dem Herrn sein Leben als Opfer für die Kirche und den Papst angeboten. Der Herr nahm dieses Opfer an." Klaus Steigleder berichtet, daß Escrivá, so heiße es im Opus Dei, bei seinem Tode „organisch völlig gesund" gewesen sei. Opus-Mitglieder von der medizinischen Fakultät der Opus-Universität Pamplona hätten das festgestellt. „Es war kein Herzversagen, sondern ein medizinisch wiederum nicht zu erklärender Herzstillstand . . ."[31]

[28] Siehe auch Fußnote 9, Kap. VIII.
[29] Vgl. Felzmann, Interview, S. 199; auch „Crónica" legt diese Ambivalenz nahe.
[30] „Mit kirchlicher Erlaubnis des Vikariates von Rom" herausgegeben.
[31] Steigleder, S. 26.

XII
Zweiter Exkurs: Der Vater, ein Bruder und Nazaret

„Der Blitzstrahl", der Escrivá traf, so schreibt Peter Berglar, habe „etwas lange Verdunkeltes" neu und „jäh" in das „hellste Licht" gebracht: „Jesus Christi menschliche Existenz umfaßte mehr als die drei Jahre des öffentlichen Wirkens, nämlich, ganz und gar dazugehörig und vollwertig, auch die dreißig Jahre seines stillen, unauffälligen, durch und durch ‚normalen' Lebens in Nazareth, diesen Alltag der Arbeit und des Familienlebens im Hause Josefs und Marias."[1]

Das Leben Jesu, führt Berglar aus, habe weitgehend „aus einer Handwerkerexistenz in einem palästinensischen Dorf" bestanden, „aus hunderttausend banalen Einzelheiten des Alltags als Zimmermann, der für seine Mutter sorgen muß, der Arbeitsaufträgen nachkommt, der ein Nachbar unter Nachbarn ist. Dabei vollbrachte er keine Wunder, verbreitete keine Lehre. Fiel überhaupt nicht auf. Und doch bedarf es keiner besonderen Phantasie, um sich vorstellen zu können, daß er ein ausgezeichnet guter und geschickter Handwerker war, fleißig und zuverlässig, ein liebevoller Sohn und Verwandter, ein geschätzter Nachbar und besonders von den Kindern geliebt; und vermutlich auch von einigen im Ort nicht gemocht, verlacht, möglicherweise schikaniert."[2] Vor diesem Hintergrund schält Berglar einen „Kern der Botschaft Escrivá de Balaguers" heraus: „den Alltag heiligen und sich in ihm und durch ihn heiligen" heiße „nichts anderes, als in der Welt zu leben wie Jesus Christus in Nazareth gelebt hat. Des Christenmenschen ‚Nazareth' – das ist die Erde, und deshalb nannte der Gründer das Opus Dei ‚einen Winkel im Hause von Nazareth'. In diesem Hause geht es nicht pompös und glanzvoll, nicht sensationell und spektakulär zu. Das Leben besteht aus der Treue in den *kleinen* Dingen des gewöhnlichen Tagesablaufs, die oft so langweilig, unerheblich und ermüdend erscheinen mögen."[3] In diesem Zusammenhang kommt Berglar auch darauf, daß alle Menschen

---

[1] Berglar, S. 8.
[2] Ebd. S. 87f.
[3] Ebd. S. 88.

„Kinder Gottes" seien. Die „Gotteskindschaft" sei als „ ‚kleiner Bruder' Christi zu gewahren".[4]

Nach den Statuten des Opus Dei ist in dieser Einstellung „das solide Fundament" zu sehen, „auf dem im Opus Dei alle Dinge ruhen, und die fruchtbare Wurzel, welche die einzelnen Aspekte mit Leben erfüllt".[5] Der Codex weist in diesem Paragraphen auf Jesus als „Bruder" und sein „werktätiges Leben in Nazareth"[6] hin.

Dieser sympathische Ansatz des Werkes dürfte Christen überzeugen, die sich um eine modernere Laienfrömmigkeit bemühen. Widerspruch wird indes der Anspruch erregen, mit dem das Werk seine „Entdeckung" vorträgt. Es war nämlich keineswegs Escrivá, der Verdunkeltes „jäh" ins hellste Licht gebracht hat. Auf Therese von Lisieux habe ich schon hingewiesen. Und acht Jahre bevor der Opus-Begründer vom „Blitzstrahl einer tiefen grundlegenden Erkenntnis"[7] getroffen wurde, hatte der französische Literat René Bazin einen Mann bekannt gemacht, der Escrivás grundlegende Erkenntnis bereits in die Tat umgesetzt hatte: Charles de Foucauld, einen heiligmäßigen Pionier, der dem Alltag Jesu in Nazaret nachgegangen ist und ihn in seinem Leben zu verwirklichen suchte.

Es dürfte die Bedeutung Josemaría de Balaguers nicht schmälern, wenn man auf Foucauld und Therese von Lisieux aufmerksam macht, die schon vor ihm das Leben Jesu in Nazaret und die Heiligung der gewöhnlichen Alltagsarbeit entdeckt haben. Im Gegenteil: es spricht für ihn, daß er nicht als Einzelgänger auftrat, sondern in eine zeitgemäße spirituelle Strömung eingebettet war, die er dann kräftig voranbrachte. Was ungerechtfertigt ist und befremdlich wirkt, ist die Ausschließlichkeit,[8] mit der das Opus Dei diese Zeitströmung für seinen

---

[4] Ebd. S. 95.   [6] Ebd.
[5] Codex 80, § 1.   [7] Berglar, S. 8.
[8] Auf Zusammenhänge dieser Art hat 1980 Juan María Laboa in der konservativen „Internationalen Katholischen Zeitschrift" (Köln, Nr. 9/1980, S. 118) in der Auseinandersetzung mit dem Integralismus aufmerksam gemacht. Beachtung verdient seine Feststellung, das Beispiel des Opus Dei veranschauliche die Gefahr, „daß sich eine Ordensgesellschaft, ein Institut oder eine Gruppierung mit dem Wohl der Kirche identifiziert. Dies führt stracks zu Unduldsamkeit: man verwirft die in der Christengemeinde bestehenden unermeßlichen Möglichkeiten, die Botschaft des Evangeliums unterschiedlich auszulegen, je nach der Geisteshaltung, kulturellen Prägung und geschichtlichen Sensibilität, die im Laufe der Jahrhunderte zu verschiedenen Schulen der Spiritualität und Weisen des Christseins geführt haben. Die Kirche wird dann zu einer monolithischen, unbehaglichen Gesellschaft, statt daß sie eine brüderliche, freudige Gemeinschaft ist."

Gründer und sich selbst beansprucht. Parallelen zu Charles de Foucauld werden weder von Berglar noch von Bernal gezogen. Dabei müßte es die Biographen doch erfreuen, daß das Anliegen ihres Helden schon verbreiteter ist, als mancher vermutet. Berglars Wort von den „kleinen Brüdern" provoziert geradezu den Namen Foucauld, weil sich die katholischen Gemeinschaften, die sich auf den Franzosen berufen und die von seinem Gedankengut geprägt sind, ganz kirchenoffiziell „Kleine Brüder" und „Kleine Schwestern" nennen.

Nazaret – Heiligung der alltäglichen, gewöhnlichen Arbeit. Das ist ein Schlüsselbegriff in der Spiritualität des Opus Dei, aber auch allgemeiner Laienfrömmigkeit. Ich möchte nun den modernen Entdecker von Nazaret anhand einiger Schlaglichter aus seinem Leben vorstellen und sie zum Leben Escrivás in Beziehung setzen. Denn die Schilderung wie der Vergleich, der sehr kontrastreich ausfallen wird, können wichtige Erkenntnisse über Werk und Gründer vermitteln.

Als Charles de Foucauld sechs Jahre alt war, erlitt er einen schmerzlichen Verlust durch den plötzlichen Tod seiner Eltern. Dieses Ereignis warf den stillen und sensiblen Jungen aus der Bahn, und als Jugendlicher verlor er, wie er später sagte, seinen Glauben. Freilich, finanzielle Not kannte er nicht: die Eltern hatten ihm und seiner Schwester ein Riesenvermögen hinterlassen. Damit er es nicht sinnlos verprasse, hielt ein Vormund die Hand darauf. Denn schon an der Eliteschule Saint-Cyr galt Foucauld als faul und leichtsinnig.

Ein ganz anderer Start als beim ordentlichen Josemaría Escrivá, der wohlerzogen in einem frommen Elternhaus aufwuchs und sich schon frühzeitig zum Priesterberuf gedrängt fühlte. Nicht in ärmlichen Verhältnissen, aber doch zu Sparsamkeit und Fleiß genötigt.

Anders als Escrivá hat Foucauld kein religiöses Schlüsselerlebnis, sondern macht eine religiöse Erfahrung, die sich langsam entwickelt. Doch im Gegensatz zu dem Spanier, der in der gewohnten Bahn weitergeht, wird diese Erfahrung den Franzosen radikal umdrehen. Als er 25 Jahre alt ist, packt ihn der Ehrgeiz, etwas Großes zu leisten. Er bricht nach Marokko auf, in einen Staat, der 1883 auf europäischen Landkarten weitgehend ein weißer Fleck ist. Für Christen ist es – abgesehen von einigen Häfen – bei Todesstrafe verboten, das Land zu betreten. Nicht aber für Juden. So kommt Foucauld auf die Idee, als Jude verkleidet und von einem echten Rabbiner begleitet, durch das geheimnisvolle Marokko zu ziehen. Als erstem gelingt ihm eine genaue Kartenskizze des Atlas-Gebirges. Nach einem Jahr furchtbarer Entbehrungen kehrt er nach Paris zurück und ist mit einem

Schlage berühmt, weit über Frankreich hinaus. Die „Geographische Gesellschaft" in Paris verleiht ihm ihre erste Goldmedaille. In den Salons ruft man nach Foucauld. Aber das Entscheidende merkt noch niemand: wichtiger als die geographische war für den berühmten Forscher eine religiöse Entdeckung. Ein Jahr lang hatte er in Marokko unter überzeugten Gläubigen gelebt; unter Juden, die trotz jahrhundertelanger Verfolgung am Glauben ihrer Väter festhielten; unter Moslems, die aus ihrem Glauben eine bewundernswerte Kraft schöpften. Zwar hatten Marokkaner die Maskerade durchschaut, man hatte ihn zu greifen versucht. Dreimal war er dem Tode nahe gewesen, aber immer wurde er beschützt, nicht nur von Juden, sondern auch von Moslems, die für ihn Kopf und Kragen riskierten. So hatte Foucauld die Größe der islamischen Welt kennengelernt, wo man den Feind doch als Menschen respektiert, wo man Brüderlichkeit übt.

Dieses Erleben kam nicht wie ein Blitz über ihn. Es wirkte langsam auf ihn, aber begann ihn mehr und mehr zu prägen. Schließlich führt es dazu, daß er seinen eigenen christlichen Glauben wiederfindet.

„In dem Moment, in dem ich glaubte, daß es Gott wirklich gibt, war mir klar, daß ich nur noch für ihn leben konnte. Meine religiöse Berufung stammt aus derselben Stunde wie mein Glaube." Durch diese Einstellung, für Gott leben zu wollen, unterscheidet sich Foucauld von Escrivá nicht. Aber sie wuchs ihm in einem völlig andersartigen Milieu zu: Escrivá gewann sie in einem geschlossenen, auf Kampf und Ausschließlichkeit gestimmten Katholizismus; Foucauld dagegen jenseits der konfessionellen und kirchenpolitischen Bastion, und zwar durch Nichtchristen, die ihn als Bruder annahmen. Die Intentionen gleichen sich, die Wege jedoch sind völlig verschieden.

Escrivá steigt aus kleinen sozialen Anfängen auf, verkehrt schließlich mit Politikern, Wirtschaftsbossen und Kirchenführern; er wird Marqués und findet Eingang in den Adel. Sein Apostolat richtet er, wie er es in den Statuten niederlegt, vor allem an die Elite, die sogenannten Intellektuellen. Foucauld dagegen macht es genau umgekehrt: er steigt aus dem Reich der Großen aus und zu den kleinsten Leuten ab; auf den Adel verzichtet er, und sein Riesenvermögen vermacht er seiner Schwester. Während Escrivá ins Zentrum der Weltkirche umsiedelt, zieht Foucauld praktisch ans Ende der Welt. Er will der Bruder aller sein, besonders der Armen und Arbeiter. Escrivá dagegen steht sozusagen auf der Zinne des Werkes; man nennt ihn Vater, und die Werksmitglieder unter ihm nennt er Kinder. Der Vater blickt „von oben nach unten", der Bruder ist „unten".

Doch folgen wir der Geschichte des „Bruder Charles", wie sich der ehemalige Vicomte nun nennt. Sieben Jahre war er Mönch bei den Trappisten, dem wohl strengsten katholischen Orden. Jetzt hat er das Kloster wieder verlassen und ist in Nazaret, wo Jesus einst lebte. In einem armen Nonnenkloster wird er Hausdiener, eine Art Mädchen für alles. Lohn verlangt er nicht. Als Nahrung erbittet er Wasser und Brot. Vor allem möchte er genug Zeit zum Beten haben. Er wohnt in einer Bretterhütte von zwei Metern im Quadrat.

Charles Foucauld möchte ein gewöhnliches Leben führen, wie Jesus es 30 von 33 Jahren in Nazaret geführt hat. Nazaret ist für ihn nicht einfach eine historische Stätte, sondern eine christliche Situation, und er meint sogar, *die* Situation, auf die es für Christen eigentlich ankommen müsse: „Jesus kam nach Nazaret, dem Ort des unauffälligen Lebens, des Familienlebens, des Gebets, der Arbeit, der Tugend im stillen, dessen Zeugen nur Gott, seine Nächsten, seine Nachbarn waren."

Nicht viel anders wird es 40 Jahre später Josemaría Escrivá umschreiben. Auch er wird die Erfahrung machen, daß es heute nicht gilt, sich aus der Welt zurückzuziehen, sondern sein Christsein mitten in der Welt zu verwirklichen. In Nazaret macht Bruder Charles eine Entdeckung, die seine Einzigartigkeit zeigt und doch gegen den Anspruch der Einzigartigkeit, die glänzen und sich hervortun will, gerichtet ist: „Ich freue mich unendlich, arm zu sein, wie ein Arbeiter, Hausdiener gekleidet zu sein, auf dieser unteren Stufe, auf der auch Jesus, unser Herr, stand... Ich für meine Person werde immer den allerletzten Platz suchen."

Foucauld will nicht als Großer glänzen, auch nicht andere religiös belehren oder sich gar wie ein Besserwisser über sie erheben, sondern er will unauffällig sein. Denn auf diese Weise, so meint er, könne man um so besser christliches Zeugnis ablegen. Doch mehr und mehr merkt er, daß er die gewünschte Unauffälligkeit in Nazaret nicht finden kann. Da geht er tief in die Wüste zu den Tuareg des Hoggar-Gebirges, die als sehr armes und verlassenes Volk gelten. Er lebt von Hirseflocken und Datteln. Ein Bett hat er nicht. Seine kleine, mit Palmenblättern gedeckte Erdhütte gleicht den Behausungen der Tuareg, die ihm den Standort zugewiesen haben. Er ist aus dem pikfeinen Salon in bittere Armut abgestiegen.

Was hat den ehemaligen Leutnant und Mönch in diesen verlassenen Winkel getrieben? Ist es nur sein Wunsch, wie Jesus in Nazaret zu leben? Charles Foucauld trägt auf der weißen Tunika der Wüstenbewohner ein Kreuz, überragt von einem Herzen, und am Gürtel hängt ein Rosenkranz aus großen Perlen: er hat ein Apostolat übernommen und will das Evangelium bis ans Ende der Welt bringen, vor allem dahin, wo man nichts über Jesus von Nazaret weiß. Aber er unterscheidet sich von den Missionaren, die sich den Proselytismus als höchstes Ziel gesetzt haben: er versucht erst gar nicht, die „Ungläubigen" zu taufen. Sondern er lebt einfach wie ein Bruder unter ihnen, als Armer unter Armen.

Den Kern der Botschaft von Nazaret, die Charles de Foucauld bezeugt, kann man vielleicht so zusammenfassen: Gott liebt alle Menschen – aber er liebt sie machtlos, ohne Zwang. Vor allem liebt er die Armen, die keine Privilegien haben, die Unterdrückten und die Rechtlosen.

Nun hat sich herausgestellt, daß das Nazaret des Vaters Escrivá und das Nazaret des Bruders Charles zwei verschiedene Situationen sind: im ersten Fall wird der Glaube auch mit Macht, Reichtum und Organisation verbreitet; die Mission ist ein wichtiges, vielleicht das wichtigste Ziel; Zwang ist nicht ausgeschlossen; die eigene Leistung ist eine unabdingbare Voraussetzung für die Erreichung des Ziels. Im zweiten Fall dagegen ist das Leben nach dem Evangelium entscheidend. Es kommt in erster Linie nicht auf die Ausbreitung der Kirche und auf die Wahrung ihres Besitzstands, nicht auf Macht, Größe und Stärke an, sondern auf das Lebenszeugnis, auf Geduld und Vertrauen: das Wort soll im Erdreich Wurzeln fassen, was jedoch vorrangig nicht von der Eigenleistung abhängig ist, sondern von der Gnade Gottes.

Als der Priester Foucauld 1916 von feindlichen Truppen, die in das Gebiet der Tuareg eingedrungen sind, durch einen Kopfschuß getötet wird, scheint es manchem seiner Freunde in Frankreich, er sei gescheitert. Niemand führt sein Werk weiter. Vor allem ist sein wohl sehnlichster Wunsch nicht erfüllt: er hoffte, daß sich ihm Menschen anschließen würden, um in kleinen Gruppen als Christen unter den Armen zu leben – gastfreundlich, hilfsbereit, brüderlich, offen für jedermann, über religiöse und rassische Schranken hinweg. Doch niemand ist ihm gefolgt.

Ganz anders wird es mit Josemaría Escrivá sein, der nicht zuletzt deshalb als heiligmäßig gilt, weil Gott ihn durch den Erfolg bestätigt habe. Als der Vater in den Himmel überging, war das Opus Dei in 80 Ländern auf allen fünf Kontinenten verbreitet. Zweifellos hat Peter Berglar recht, der den Opus-Gründer „hinsichtlich des sichtbaren Erfolgs, des kurialen Einverständnisses und der hierarchischen Hilfestellungen" zu den „‚Glückskindern', fast möchte man sagen, zu den triumphalen Gestalten der Kirchengeschichte"[9] zählt. Foucauld dagegen hat keine religiösen Triumphe gefeiert. Er hat auch nicht den Weg eingeschlagen, auf dem sie sich einstellen. Auch wenn er es nicht ausdrücklich beabsichtigt hat, so ist er doch eine ungeheure Provokation für das Verhältnis der Kirche zu Reichtum und Macht. „Das beste Mittel, nichts zu entbehren, besteht darin, immer sehr freigebig mit den Armen zu teilen und dabei in ihnen die Stellvertreter Christi und Jesus selbst zu sehen." Vielleicht erklärt sich daraus, daß es die katholische Kirche gar nicht eilig hat, den Bruder aus der Sahara in die Schar der Heiligen aufzunehmen und sein Zeugnis als beispielhaft zu erklären.

Auf der anderen Seite begannen schon bald nach Escrivás Tod die Aktivitäten, ihn selig- und heiligzusprechen. Nach einer Mitteilung aus dem Opus Dei haben „69 Kardinäle und nahezu 1300 Bischöfe"[10] um die Eröffnung des Selig- und Heiligsprechungsprozesses nachgesucht. Zu diesem überragenden Ergebnis waren offenbar jedoch die Autorität und die Nachhilfe der römischen Kurie notwendig. Ein afrikanischer Kardinal, so war bekanntgeworden, hatte aus dem Opus Dei einen vorgefertigten Brief bekommen, den er zwar nicht genau verstand, aber unterschrieb. Ich habe daraufhin bei einem Interview den brasilianischen Kardinal Aloísio Lorscheider beiläufig gefragt, ob er ebenfalls für die Heiligsprechung Escrivás eintrete, und erhielt folgende Antwort:

„Ich habe schon in Fortaleza [Lorscheiders Bischofssitz] Besuch bekommen von jemand von São Paulo. Also, sie wollten eine Unterschrift haben für die Seligsprechung ihres Stifters." Auf meine Frage, ob Lorscheider sie denn tatsächlich gegeben habe, sagte er: „Ich hab' sie wirklich gegeben und muß sagen: ich hab' sie gegeben, weil man mir gesagt hatte, Kardinal Baggio [römischer Kurienkardinal und damaliger Präfekt der Bischofskongregation, der die Bischöfe sowie die Personalprälatur Opus Dei zugeordnet sind] wollte es gern haben, daß man das unterschreibe. Er war sehr einverstanden. Am Anfang sagte ich dem Herrn: ich kenne ihn [Escrivá] nicht richtig, ich weiß ja nicht viel davon. Ich wußte auch nichts. Ich sag', wie kann ich denn unterschreiben? Da sagte er: nein, unterschreib doch." Anschließend hat sich Lorscheider kundig gemacht und gemerkt, daß er einen „Feh-

[9] Berglar, S. 222.
[10] Josemaría Escrivá de Balaguer, Der Kreuzweg, erschienen im Opus-Dei-nahen Adamas-Verlag, Köln. Hier Verlagsvorwort „Der Autor", S. 9.

ler" begangen hat. Nun denkt er: „Hätt' ich doch nicht unterschrieben!"[11]

Foucaulds Wunsch nach Gefolgsleuten ist 20 Jahre nach seinem Tode tatsächlich in Erfüllung gegangen, als Gemeinschaften entstanden, die sich auf sein Vermächtnis stützen. Die bekannteste Gemeinschaft sind die Kleinen Brüder Jesu und Kleinen Schwestern Jesu oder, wie sie auch genannt werden, die Brüder und Schwestern des Charles de Foucauld. Sie leben in kleinen Gruppen, ohne viel Organisation, ohne kostspielige Verwaltung. Sie teilen das Leben von Arbeitern zum Beispiel in Deutschland, von Obdachlosen in Italien, von Campesinos in Lateinamerika und von Nomaden in der Wüste. Sie arbeiten mit allen Menschen guten Willens zusammen – auch in Ländern, in die Opus Dei nicht geht bzw. zu denen es keinen Zugang hat.

Im April 1990 erklärte Papst Johannes Paul II. den Gründer des Opus Dei zum „Venerabilis", zum „Verehrungswürdigen", und bescheinigte ihm den dazugehörenden „heroischen Tugendgrad". Dieser Titel ist die Zwischenstufe, die einem Verstorbenen zugewiesen wird, der zum „Seligen" oder „Heiligen" erhoben werden soll.

Foucaulds Nazaret und Escrivás Nazaret – da geht es um denselben Inhalt: Christsein im gewöhnlichen Alltag zu verwirklichen. Beide leben „mitten in der Welt". Foucauld ist ja nicht, wie gelegentlich irrtümlich angenommen wird, in eine Einsiedelei oder eine Wüstenei gezogen; wohl ging er in die Sahara, aber er lebte nicht allein, sondern war in das politische, soziale und kulturelle Milieu der Tuareg verwoben. Gerade weil Escrivá und Foucauld als „Weltchristen" leben wollten und lebten, wird der Unterschied zwischen beiden um so deutlicher. Man kann sich kaum konträrere christliche Gestalten vorstellen: zwar verlassen beide ihr angestammtes Milieu: doch Foucauld steigt aus Adel und Reichtum ab, zu den ganz Armen, Escrivá dagegen steigt aus verarmtem Mittelstand auf, in die Welt der Bessergestellten und Adeligen. Escrivá betrachtet sich und sein Werk als arm; doch es hat Mittel, sich über seine Mitglieder großen Reichtum anzugliedern und Macht auszuüben. Foucauld dagegen ist wirklich machtlos. Daß ich ihn in den wichtigen Schriften aus dem Opus Dei nicht erwähnt gefunden habe, ist mir nicht unerklärlich: er hat eben nichts Triumphales vorzuweisen, keine hierarchischen Hilfestellungen und kein kuriales Einverständnis. Er hat sich auch nicht darum bemüht.

---

[11] Tonband-Aufzeichnung des Autors mit Kardinal Lorscheider am 6. Juli 1984.

Das Wort Nazaret allein ist es wohl nicht, worauf es im Opus Dei ankommt. Sondern wesentlich geht es darum, diese Entdeckung, die schon vor Escrivá stattfand, mit einem spezifischen religiösen und gesellschaftlichen Inhalt zu füllen: dem Weg, dem Camino des Opus-Gründers, der im Werk als heilig und göttlich gilt, der aber beim Rest der Christenheit keineswegs unumstritten ist.[12]

[12] Die schärfste Kritik hat wohl Hans Urs von Balthasar vorgetragen: „Wir fragen lediglich nach der Spiritualität und erhalten den ‚Camino' ... in die Hand gedrückt ... Im Durchblättern der 999 Aphorismen, Sentenzen und Parolen erschrecken wir: Sollte der Verfasser wirklich der Meinung sein, hier eine echte Spiritualität zu entwickeln, gar eine, die ausreicht, um ein so gewaltiges Elitecorps christlich zu ernähren? Es ist ein Handbüchlein für höhere Pfadfinder. Spanisch? Aber spanisch ist doch auch die authentische Mystik des Ramón Llull, Johannes vom Kreuz und Ignatius von Loyola, mit dem Herzklang des Evangeliums und mit Werten für die Jahrhunderte" (Integralismus, in: Wort und Wahrheit, Freiburg, Dezember 1963. S. 742 f.).

XIII
Von einer ebenso diskreten wie römischen Strategie

Madrid, 31. Oktober 1979, 12 Uhr mittags. Die neueste Ausgabe der katholischen Zeitschrift „Vida Nueva" ist vollständig gedruckt. Da erscheinen zwei dunkel gekleidete Herren vom spanischen Opus Dei in der Redaktion.[1] In freundlichem, aber ebenso deutlichem Ton fordern sie Chefredakteur Bernardino M. Hernando auf, den Bericht über „La transformación (juridica) del Opus Dei" (den juridischen Wandel des Opus Dei) nicht zu bringen. Zwar kennen sie das Thema und die Quellen, nicht aber Form und Inhalt des Artikels.

Die beiden „hohen" Mitglieder des Werkes nennen dem Schriftleiter in einem sehr eingehenden Gespräch eine Reihe von Gründen, warum die geplante Darstellung nicht erscheinen dürfe. Erster Grund: die Zeitschrift habe geheime Unterlagen benutzt, und der Papst wünsche keine Öffentlichkeit zu diesem Thema. Zweiter Grund: eine solche Veröffentlichung würde der katholischen Kirche zu diesem Zeitpunkt schweren Schaden zufügen.

Hernando macht darauf aufmerksam, daß der Bericht sehr detailliert und unpolemisch sei. Auch könne Opus Dei nicht behaupten, er entspreche nicht der Wahrheit. Denn die Dokumente lägen ja vor. Unstimmigkeiten bestünden wegen der Bewertung der vom Papst geplanten Maßnahmen. Doch das, so der Chefredakteur, sei legitim. Er beruft sich auf die Informationsfreiheit.

Sein entscheidender Grund ist: die neue juristische Struktur, die das Werk erhalten soll, nämlich die Erhebung zu einer Personalprälatur, ist von erheblicher Bedeutung für die gesamte katholische Kirche. Er bleibt hart. Darauf machen ihm die beiden Opus-Leute klar, daß sie nunmehr mit „höheren Stellen" sprechen würden, um die Auslieferung der Zeitschrift in der vorgesehenen Weise zu verhindern.

Die Organisation mobilisiert mehrere ihrer spanischen Leiter, an der Spitze den Regionalvikar Florencio Sánchez Bella, dessen Bruder

---

[1] Bernardino M. Hernando, Una explicación necesaria, in: Vida Nueva, Madrid, 10. November 1979, S. 11 (2143).

unter Franco Minister war. Sie üben Druck auf den Verwaltungsrat der Zeitschrift aus, der schnell umfällt. Die acht Mittelseiten, auf denen der Bericht abgedruckt war, müssen vor der Auslieferung herausgerissen werden.[2] Die Zeitschrift hat Mühe, gegen weiteren Druck des Opus Dei den Lesern wenigstens erklären zu dürfen, was geschehen war; denn offensichtlich soll die ganze Angelegenheit vertuscht werden. Doch das mißlingt. Denn man hat übersehen, daß die Veröffentlichung auf der Seite 1 angekündigt wurde; die Anweisung, auch die Titelseite zu ändern, kommt zu spät. Außerdem beweist die Redaktion bewundernswerte Courage, indem sie der Ausgabe einen losen Zettel beifügt, auf dem es heißt: „Der Teil ... mußte aus der Zeitschrift herausgerissen werden, als sie schon gedruckt und gebunden war. Der Direktor und die Redakteure von ‚Vida Nueva‘ drücken ihr Bedauern über diese Entscheidung von höherer Stelle aus. Sie sahen sich gezwungen, sie zu beachten."

Zum Leidwesen der Zensoren berichtet die Tageszeitung „El País" ausführlich.[3] Das Opus Dei weist alle Meldungen und Informationen, die sich weltweit an diesen Skandal anschließen, als „nicht autorisiert"[4] zurück. Sie beruhten auf „einer höchst unvollständigen Dokumentation", die „unter Mißachtung von schwerwiegenden und bekannten Verfügungen des Heiligen Stuhls" veröffentlicht worden sei. Die Organisation enthalte sich „jeglicher Erklärung", weil „diese Materie der ausschließlichen Zuständigkeit des Heiligen Stuhls unterliegt".

Die Stellungnahme ist „entsprechend einem ausdrücklichen Hinweis des Heiligen Stuhls"[5] erfolgt. Daß das Opus Dei intervenierte und die Sache gleichzeitig zu verbergen suchte, ist für den Kenner des Werkes nicht verwunderlich. Überraschend ist dagegen die Offenheit, mit der die Verantwortlichen des Opus Dei zugaben, daß der Heilige Stuhl, ja sogar der Papst die Aktion gebilligt habe. Das Werk, das peinlichst darauf achtet, nach außen hin in keinen Widerspruch zum Heiligen Stuhl und insbesondere zum Papst zu geraten, dürfte sich wohl kaum auf die höchsten kirchlichen Stellen berufen haben, wenn seine Interventionen dort nicht Rückhalt gefunden hätten. Und

[2] Kopien der Dokumente aus dem Opus Dei sowie der acht Seiten aus Vida Nueva vom 3. 11. 1979, S. 23 (2103) bis 30 (2110), liegen mir vor.
[3] Documentos íntegros para el cambio del „status" eclesial para el Opus Dei, in: El País, Madrid, 11. November 1979.
[4] Sekretariat des Opus Dei in Deutschland, Köln, 9. November 1979.
[5] Ebd.

so zeigt der Beistand aus Rom, daß es für den Vatikan und den Papst um eine Angelegenheit von höchster Brisanz und weitreichender Bedeutung ging. In der Tat kann das Opus Dei auf Papst Johannes Paul II. rechnen. Er stützt und privilegiert es. Daran ist nicht zu zweifeln. Doch falsch ist, daß er der erste Papst sei, der dem Werk zur Seite stehe, wie gelegentlich behauptet wird.[6] Zweifellos war Papst Johannes XXIII. kein Freund des Opus Dei, und auch sein Nachfolger Paul VI. zeigte sich zunächst sehr zurückhaltend, aber mehr und mehr fand die spanische Gründung seine Zustimmung. Je heftiger die Kritik am Zweiten Vatikanischen Konzil, insbesondere an seinen tatsächlichen und vermeintlichen Folgen, wurde, um so stärker geriet das Werk in römischen Aufwind.

1958, als noch kaum jemand an ein Zweites Vaticanum dachte, befand der Gründer in dem erwähnten Schreiben „Non ignoratis",[7] daß das Opus Dei einen „besonderen Charakter" habe und nicht länger als Säkularinstitut bezeichnet werden dürfe. Für das Ziel, einen neuen Status zu erhalten, seien „seit nunmehr vielen Jahren mehrere tausend heilige Messen gefeiert worden", und „unablässig mögen sie noch gefeiert werden". Escrivá versprach, „in kindlichem Vertrauen" den Heiligen Stuhl „zur rechten Zeit über den Stand der Dinge und die Sorge unserer Mitglieder" zu unterrichten.

Es dauerte zunächst einmal vier Jahre, bis der Gründer die Zeit für gekommen hielt, sich an den Heiligen Stuhl zu wenden.[8] Über die Form ist nichts bekannt. Aber offenbar ging die Sache nicht so schnell voran wie erhofft. Am 14. Februar 1964 richtete er ein persönliches Schreiben an Papst Paul VI.[9] Doch auch der ließ den Antrag zunächst ruhen.

Ende der Sechziger, Anfang der Siebziger begann dann die Stunde des Opus Dei. Es war die Zeit, in der man im Opus Dei erkannte, daß „die Kirche von wellenförmig sich ausbreitenden inneren Erosionen heimgesucht wurde – von Irrlehren, Theologenaufsässigkeit, allgemeinem Disziplinverfall, Priesterflucht und Liturgiewillkür",[10] wie

---

[6] Vgl. Ulrich Kägi, Das katholische Opus Dei schreckt viele Katholiken (II), in: Die Weltwoche, Zürich, Nr. 4, 26. Januar 1983, S. 35 ff.

[7] Non ignoratis, Nr. 9 ff.

[8] Marcello Costalunga, Errichtung des Opus Dei als Personalprälatur, in: L'Osservatore Romano, Wochenausgabe in deutscher Sprache, Rom, 10. Dezember 1982, S. 9 f. Vgl. Papst Johannes Paul II., Ut sit, Rom 1982, S. VIII.

[9] Fußnote 2 in: Non ignoratis.

[10] Berglar, S. 222.

Peter Berglar es formuliert. Vor diesem Hintergrund habe der Gründer gestanden, daß er Schmerz erleide. „Ich leide sehr, meine Kinder. Wir durchleben eine Zeit des Irrtums", sagte er 1970 vor dem Generalrat. „Millionen Seelen fühlen sich verwirrt."[11]

Opus Dei, dessen „Ziele und Zwecke" nach eigenen Angaben „in voller Übereinstimmung mit den Zielen und Zwecken der gesamten katholischen Kirche stehen",[12] das sich aber nicht als eine Kirchenausgabe in Kleinformat, sondern als den wahren, rechtgläubigen Kern der katholischen Kirche[13] ansieht, konnte diese Verwirrung, von der Escrivá sprach, nicht hinnehmen. Denn nach eigenem Selbstverständnis ist es ja dazu berufen, diese Entwicklung zu beenden. Opus Dei ist „operatio Dei", eine „Operation Gottes": ein großer rettender Eingriff des göttlichen Arztes, der das Corpus mysticum Christi, den Leib des Herrn,[14] die Kirche, die so sehr geschwächt ist vom Abfall im Glauben und bisweilen wie an Krücken durch die Welt der Moderne humpelt, heilen und buchstäblich wieder „auf die Beine bringen will. Damit ist aber auch gesagt, daß es gegen den Zeitgeist antritt."[15]

Gegen den Zeitgeist antreten – das ist ein starker Impuls im Werk, der auch von Freunden und Sympathisanten gewürdigt wird.[16] Worum es geht? Die Richtung gibt Peter Berglar an, indem er fortfährt: Nichts scheine dem Zeitgeist „mehr zu widersprechen, mehr verhaßt zu sein als Demut, Dienstwilligkeit, Gehorsam, Selbstüberwindung, Keuschheit".[17]

Als Kern des kirchlichen Zeitgeistes wird offensichtlich ein Ungehorsam gegen das kirchliche Lehramt und insbesondere den Papst angesehen. Berglar schreibt, nach dem Zweiten Vatikanischen Konzil sei eine „Kluft" entstanden „zwischen der rechtgläubigen Interpretation und Anwendung der Konzilsaussagen und -beschlüsse, die dem kirchlichen Lehramt und besonders dem Papst obliegen, und der will-

[11] Ebd. S. 278.
[12] Klage des Opus Dei gegen „Monitor", Schriftsatz vom 5. Februar 1985.
[13] Vgl. Felzmann, Interview, S. 203.
[14] Vgl. Crónica, 1972, Heft 2, wo Escrivá sagt, es scheine, als sei der Mystische Leib Christi zur Zeit ein Leichnam in stinkender Verwesung.
[15] Berglar, S. 228.
[16] Vgl. Otto B. Roegele, Gewißheit der Berufung, in: Rheinischer Merkur, Bonn, Nr. 38, 23. September 1983, S. 24. Roegele spricht von „Vorurteilen und Vorweg-Verurteilungen", von „Unterstellungen und dem Mißtrauen gegen eine kirchliche Gemeinschaft, die sich dem Zeitgeist so entschieden widersetzt wie ‚Opus Dei' ".
[17] Berglar, S. 228.

kürlichen, oft häretischen Umfunktionierung derselben durch nicht dazu autorisierte Personen. Das ganze Pontifikat Pauls VI. hat im Zeichen dieser Kluft gestanden; und zeitweise war es ein bedrohliche Formen annehmender Kampf, der das innere Leben der Kirche erschütterte und die Seelen vieler Gläubigen in Verwirrung stürzte. In dieser Hinsicht ist der Montini-Papst ein Märtyrer gewesen: er hat bis zum letzten Atemzug das Konzil als in der ungebrochenen Tradition der Kirche von Petrus an stehend und diese weiterführend erklärt und verteidigt; und er ist dafür verspottet, verhöhnt, beschimpft worden; eine seit Jahrhunderten nicht erlebte Welle von Ungehorsam schlug ihm entgegen; er mußte in seinen letzten Jahren die Verlassenheit und Ohnmacht Christi am Ölberg ertragen. Nur wenn man sich diese Situation klarmacht, versteht man die Worte Escrivás vor dem Generalrat, im Jahre 1970: ‚Ich leide sehr, meine Kinder.'"[18]

Berglars Vorwürfe gegen die nachkonziliare Kirche sind so pauschal vorgetragen, daß eine Auseinandersetzung auf dieser Grundlage sinnlos erscheint. Festhalten möchte ich aber, daß mit der „Kluft" und mit der „Welle von Ungehorsam", die er auch für die damalige Zeit sieht, um 1970 in erster Linie wohl die Vorgänge um die Enzyklika „Humanae vitae" angesprochen sind. Wie erinnerlich, verbot Papst Paul VI. mit diesem Lehrschreiben die mechanischen und chemischen Mittel der Empfängnisverhütung, wodurch viele Katholiken in offenen Konflikt mit der päpstlichen Autorität gerieten. Die Autorität des Papstes, die sich grundsätzlich auf Fragen des Glaubens und der Sitte („fides et mores") bezieht, wurde seit 1968 mehr und mehr allein mit dem Bereich der Sexualität zusammengebracht, attackiert und von vielen ganz abgelehnt.[19]

In diesem Zusammenhang sind zwei Hinweise Vladimir Felzmanns aufschlußreich; zum ersten, daß sich in den sechziger Jahren „Furcht im Opus Dei" ausgebreitet habe, „im wesentlichen wegen des Zweiten Vatikanischen Konzils, das sich gegen ihr Ideal der Kirche richtete, gegen die vorkonziliare Zielvorstellung, gegen die Sicht Pius' X.".[20] In der Zeit nach dem Konzil sei der Gründer „äußerst deprimiert" gewesen.[21] Opus Dei reagiere „auch auf das, was es als

[18] Ebd. S. 278.
[19] Vgl. Gerhard Schmidtchen, Zwischen Kirche und Gesellschaft. Forschungsbericht über die Umfragen zur Gemeinsamen Synode der Bistümer in der Bundesrepublik Deutschland, Freiburg 1972, S. 12 ff.
[20] Felzmann, Interview, S. 203.
[21] Ebd. Noch weiter geht die ehemalige Leiterin María Angustias Moreno in ihrem Buch „El Opus Dei. Anexo a una historia". Escrivá habe schon 1966 in Barce-

Schwäche der Kirche ansieht: auf den Rückgang der geistlichen Berufe, die Unsicherheit in der Lehre usw. So wünscht Opus Dei, wie ich meine, kurz gesagt die Sicherheit und objektive Wahrheit – im Gegensatz zum Leben und zur Wahrnehmung der Wahrheit durch den einzelnen."[22]

„Kampf" und „kämpfen" sind zwei Wörter, die nicht zufällig Escrivás ganzes Leben hindurch wiederkehren. Als der Gründer den Kampf gegen den Irrtum und für eine wahre Kirche aufnahm, wurde eine regelrechte Strategie[23] entwickelt. Die Organisation suchte wie zwei Jahrzehnte zuvor in die spanische Gesellschaft nun ebenfalls „von oben nach unten" in die katholische Weltkirche einzusteigen. Dieser Weg begann konsequenterweise in Rom, im Umfeld der Kirchenspitze. Eine bedeutende Rolle spielte dabei das Centro Romano di Incontri Sacerdotali (CRIS), das Zentrum der Priesterlichen Gesellschaft vom Heiligen Kreuz. Dorthin wurde jeder Kirchenmann eingeladen, „der wichtig ist oder wichtig werden konnte".[24]

Es ist die Zeit, in der Karl Rahner einen „geheimen Willen" zur Rückkehr „ins Getto"[25] erkennt: „Man spricht von der ‚kleinen Herde'; man konzipiert sie aber unreflex nach dem Muster einer Sekte, die gar nicht offen sein will für das Ganze der Gesellschaft und der Kultur, sondern sich als einen ‚heiligen Rest' betrachtet, ohne sich ernsthaft der universaleren Sendung der Botschaft des Evangeliums und der Kirche zu widmen ... Es gibt eine Pseudotheologie des Marsches ins Getto, eines Willens dazu, geboren aus Angst, Enttäuschung über Mißerfolge, berechtigter, aber verängstigter Sorge um das Evangelium und die Kirche ..."[26]

lona einigen Mitgliedern gesagt, das einzige am Zweiten Vatikanischen Konzil, was als geheiligt anzusehen sei, sei die Kanonisierung der täglichen Arbeit, also des Wesentlichen des Geistes des Opus Dei („escencia del espíritu de la Obra"). Er habe hinzugefügt, die Tätigkeit der Opus-Mitglieder in Rom habe eine sehr große Effizienz, „weil der Papst nicht nur vom Heiligen Geist inspiriert wird". (Zitiert nach Ramiro Cristóbal, Hacia un control del Vaticano: in: triunfo, Madrid, Nr. 820, 14. Oktober 1978). Nach Berglar hat dem Konzil „insgesamt" das Wirken des Heiligen Geistes nicht gefehlt. „Dies bedeutet jedoch nicht, daß jeder einzelne Konzilsvater in jedem Moment der vier Sessionen ein Gefäß und Sprachrohr dieses Heiligen Geistes gewesen ist..." (S. 270). – Das ist eine Binsenwahrheit, die freilich erst durch die „Crónica"-Aussagen, daß das Opus Dei hingegen „heilig", „unveränderlich", „göttlich" ist, ins rechte Licht kommt.
[22] Felzmann, Interview, S. 199.
[23] Ebd. S. 213.
[24] Ebd.
[25] Karl Rahner, in: Stimmen der Zeit, München, Januar 1972, Heft 1, S. 1 f.
[26] Ebd.

Ins römische Zentrum für Priesterbegegnungen werden vor allem Kirchenführer auf ihren Romreisen eingeladen. Verspricht der Kontakt Erfolg, dann wird beim nächsten Mal erneut eine Einladung ausgesprochen. Die Kardinäle und Bischöfe treffen auf Priester, die sich sehr enthusiastisch dem Opus Dei angeschlossen haben. Die Opus-Geistlichen, leben aus einer Überzeugung, die in der Zeitschrift „Crónica" ausgedrückt ist, wenngleich die meisten Bischöfe die wirkliche Substanz wohl nicht kennen: Opus Dei ist als göttliche Gründung eine Trägerin der Wahrheit. Es ist heilig, unveränderlich, unsterblich, immer jung, deshalb braucht es sich nie zu ändern.[27] Schon von Anfang an war das Werk vollkommen.[28]

Wer so denkt und empfindet, wird sich seines Glaubens sicher sein und keinen Grund für Selbstzweifel sehen. Und sollten sie sich wirklich einstellen, dann dürfte er genügend asketische Mittel haben, um sie niederzukämpfen. Im Priesterzentrum herrscht eine Atmosphäre, die den Oberhirten aus eigener Erfahrung gut bekannt ist und in der sie wehmütig an die Zeiten der religiösen Geschlossenheit erinnert werden, als die katholische Kirche in westlichen Ländern wesentlich mehr Macht und inneren Zusammenhalt besaß.

Opus Dei weist diese Geschlossenheit anscheinend noch auf, schon im äußeren Erscheinungsbild: die Priester tragen den Talar und den römischen Kragen, sie vermitteln den Eindruck einer gehorsamen, dem Papst und dem Bischofsamt ergebenen Truppe. Daß ihr Lehrsystem auf der Neuscholastik und Papst Pius X. fußt, mag manchen eher für als gegen sie einnehmen. Zudem gibt es ja sogar Konzilsaussagen über die Rolle der Laien, die auch aus dem Opus Dei stammen könnten. Und daß sich Opus Dei – wie sich aus „Crónica" ergibt – auf viele Aussagen stützt, die Escrivá in der vorkonziliaren Zeit machte, muß nicht verschrecken. Diese Tatsache kann man auch als Zeichen der „gesunden Lehre" im Werk ansehen oder als Ausdruck der Offenheit seines Gründers, der dem Konzil schon vorauseilte.

So gesehen, kommt es ganz auf die Interpretation an. Wer es möchte, wird auch Begründungen finden können, um seine eigenen Einstellungen bestätigen zu können. Was die Gäste aus dem Episkopat am meisten beeindruckt haben dürfte, ist die Effizienz des Opus

[27] Crónica, 1968, Heft 8.
[28] Ebd.

Dei in zweifacher Hinsicht: erstens hat es sich, wie der Wiener Kardinal König lobend hervorhob, gegen „das zahlenmäßige Abbröckeln in manchen großen Ordensfamilien, aber auch in spirituellen Bewegungen" behauptet, ja noch mehr: „Das Opus Dei ist auch in dieser Periode des Infragestellens und der Unsicherheit weitergewachsen."[29] Zweitens hat es dem Trend der Priesterlaisierungen, der unter Papst Paul VI. einsetzte, nicht nur entgegengewirkt, sondern den Priestermangel sogar etwas gemildert. Das wurde häufig mit Staunen herausgestellt, so durch Kardinal Casariego von Guatemala: „Zum erstenmal hat ein einzelner Priester [Escrivá] zu seinen Lebzeiten annähernd tausend berufstätige Männer aus allen fünf Kontinenten, Männer aus den verschiedenen Wissenschaftszweigen und bürgerlichen Tätigkeitsbereichen, zum Priestertum geführt."[30]

Wachstum, Stabilität und Sicherheit – gegen den allgemeinen Trend; vor allem Sicherung der hierarischen Strukturen und der Männerkirche: das wirkt auf Kirchenführer unterschiedlicher Richtungen überzeugend, auch wenn sie sonst nicht mit allen theologischen Inhalten übereinstimmen. Der Erfolg für das Opus Dei ließ nicht auf sich warten. Gab es noch gegen Ende des Konzils nur sehr wenige Kardinäle, die dem Werk zuneigten, so wächst die Schar der Sympathisanten ab Ende der sechziger Jahre kräftig an. Vielleicht wäre der Aufschwung nicht so schnell vorangekommen, wäre Papst Paul VI. abweisend geblieben. 1969 geht er auf den großen Wunsch Josemaría Escrivás ein und rät ihm, den besonderen Generalkongreß des Opus Dei einzuberufen, damit dieser die entsprechenden Untersuchungen zur Aufwertung des Werkes zur Personalprälatur einleite.[31] Im Klima der römischen Wende beginnt der weltkirchliche Aufstieg des Opus Dei.

In diesem Zusammenhang kommt ein wichtiger Gesichtspunkt hinzu, ohne den diese Entwicklung wohl nicht verständlich ist. Escrivá muß auf die meisten Kirchenführer, die er in Rom kennenlernte, faszinierend gewirkt haben. Kardinal König, der während des Zweiten Vatikanischen Konzils „engere Beziehungen" zu ihm knüpfte, war „sehr beeindruckt von seiner Persönlichkeit. Eine liebenswürdige Kommunikationsfähigkeit kennzeichnete ihn, so daß er seinen Gesprächspartner sofort verstand und sich in ihn hineinverset-

[29] Franz König, Berufung zur Heiligkeit verwirklichen, ohne aus dieser Welt hinauszugehen, in: Wiener Kirchenzeitung, Nr. 51/52, 21. Dezember 1975, S. 9.
[30] Bernal, S. 149.
[31] Costalunga, a. a. O.

zen konnte. Es handelte sich dabei aber nicht bloß um die Herzlichkeit eines Mannes, der gewohnt ist, sich dem Standpunkt des anderen gegenüber zu öffnen; man spürte dabei, daß seine vom Herzen kommende Güte bei ihm tiefere Wurzeln hatte: sein übernatürliches Empfinden nämlich – seinen lebendigen, die ganze Persönlichkeit prägenden Glauben – und seinen alles durchdringenden apostolischen Eifer."[32] 1969 werden zwei weitere Freunde Escrivás zu Kardinälen kreiert: Sebastiano Baggio und Silvio Oddi. 1973 folgt Pietro Palazzini, dessen Opus-Nähe ein Jahr zuvor zu einer regelrechten Vatikan-Affäre beigetragen hat.[33] Auch Kardinal Agnelo Rossi ist Escrivá und dem Werk verbunden.[34] Schon 1970 ist bei den Opus-Priestern in Rom zum erstenmal der Krakauer Karol Wojtyla erschienen, der spätere Papst Johannes Paul II.[35] 1974 spricht er in der großen Aula der Residenza Universitaria Internazionale (RUI). Um 1971 wird erstmalig der Kölner Kardinal Joseph Höffner auf Veranstaltungen der Opus-Priestergesellschaft gesehen,[36] ebenso der Essener Bischof und heutige Kardinal Franz Hengsbach, der lange Zeit als das mächtigste Mitglied in der Deutschen Bischofskonferenz galt. Hengsbach hielt 1972 bei den Priestern des Opus Dei ein Referat, in dem er die gerade entstehende Befreiungstheologie attackierte.[37]

Die genannten Würdenträger dürften nicht die einzigen im Umfeld des Opus Dei sein. Meine Aufzählung ist höchstwahrschein-

[32] Fußnote 4 im X. Kapitel.
[33] Palazzini hat 1972 bei der Auswertung der Ergebnisse, die auf einer Versammlung spanischer Bischöfe und Priester erzielt worden waren, einzig und allein die Meinung von Alvaro del Portillo, dem damaligen Opus-Generalsekretär, berücksichtigt. Palazzini war Sekretär der vatikanischen Kleruskongregation. Das Dokument, das als offiziell erschien, attackierte die Linie der spanischen Bischöfe, die sich vorsichtig von Franco absetzten. Daraufhin flog der Vorsitzende der spanischen Bischofskonferenz, Kardinal Enrique y Tarancón, mit einem klaren Entweder-Oder nach Rom: entweder ziehe der Heilige Stuhl den Text zurück oder er selber trete zurück. Bei einem Zusammentreffen mit Papst Paul VI. erreichte der Kardinal, daß Kardinalsstaatssekretär Villot hinterher bekanntgab, es handle sich nur um eine einfache „Studie". Palazzini wurde von den Aufgaben in der Kleruskongregation und anderen Aufgaben im Vatikan entbunden. (The Times, 12. Januar 1981; Adista, Rom 3./5. Juli 1980; Corrado Incerti, L'arma segreta, in: Panorama, Rom, 23. Januar 1984, S. 28 ff.)
[34] Cristóbal, a. a. O.
[35] Wojtyla sprach insgesamt dreimal. Seine Reden sind unter dem Titel „Mut zum Glauben" dokumentiert worden (St. Augustin 1979, Reihe „Sinn und Sendung", Band 5, herausgegeben von dem Opus-Priester Klaus M. Becker).
[36] Höffner sprach am 24. Oktober 1971.
[37] Näheres im Kapitel XIV.

lich ganz unvollständig. Bei Berglar stößt man sogar lediglich auf König, bei Bernal nur auf Baggio, Casariego und König. Die Identitäten werden streng gehütet; die meisten Informationen – darauf habe ich schon an anderer Stelle aufmerksam gemacht – erhält man rein zufällig und in langwieriger Sammlertätigkeit. Dann erlebt man allerdings manche Überraschung.

Papst Johannes Paul I., der Nachfolger Papst Pauls VI., war nicht einmal acht Tage im Amt, als die katholische Presse schon einen Artikel verbreitete, den er einen Monat zuvor über Escrivá und Opus Dei geschrieben hatte, und zwar als Patriarch von Venedig in der venezianischen Zeitung „Il Gazzettino". Seine Sympathien für das Werk wären in Deutschland vielleicht nie bekanntgeworden, wäre er nicht Papst geworden. In warmen Worten lobte Kardinal Albino Luciani den Gründer des Opus Dei, der in seiner Spiritualität noch radikaler als Franz von Sales gewesen sei: „Dieser verficht zwar auch die Heiligkeit für alle, aber er lehrt wohl nur eine ‚Spiritualität *der* Laien', während Escrivá eine ‚laikale Spiritualität' will." Dann nahm Luciani das Opus Dei vor Kritikern in Schutz: „Die Ausbreitung, die Zahl und die Qualität der Mitglieder des Opus Dei hat zu Spekulationen über wer weiß welche Machtabsichten und eisern-sturen Gehorsam Anlaß gegeben. Das Gegenteil ist wahr. Es besteht allein das Verlangen nach Heiligkeit, aber in Freude, im Geist des Dienens und in großer Freiheit."[38] (Obwohl Johannes Paul I. nur vier Wochen im Amt war, fand er bereits Zeit, Escrivás Prälatur-Ziel in sein Programm aufzunehmen.[39])

Wegen des frühen Todes des Luciani-Papstes ist dessen positive Einstellung gegenüber dem Opus Dei fast unbekannt geblieben. Das einzige am Werk Escrivás, was für Kardinal Luciani zählte, war offenbar die „Heiligung des Alltags". Über vieles andere sah er in dem zitierten Text anscheinend kritiklos hinweg. Er schloß: „Als 1957 eine hohe Persönlichkeit Escrivá seine Glückwünsche aussprach, weil ein Mitglied in Spanien zum Minister ernannt worden sei, erhielt er folgende eher trockene Antwort: ‚Was geht es mich an, ob er Minister oder Straßenfeger ist? Wichtig ist, daß er sich in seiner Arbeit heiligt.' In dieser Antwort steckt der ganze Escrivá und der Geist des Opus Dei: worauf es allein ankommt, ist, daß einer sich mit seiner Arbeit

---

[38] Albino Card. Luciani, Gott in der täglichen Arbeit suchen, in: Deutsche Tagespost, Würzburg, Nr. 107, 6. September 1978, S. 6.

[39] Alfons Dalma, Papstfest für Opus Dei, in: Die Presse, Wien, Nr. 10751, 18. Januar 1984, S. 3.

heiligt – gegebenenfalls auch als Minister, wenn er an diesen Platz gestellt ist –, daß er sich wirklich heiligt. Der Rest zählt wenig."[40] Mir scheint, daß der Kardinal und spätere Papst in gewisser Weise recht hatte. Grundsätzlich und theologisch betrachtet hat der Minister für das Opus Dei nicht mehr Bedeutung als der Straßenfeger. Aber andererseits irrte Albino Luciani. Denn das Werk bemüht sich – wie es die Statuten ausdrücklich festhalten – schon immer besonders um Personen intellektuellen Zuschnitts, denen große Bedeutung für die bürgerliche Gesellschaft zukommt.[41] Folglich geht es nicht nur um das übernatürliche Ziel der Heiligung, sondern auch um recht irdische soziale Ränge und die Macht des Ministers, der gesellschaftlich eben doch wichtiger ist als der Straßenfeger. Jedenfalls ist es eine Fiktion, daß der „Rest" – die zeitlichen Dinge – wenig zähle. Er zählt, und zwar sehr. Ohne ihn läßt sich das geistliche Ziel nicht verwirklichen. Weil er notwendig ist und eingesetzt wird, wirkt er auch auf die hohen Ziele. Die Frage ist nur, ob man das bemerkt oder nicht. Der Aufstieg, den das Opus Dei während der siebziger Jahre im römischen Klima nehmen konnte, hängt auch damit zusammen, daß die hohen Gäste und Sympathisanten der priesterlichen Opus-Gesellschaft vornehmlich auf das hehre Ziel blickten, so daß ihnen unheilige irdische Methoden und Kritik daran wohl nur wie Schönheitsfehler erschienen. Wie sich in Albino Lucianis und Franz Königs Betrachtungen andeutet, hat sie der organisatorische wie numerische Erfolg, den Josemaría Escrivá vorweisen konnte, sehr beeindruckt. Ähnlich sind weitere Kirchenführer überzeugt worden.

Zu ihnen gehört Papst Johannes Paul II.

Zufällig, aber doch nicht ohne Hintersinn mag es sein, daß „L'Osservatore Romano", Wochenausgabe in deutscher Sprache, unmittelbar nach der Wahl Karol Wojtylas „gute Beziehungen" erkannte, die „den neugewählten Papst mit den deutschen Bischöfen" verbinden, und daß er dies an zwei Fotos illustrierte, auf denen Papst Johannes Paul II. sich als Kardinal von Krakau mit Kardinal Joseph Höffner (Köln) und Bischof Franz Hengsbach (Essen) zeigte – ausgerechnet im Zentrum der Opus-Dei-Priester in Rom.[42]

Von Anfang an hat der neue Papst aus seiner Vorliebe für das

---

[40] Fußnote 38.
[41] Codex 2 § 2; 116.
[42] Die ersten Glückwünsche, in: L'Osservatore Romano, Wochenausgabe in deutscher Sprache, Rom, Nr. 42, 20. Oktober 1978, S. 12.

Werk kein Hehl gemacht. Kaum im Amt, ließ er zu Neujahr 1979 seine im Opus-nahen Haus „Ares" verlegten Reden, die er vor den Opus-Dei-Priestern gehalten hatte, an die vatikanischen Angestellten verteilen.[43] Im selben Jahr wurde Kardinal Silvio Oddi der Präfekt der vatikanischen Kleruskongregation, ein Jahr später tauchte Kardinal Palazzini aus der Versenkung wieder auf[44] und wurde Präfekt der Kongregation für die Heilig- und Seligsprechungen, die im Februar 1981 den Seligsprechungsprozeß für Escrivá einleitete. Konsultor dieser Kongregation ist Javier Echevarría, der Generalvikar des Werkes.

Mit dem Wojtyla-Papst begann sich auch der sehnliche Wunsch des verstorbenen Vaters zu erfüllen: schon wenige Tage nach seiner Wahl teilte Johannes Paul II. dem Generalpräsidenten Alvaro del Portillo handschriftlich mit, daß eine neue juristische Grundlage des Opus Dei eine „unaufschiebbare Notwendigkeit"[45] sei. Portillo wandte sich nunmehr an Kardinal Sebastiano Baggio, den damaligen Präfekten der Bischofskongregation und Freund Escrivás, mit der Bitte, „auf Wunsch des Papstes" die Organisation zur Personalprälatur zu erheben. Die Sache sollte im geheimen vor sich gehen, wurde aber durch die Zeitschrift „Vida Nueva" an die Öffentlichkeit gebracht. Davon war zu Beginn dieses Kapitels die Rede.

Nachdem die Angelegenheit bekanntgeworden war, zeigte sich ihre Brisanz: Opus Dei stand vor einer erheblichen kirchlichen Aufwertung und einem starken Machtzuwachs. War das der Grund, warum die Vorgänge geheimgehalten werden sollten?[46]

---

[43] Opus Dei jetzt Personalprälatur, in: Katholische Nachrichtenagentur, Informationsdienst, Nr. 35, 26. August 1982, S. 1.

[44] Ebd.

[45] Fußnote 15, Kap. IV, S. 4.

[46] Auf den Zusammenhang zwischen Integralismus und Geheimhaltung, wie er zum Beispiel unter Papst Pius X. entstanden war, aber erst viel später entdeckt wurde, hat Hans Urs von Balthasar im schon zitierten Aufsatz „Integralismus" (S. 739f.) hingewiesen: „Der Ziel-Wert, um dessentwillen primär und zuerst das Geld, die irdische Macht und Organisation gesammelt, gehortet, lanciert wird, gerät unfehlbar ins Schlepptau des angeblichen Mittelswertes, wenn der Zielwert eben das gedemütigte Lamm, die gekreuzigte Liebe ist. Nun versteht sich auch, warum der Integralismus so gern im verborgenen arbeitet. Welche Gründe kann es überhaupt geben, um in der Kirche, inmitten des Volkes Gottes etwas Geheimes zu rechtfertigen? Kirche kann für das blinde oder scheele Auge der Welt zwar als ganze ein ‚heilig öffentliches Geheimnis' sein, darin lag der Sinn der altchristlichen Diskretion (Arkandisziplin). Im Innenraum der Kirche müßte aber doch für die Gläubigen überall lichte Durchsichtigkeit herrschen. Das grundsätzlich Geheime der römischen Inquisition von heute (,Heiliges Offizium') stammt aus der Zeit engster Verflochtenheit weltlicher und geist-

Auf das kirchenpolitische Ausmaß der Entscheidung, die schließlich am 28. November 1982 vollzogen wurde, machte Kardinal Baggio, der Präfekt der zuständigen vatikanischen Bischofskongregation, aufmerksam. Er sprach von einer „historischen Entscheidung des Papstes".[47] Der Untersekretär der Bischofskongregation, Marcello Costalunga, sah darin „eine Maßnahme des Papstes von beträchtlicher Tragweite für die Kirche". Sie sei ein „Meilenstein in der Entwicklung",[48] die vom Zweiten Vatikanischen Konzil vorangetrieben worden sei. Die erhebliche Tragweite hatte auch Chefredakteur Hernando von „Vida Nueva" festgestellt, weshalb er die Sache an die Öffentlichkeit bringen wollte. Opus Dei selbst sieht sich durch „die Erhebung in den Rang einer Personalprälatur" als eine „besonders ausgezeichnete Personenvereinigung"[49] an. Noch klarer formuliert es Peter Berglar: „Für die Geschichte der Kirche bedeutet der 28. November 1982 ein Datum höchsten Ranges. Die Kirche bereitet sich vor, in das dritte christliche Jahrtausend einzutreten."[50]

Die inhaltliche Bedeutung, die das Werk dem neuen juristischen Status beimißt, ergibt sich aus Escrivás Schreiben „Non ignoratis", aus dem ich zu Beginn des dritten Kapitels zitiert habe. Ein praktisches, vom Gründer offenbar noch nicht vorausgesehenes Ergebnis ist, daß sein Opus Dei nun nicht mehr der vatikanischen Kongregation für Ordensleute und Säkularinstitute untersteht, sondern der Bischofskongregation.

Einen Grund, warum das Werk den juridischen Kleiderwechsel angestrebt hat, nennt der Opus-Dei-Priester Johannes Roggendorf:

Das „Konzil bestätigte seine Erkenntnis, auch gewöhnliche Christen können mitten im Alltag, in der beruflichen Arbeit, im Familienleben und eigenverantwortlichen Einsatz in der Gesellschaft in einer tiefen Spiritualität verankert sein. Allen, die diesem Ruf folgen wol-

---

licher Macht, es ließe sich allenfalls mit Gründen der Regierungsklugheit, da und dort sogar der brüderlichen Liebe und Schonung erklären ... Was aber haben im Bereich der gewöhnlichen Christen geheime oder halbgeheime Organisationen zu schaffen? Was kann und soll hier überhaupt verborgen werden? Zweifellos doch nur Ballungen weltlicher Macht, die angeblich zum Vorteil des Reiches Gottes lieber im dunkeln arbeiten wollen."

[47] Sebastiano Baggio, Ein Gewinn für die ganze Kirche, in: L'Osservatore Romano, Wochenausgabe in deutscher Sprache, Rom, Nr. 50, 10. Dezember 1982, S. 1.

[48] Costalunga, a. a. O.

[49] Klage des Opus Dei gegen „Monitor", Schriftsatz vom 5. Februar 1985.

[50] Berglar, S. 13.

len, bietet das Opus Dei hierzu spezifisches geistliches Rüstzeug an, ohne aus ihnen eine geschlossene Gruppe zu bilden. Es handelt sich um gewöhnliche Christen, die sich engagieren, wo es ihnen beliebt.

Hier liegen die Wurzeln des Mühens um eine passende Rechtsform, nicht um einen anderen Gehalt. Vor allem jene Mitglieder, die durch ihren Beruf an exponierten Stellen in der Öffentlichkeit stehen, mußten sich bislang diskriminiert fühlen, wenn ihre persönlichen Ansichten mit ihrer Zugehörigkeit zu einer – vom Juristischen her ordensähnlichen – Einrichtung in Verbindung gebracht und als kirchliche Einmischung in Tagesfragen hingestellt wurden. Denn nicht nur wo, sondern auch wie es ihnen beliebt, engagieren sich christliche Laien."[51]

Das hört sich schön an. Nur: Personalprälaturen sind keineswegs auf Laien zugeschnitten, auch nicht auf Priester und Laien, sondern sie sind Einrichtungen, die als Möglichkeit für einen gezielten Einsatz des Klerus gedacht sind; Laien können sich ihnen anschließen. Zwar können Kleriker für sich allein eine Personalprälatur bilden, nicht jedoch Laien – wie sich aus den vier Canones ergibt, mit denen das katholische Kirchenrecht die Personalprälatur charakterisiert:

„Can. 294 – Um eine angemessene Verteilung der Priester zu fördern oder um besondere seelsorgliche oder missionarische Werke für verschiedene Gebiete oder unterschiedliche Sozialverbände zu verwirklichen, können vom Apostolischen Stuhl nach Anhören der betreffenden Bischofskonferenzen Personalprälaturen errichtet werden, die aus Priestern und Diakonen des Weltklerus bestehen.

Can. 295 – § 1. Die Personalprälatur wird nach den vom Apostolischen Stuhl erlassenen Statuten geleitet; ihr wird ein Prälat als eigener Ordinarius vorgesetzt, der das Recht hat, ein nationales oder internationales Seminar zu errichten und Alumnen zu inkardinieren und sie auf den Titel des Dienstes für die Prälatur zu den Weihen zu führen.

§ 2. Der Prälat muß für die geistliche Bildung derer, die er auf den genannten Titel zur Weihe geführt hat, sowie für ihren geziemenden Unterhalt sorgen.

Can. 296 – Aufgrund von mit der Prälatur getroffenen Vereinbarungen können Laien sich apostolischen Werken der Personalprälatur widmen; die Art dieser organischen Zusammenarbeit und die

---

[51] Johannes Roggendorf, Maßanzug statt Panzerhemd, in: Die Welt, Nr. 208, Bonn, 8. September 1982, S. 7.

hauptsächlichen Pflichten und Rechte, die damit verbunden sind, sind in den Statuten in angemessener Weise festzulegen. Can. 297 – Die Statuten haben ebenso das Verhältnis der Personalprälatur zu den Ortsordinarien zu bestimmen, in deren Teilkirchen die Prälatur ihre seelsorglichen oder missionarischen Werke nach vorausgehender Zustimmung des Diözesanbischofs ausübt oder auszuüben beabsichtigt."[52]

Da fragt sich, inwiefern sich denn etwas daran geändert haben soll, daß persönliche Ansichten von Opus-Dei-Mitglieder als kirchliche Einmischung in Tagesfragen hingestellt werden können; denn auch die Personalprälatur ist ja durch das kirchliche Amt geprägt und juristisch bestimmt. Hier ist trotz aller gegenteiligen Beteuerung keine Änderung sichtbar.

Der Wandel läuft in ganz andere Richtung: das Werk hat mit einem eigenen Prälaten an der Spitze nunmehr größere Eigenständigkeit und innere Geschlossenheit als vorher und ist um so eher der Kritik ausgesetzt, eine Kirche in der Kirche zu sein.

Hinzu kommt, daß die Prälatur nicht mehr wie das Säkularinstitut dem Ordensrecht untersteht, das über Jahrhunderte gereift ist. Zwar sind anstehende Fragen, auch Streitfragen, je nach dem Gegenstand mit der jeweils entsprechenden Behörde der römischen Kurie zu behandeln.[53] Aber die Frage ist, worauf sich zum Beispiel ein Austrittswilliger, der sich unter behindernden Druck gesetzt fühlt, nunmehr rechtlich berufen kann; denn das Ordensrecht, das ihm einen gewissen Schutz bieten konnte, gilt ja jetzt nicht mehr für ihn.

Nun muß man Johannes Roggendorf, insofern er den „laikalen" Charakter der Personalprälatur Opus Dei ansprach, allerdings zugute halten, daß er 1982 wohl noch nicht wußte, was das neue Kirchenrecht 1983 über die Personalprälaturen festlegen würde. Zwar war schon der Konzilentscheid ziemlich eindeutig: Personalprälaturen wurden nicht den Laien, sondern den Priestern zugeordnet.[54] Und im 1982 existierenden Entwurf des neuen Kirchenrechts waren sie nur mit einem einzigen Paragraphen für den Fall der Militärbischofsämter erwähnt. Aber es war damit zu rechnen, daß die Institution der Perso-

---

[52] Codex Iuris Canonici, Lateinisch-deutsche Ausgabe, Kevelaer 1983, S. 127.
[53] Johannes Paul II., Ut sit, S. XI, Anlage zum Codex.
[54] Das Zweite Vatikanische Konzil, Dekret über Dienst und Leben der Priester, „Presbyterorum ordinis", Art. 10.

nalprälatur im Hinblick auf das Opus Dei neu beschrieben werde, was dann auch in den vier Paragraphen geschehen ist. An der klerikalen Ausrichtung hat sich dabei nichts geändert.

Wenn also von den öffentlich genannten Zielen des Opus Dei so gut wie nichts verwirklicht worden ist, warum dann der ganze Aufwand? Vor allem dürfte der Grund ein internes Ziel sein, das del Portillo in einem der schon genannten Geheimdokumente charakterisierte: die Umwandlung des Opus Dei in eine Personalprälatur „bietet dem Heiligen Stuhl die Möglichkeit, bei größerer Effizienz über ein mobiles Corps von (akkurat vorbereiteten) Priestern und Laien zu verfügen, die überall ein mächtiges geistliches und apostolisches Ferment christlichen Lebens wären; dies vor allem im Bereich der Gesellschaft und im Berufsleben, wo es heute oft nicht leicht ist, in apostolisch-einschneidender Weise mit den der Kirche gewöhnlich zur Verfügung stehenden Mitteln anzukommen."[55] Über das persönliche Apostolat bei Verwandten und Freunden hinaus seien sie insbesondere im Bereich der Medien und der Wissenschaft tätig.

Die Vorarbeiten für die historischen Entscheidungen haben 13 Jahre gedauert. Seit Papst Paul VI. dem Opus-Gründer die Befugnis erteilt hatte, den besonderen Generalkongreß einzuberufen, wurden „wahre Papierberge bewegt, um sämtlichen Aspekten und Implikationen des Problems erschöpfend gerecht zu werden".[56] 1979 gab Johannes Paul II. der Bischofskongregation den Auftrag, das Opus-Gesuch zu studieren. Das Ergebnis wurde in zwei Bänden mit insgesamt 600 Seiten zusammengefaßt und einer Kardinalskommission vorgelegt, deren Gutachten die Grundlage war, auf der Papst Johannes Paul II. im November 1981 die entsprechenden Schritte zur Errichtung der Personalprälatur einleitete.[57]

Nun hatte es zweifelsfrei aber auch Widerspruch im Weltepiskopat gegeben. In Spanien, wo das Opus Dei entstanden war und wo die umfangreichsten Erfahrungen mit dem Werk vorlagen, äußerten führende Bischöfe ihre Bedenken: sie würden die Kontrolle über die Vereinigung verlieren; das Werk könne sich dann als „Staat im Staate" gebärden.[58] Auch aus anderen Ländern, so Italien und der Schweiz, wurde Kritik bekannt.

---

[55] Fußnote 15, IV. Kap.
[56] Berglar, S. 13.
[57] Costalunga, a. a. O.
[58] Opus Dei: Wie man eine Affäre macht . . . in: Katholische Nachrichtenagentur, Informationsdienst, Nr. 46, 15. November 1979, S. 8.

Deshalb schloß der Papst das Verfahren mit der „Konsultation" von 2052 Bischöfen[59] ab. „Als Geste des Wohlwollens" ließ er ihnen auf dem Weg über die päpstlichen Vertretungen eine Dokumentation zukommen, in welcher der Vorgang inhaltlich erläutert wurde.[60]

Über das Ergebnis sind keine exakten Zahlen bekannt geworden. Nach Peter Berglar stellte die Errichtung der Personalprälatur „keineswegs einen Alleingang des Papstes dar, sondern im Gegenteil ein Musterbeispiel für das zwischen dem Petrusnachfolger und dem Episkopat waltende Kollegialitätsprinzip, das ein Kennzeichen des Wojtyla-Pontifikats ist".[61] Auch Berglar erwähnt über 2000 Bischöfe jener Länder, in denen das Werk tätig ist, die Gelegenheit gehabt hätten, sich zu äußern; „sehr viele von ihnen taten es zustimmend und mit Wohlwollen; 38 reichten Änderungs- oder Verbesserungsvorschläge ein, die sämtlich sorgfältig geprüft wurden."[62]

Hinter diese Darstellung sind jedoch Fragezeichen zu setzen. Allein aus Spanien wurde berichtet, daß nur ein Zehntel der Bischöfe – sechs oder sieben – für die Personalprälatur gewesen seien; mindestens 50 waren dagegen, was in Berglars Zahl „38" nicht aufscheint.[63] Kardinal Höffner nennt „mehr als tausend Bischöfe", die erklärt hätten, „daß das Menschen- und Gottesbild des *Opus Dei* das Menschen- und Gottesbild Jesu Christi und seiner Kirche ist".[64] Ob eine Befragung zum Menschen- und Gottesbild des Opus Dei stattgefunden hat, muß offenbleiben; aber wären es weit über tausend Bischöfe gewesen, die sich für die Personalprälatur Opus Dei äußerten, so hätte Höffner es wohl entsprechend ausgedrückt.

---

[59] Hans Thomas und Ruthard von Frankenberg, Anmerkungen zu einer Schrift von Klaus Steigleder „Das Opus Dei – eine Innenansicht", herausgegeben vom Informationsbüro des Opus Dei in Deutschland, Köln 1983, S. 2.

[60] Costalunga, a. a. O.

[61] Berglar, S. 14.

[62] Ebd.

[63] Wir wollen uns nicht unabhängig machen, in: Frankfurter Allgemeine Zeitung, Nr. 283, 7. Dezember 1982, S. 7. Die „Weltwoche" (Das katholische Opus Dei schreckt viele Katholiken [I]) zitiert „Nouvel Observateur" vom November 1982: „die spanischen Bischöfe hätten den epochalen Schritt mit 55 zu 6 Stimmen abgelehnt" (Weltwoche, Zürich, Nr. 3, 19. Januar 1983, S. 37). In der FAZ vom 7. 12. 1982 heißt es, die Abstimmung sei zwar nicht mit Stimmzetteln und Urnen erfolgt, doch das Ergebnis sei gültig und dem Vatikan mitgeteilt worden. Opus Dei und andere kirchliche Stellen erklärten: „Eine Abstimmung der spanischen Bischofskonferenz über die Frage hat nicht stattgefunden." Dagegen hätten mehrere spanische Bischöfe und weitere kirchliche Repräsentanten bestätigt, daß die Befragung stattgefunden habe.

[64] Siehe Fußnote 15, Kap. IX.

Weiterhin ist bemerkenswert, daß der Papst die Errichtung der Personalprälatur schon beschlossen und die Statuten schon gebilligt hatte, bevor die Befragung der Bischöfe überhaupt begann. Das teilte er jedenfalls 1981 dem Opus Dei mit.[65] Die Information und Befragung des Weltepiskopats war ja nicht mehr als eine Geste des Wohlwollens. Nach Mitteilung des Untersekretärs der Bischofskongregation sind alle Eingaben „geprüft und gebührend berücksichtigt"[66] worden. „Diese Prüfung bestätigte die Weisheit und Gültigkeit derselben [der von Escrivá verfaßten Statuten] und ließ zugleich in ihnen die deutlichen Zeichen des Gründungscharismas und der großen Liebe des Dieners Gottes zur Kirche offenkundig werden."[67] Oder um es Berglar sagen zu lassen: „Schon 1962 hatte Escrivá ganz genau die Lösung vom Heiligen Stuhl erbeten, die nun Wirklichkeit geworden ist."[68]

Mit seiner Privilegierung wächst auch die kirchliche Macht des Opus Dei. Ein Beispiel: obwohl sich die Priester der Prälatur laut Statuten „vor allem mit der geistlichen und kirchlichen Unterweisung sowie mit der besonderen Seelsorge an den übrigen Gläubigen beider Abteilungen des Opus Dei"[69] befassen sollen, sickern sie in jüngster Zeit zusehends in den Diözesanklerus ein. Mehr als ein Prozent der Opus-Kleriker sind bereits Bischöfe.

Mitglieder des Opus Dei findet man auch auf der mittleren Ebene vatikanischer Amtsstuben. Eine der wenigen Personen, die unmittelbar Zugang zum Papst haben, ist ein Opus-Dei-Numerarier: der vatikanische Pressesprecher Joaquín Navarro Valls. Er berät sich, wie er sagt, täglich mit dem Papst.

Außer der Sicherung der hierarchischen Männerkirche ist auch die Verteidigung päpstlicher und eigener Ansichten über Ehe und Familie eine starke Triebfeder des Opus Dei. Im päpstlichen Familieninstitut (Istituto Giovanni Paolo II per studi su matrimonio e famiglia) arbeiten mehrere Opus-Dei-Mitglieder mit. Das Institut ist personell mit Opus-nahen Einrichtungen verknüpft, zum Beispiel mit der Internationalen Akademie für Philosophie in Liechtenstein (IAP). (Näheres Seite 179 f.)

---

[65] Siehe Fußnote 38, Kap. VI, S. XXXI.
[66] Costalunga, a. a. O.
[67] Ebd.
[68] Berglar, S. 13.
[69] Codex, Nr. 38.

Präsident des Instituts ist Carlo Caffara, der 1988 mit organisatorischer und finanzieller Beteiligung aus dem Opus Dei an der päpstlichen Lateran-Universität einen internationalen Theologenkongreß veranstaltete, auf dem es um die Enzyklika „Humanae vitae" zur Geburtenregelung ging. Dort verglich Caffara Empfängnisverhütung mit Mord. Das hat weltweit Entrüstung und Empörung ausgelöst. Auch viele Bischöfe haben den Vergleich zurückgewiesen.

Widerstand gegen das Opus Dei und seinen Einfluß gibt es auch im Vatikan selbst. Kardinal Joseph Ratzinger scheint der bedeutendste Repräsentant der Gegengruppe zu sein. Personen und Organisationen, die ihm seinen Einfluß streitig machen könnten, müssen mit seinem Gegendruck rechnen. Im Herbst 1983 ließ er gegenüber ehemaligen Schülern gesprächsweise durchblicken, er habe mitbewirkt, daß Opus Dei nicht ein Weltbistum mit einem Bischof, sondern nur eine Prälatur mit einem Prälaten an der Spitze geworden sei.

Auf der anderen Seite bleibt die Opus-nahe Gruppe nicht untätig. Den Papstkurs beschrieb mit einer gewissen Authenzität ein Artikel in der österreichischen Zeitschrift „Die Furche" aus der Feder des polnischen Kardinals Franciszek Macharski, der zwanzig Jahre lang einer der engsten Mitarbeiter des Papstes war und sein Nachfolger auf dem Bischofsstuhl in Krakau wurde.[70] Macharski stellte das Opus Dei unter einen ebenso kühnen wie imposanten Bogen, der bei Escrivá und der CRIS-Strategie anfing und über Papst Johannes Paul II. bis zur Bischofssynode 1987 führte, die sich mit den Laien in der katholischen Kirche beschäftigte. Er schloß mit einem Zitat Papst Johannes Pauls I., das sich mit den „Lehren von Msgr. Escrivá bezüglich der Berufung der Laien im Leben der Kirche und der Welt" beschäftigte und ebenfalls „in Verbindung mit der Thematik" der Bischofssynode über die Laien stehe.

Es war dann das Opus Dei, das bei der Bischofssynode – dem vatikanischen Wunsch entsprechend – den deutschen Sprachraum in der 20köpfigen Gruppe der theologischen Berater repräsentierte, und zwar durch Jutta Burggraf (Köln). Sie ist mehrfach als Anti-Feministin hervorgetreten und möchte, daß die „Schöpfungsordnung" erhalten bleibt, wonach der Mann in der Familie herrsche und auch Jesus in der kirchlichen Familie Männer zu Aposteln berufen habe.[71] Eine

[70] Franciszek Macharski, Andere durch die Arbeit heiligen – Josemaría Escrivá und die Laienspiritualität, in: Die Furche, Wien, Nr. 27, 5. Juli 1985, S. 13.
[71] Jutta Burggraf, Die Mutter der Kirche und die Frau in der Kirche, Kevelaer 1986, S. 27.

gewisse Gleichstellung der Frauen gegenüber den zölibatären Männern hält Jutta Burggraf indes durchaus für angemessen. Das Vorstandsmitglied des Deutsch-Internationalen Kulturvereins (s. S. 169f.), eine der wenigen Laien, die auf der Bischofssynode zu Wort kamen, hielt ein Plädoyer für eine neue Wertschätzung der Jungfräulichkeit von Frauen. Ihr Beitrag lief sozusagen auf die Errichtung eines weiblichen Zölibats außerhalb religiöser Gemeinschaften hinaus.

XIV
Spurensicherung – oder: wie Opus Dei gegen die Theologie der Befreiung vorgeht

Zwischen den Ansichten des Opus Dei und des Papstes zur Befreiungstheologie gebe es keinen Widerspruch, sagt das Opus Dei. Vielmehr gehe das Werk „erklärtermaßen in seinen Ansichten insbesondere zur Befreiungstheologie mit dem Papst konform". Die Prälatur weiß, daß „der Papst gegen die sogenannte Befreiungstheologie in den lateinamerikanischen Ländern, welche unter Umständen auch den bewaffneten Befreiungskampf unterstützt, argumentiert und vorgeht...“[1]

Ich halte diese Aussage aus dem Februar 1985 hier fest, weil sie – soweit mir bekannt – schriftlich bestätigt, was schon seit langem vermutet worden war, aber nie schwarz auf weiß bewiesen werden konnte: das Opus Dei ist ein aktiver Gegner der Befreiungstheologie. Zwar ist die Aussage vom Anwalt des Opus Dei in Deutschland niedergeschrieben worden. Aber er vertritt damit offiziell auch Dr. César Ortiz, den Leiter der Prälatur in Deutschland. Ohne dessen Billigung wäre die Aussage sicher nicht gemacht worden. Das Opus Dei unterscheidet hier nicht, wie es gelegentlich anderwärts geschieht, verschiedene Befreiungstheologien, von denen dann eine einzelne den bewaffneten Befreiungskampf unterstütze. Vielmehr richtet sich der Vorwurf ganz generell gegen *die* sogenannte Befreiungstheologie.[2]

Ob Papst Johannes Paul II. seinerseits mit dieser Ansicht des deutschen Opus Dei konform geht, steht auf einem anderen Blatt. Es gibt viele Gruppen in der katholischen Kirche, die es für notwendig halten, sich auf den Heiligen Vater zu berufen. Das ist nicht schwierig, weil in den schier unzähligen Reden, Verlautbarungen, Ermahnungen, Homilien und Handlungen des Papstes jeder etwas finden kann, was ihn bestätigt, wenn er das Bedürfnis haben sollte, bestätigt zu werden. Wie sich Opus Dei als Gegner der Befreiungstheologie auf den Papst beruft, so fühlten sich umgekehrt die Theologen wie der Peruaner Gustavo Gutiérrez, auf den der Begriff „Theologie der

---

[1] Klage des Opus Dei gegen „Monitor", Schriftsatz vom 5. Februar 1985.
[2] Vgl. dazu Fußnote 1.

Befreiung" zurückgeht, oder der Brasilianer Leonardo Boff durch den Papst ermutigt, auf dem eingeschlagenen Weg weiterzugehen. Und beide konnten, wie umgekehrt das Opus Dei, dazu Belege anführen. Man sollte also damit vorsichtig sein, Johannes Paul II. allzu schnell für sich in Anspruch zu nehmen.

Der Kampf gegen die Befreiungstheologie fand im Opus Dei schon 1972 statt, als diese damals gerade entstandene Theologie noch weitgehend unbekannt war. Da hielt Bischof Franz Hengsbach im Rahmen der römischen Veranstaltungen der Opus-Dei-Priester das Referat „Befreiung durch Christus – wovon und wozu". Es war die erste bekannte Attacke eines für Lateinamerika maßgeblichen europäischen Kirchenführers (Hengsbach war Vorsitzender des deutschen Bischöflichen Hilfswerks Adveniat, das Aufgaben in Lateinamerika dient) gegen eine breite theologische Richtung, die den Begriff „Befreiung" in den Mittelpunkt ihres Nachdenkens stellte.

Um Hintergründe und Zusammenhänge zu verstehen, müssen wir uns zunächst erinnern: die Befreiungstheologie entstand Ende der sechziger, Anfang der siebziger Jahre in Lateinamerika, wo heute schon gut 40 Prozent aller Katholiken auf der Welt leben. Das Massenelend, das dort herrscht, ist ein schrecklicher Gegensatz zum christlichen Gebot der Nächstenliebe, eine schwere Anklage, vor allem auch deshalb, weil die katholische Kirche jahrhundertelang eine Stütze der Reichen war. Das war im Kirchenvolk schon lange erfahren worden, auch von seinen Seelsorgern. Dann kam, für viele überraschend, ein radikaler Neubeginn. Papst Paul VI. hatte 1967 in seiner Enzyklika „Populorum progressio" stärker als je zuvor auf die strukturell verursachte Armut hingewiesen. Die lateinamerikanische Bischofsversammlung hob die Erfahrungen ihres Subkontinents sozusagen auf die kirchenamtliche Ebene und machte daraus eine Verpflichtung für die Kirche. 1968 beschloß sie im kolumbianischen Medellín, der Geist des Zweiten Vatikanischen Konzils solle in den konkreten Verhältnissen von Lateinamerika Gestalt annehmen, das heißt: der Geist einer Kirche, die sich nicht fest und unveränderlich eingerichtet hat, sondern unterwegs ist. Die Eröffnung der Bischofsversammlung hatte ihr ganzes Gewicht durch die Anwesenheit Papst Pauls VI. erhalten. Er hatte zuvor auf dem Eucharistischen Weltkongreß in Bogotá eine aufsehenerregende Ansprache an die Campesinos, die Landarbeiter, gerichtet. „Medellín" wurde nun zum Stichwort des Aufbruchs und der Bekehrung aus ungerechten Strukturen, die dort „institutionalisierte Gewalt" und „Sünde" genannt wurden.

Die Bischofsversammlung sprach auch von der „Befreiung der Armen" als dem „Mittelpunkt" der „Verkündigung des Gottesreiches": „Das Elend in unseren Ländern ist eine Ungerechtigkeit, die zum Himmel schreit. Christus, dem nachzufolgen wir uns verpflichtet haben, liebte die Armen nicht nur mit schönen Worten. Er hat in Armut gelebt und die Befreiung der Armen zum Mittelpunkt seiner Verkündigung des Gottesreiches gemacht. Das Bekenntnis zu Jesus Christus muß die Kirche heute in einer überzeugenden Solidarität mit den Armen beglaubigen. Das aber heißt: Wir wollen uns ihre Probleme und Kämpfe zu eigen machen ... Wir wollen die Rechte der Armen und Unterdrückten verteidigen."

Die Bischofsversammlung programmierte, ausgehend von der Konzilstheologie des Volkes Gottes, einen fundamental neuen Ansatz: nicht die Leiter sind es, welche die Befreiung verwirklichen, sondern sie arbeiten mit dem Volk und helfen ihm, sich selbst zu befreien; von unten her sollten neue kirchliche Strukturen aufgebaut, sollte eine Emanzipation des Volkes herbeigeführt werden: „Wir wollen das Volk ermutigen, sich seine eigenen Basisorganisationen zu schaffen, damit es die fundamentalen Menschenrechte und wahrhaftige Gerechtigkeit durchsetzen kann."

Franz Hengsbachs Referat vor der Priestergesellschaft des Opus Dei ist vor dem Hintergrund der Entwicklung zu sehen, die von der Bischofsversammlung in Medellín angestoßen worden war. Sein Vortrag ließ die Sorge erkennen, daß Christen für die Befreiung arbeiten, aber dabei vergessen könnten, daß „die eigentliche Befreiung des Menschen in seinem Verhältnis zu Gott beginnen muß". Nun kann man der Bischofsversammlung jedoch wirklich nicht zu Recht vorwerfen, sie habe die religiöse Dimension des Menschen und der Befreiung verkürzt.

Um so aufschlußreicher war die gesellschaftspolitische Stoßrichtung, die Hengsbach seinen Überlegungen gab und die er gleich zu Beginn erkennen ließ: er brachte „Befreiung" mit dem „Liberalismus" und dem „Marxismus" in Zusammenhang. Beide Ideologien gebrauchten den Begriff zur „Umschreibung ihrer Ziele". Dann identifizierte er „Befreiung" mit „Emanzipation": „Das Wort, das heute im allgemeinen für Befreiung gebraucht wird, heißt *Emanzipation*. Viele verstehen darunter vor allem die Neubewertung der Stellung der Frau in unserer Zeit." Er fuhr fort: „Vor allem das Geschichtsbild Hegels wurde zur Grundlage eines pointierten Emanzipationsbegriffes, der dann durch Philosophen wie Feuerbach, Marx und Engels auch für den unmittelbar politisch-gesellschaftlichen Raum in Anwendung gebracht wurde."

Auch wenn das Referat in einem akademischen Ton vorgetragen war, war es doch der kirchlichen Wirklichkeit nicht entrückt, sondern hatte einen höchst aktuellen Bezug. Die „entscheidende Frage" lautete für Hengsbach: „Welche Botschaft hat die Kirche der Welt zu bringen, was ist ihr unverwechselbarer Auftrag?" Die Antwort, die er dann selbst gab, begann so: „Ein deutscher Professor für katholische Soziallehre, Wilhelm Weber, hat kürzlich bemerkt – und wie mir scheint, sehr richtig –, daß es auf die Dauer für Theologie und Kirche tödlich sein werde, wenn engagierte Ignoranz mit Prophetie verwechselt würde. Die Richtigkeit dieses Satzes gilt auch für die im Problem der Befreiung implizierten Sachfragen."[3]

Um den „Propheten" der Befreiung möglichst umgehend Einhalt zu gebieten, bot sich das Opus Dei an, das – von Escrivá auf den Kampf gegen Liberalismus und Marxismus eingestimmt – die richtigen Perspektiven im Sinne Hengsbachs hatte. Der Adveniat-Vorsitzende kam zu der Conclusio: „Opus Dei hat Msgr. Josemaría Escrivá de Balaguer seine Gründung genannt, und gerade darum mühen sich er und seine geistlichen Söhne, Weltpriester und Laien aller Berufe, im Dienst an der Welt. – Es gibt heute Theorien und Ideologien, marxistische und liberalistische, die aus Religion und Kultur Alterna-

---

[3] Franz Hengsbach, Befreiung durch Christus – wovon und wozu? Köln 1973, S. 15. Der inzwischen verstorbene Wilhelm Weber war für Hengsbach nicht „ein" Professor, sondern immerhin sein Berater auf dem Zweiten Vatikanischen Konzil; außerdem Geistlicher Beirat des Bundes Katholischer Unternehmer (BKU). Sein Artikel „Dom Hélder Câmara – ein Prophet?", den er im „Rheinischen Merkur" geschrieben hatte (Nr. 35/1972, S. 10), richtete sich gegen den brasilianischen Erzbischof, der damals – die Namen Boff und Gutiérrez waren noch unbekannt – als Hauptzeuge des Aufbruchs von Medellín und der sich bildenden neuen Theologie galt. Er war die treibende Kraft der brasilianischen Bischöfe gewesen, als sie Medellín vorbereiteten, und hatte das Bischofstreffen entscheidend beeinflußt. Wilhelm Weber war nun im „Rheinischen Merkur" der Frage nachgegangen, ob Câmara ein Prophet sei. Nein, war seine Antwort. Vielmehr sei der Erzbischof ein „Statist auf dem sozialistischen Schmierentheater". Weber weiter: „Mit Sozialisten kokettiert man nicht folgenlos. Flugs, ehe man sich dessen versieht, ist man unter ihre ‚nützlichen Idioten' vereinnahmt." Der Theologieprofessor beendete seinen Beitrag in der Hoffnung, daß die neue Kunde aus Lateinamerika sich in Deutschland nicht weiter ausbreite: „Es ist hoch an der Zeit, daß der linke Spuk in unserer Gesellschaft wenigstens in kirchlichen und theologischen Kreisen bald ein unrühmliches Ende finde. Gläubige Christen sollten es nicht länger dulden, daß, von welcher Seite auch immer, ihnen dreist und schamlos als ‚prophetisch' verkauft wird, was, bei Licht besehen, nichts weiter als linkstheologische Turnübungen sind."

tiven machen möchten. Sie werden keine bessere Zukunft und keine wahre Befreiung des Menschen bringen."[4]

Hengsbach hatte am 7. November 1972 gesprochen. Eine Woche später begann in Sucre in Bolivien die XIV. Versammlung des Lateinamerikanischen Bischofsrates (CELAM). Dieses Gremium war bis dahin die prophetische Vorhut der lateinamerikanischen Kirche. Das sollte sich nun radikal ändern. Für diese Versammlung hatten römische Kreise und einige lateinamerikanische Bischöfe die Wiedereroberung des CELAM durch konservative Kräfte geplant. Man hat diesen Vorgang den „Streich von Sucre" genannt. Seit diesem Zeitpunkt bestimmte Alfonso López Trujillo, damals Weihbischof von Bogotá, heute Kardinal und Erzbischof von Medellín in Kolumbien, zunächst als Generalsekretär, ab 1979 als Präsident, entscheidend die Linie des CELAM. Er gilt als Opus-nahe.

Der Opus-Dei-nahe Kölner Adamas-Verlag brachte Hengsbachs Referat gedruckt heraus. Seit dieser Zeit war auch eine Zusammenarbeit zwischen der Bischöflichen Aktion Adveniat und dem Opus Dei erkennbar. Darüber berichtete Bischof Hengsbach 1974, als er aus der Hand des Großkanzlers Josemaría Escrivá de Balaguer die juristische Ehrendoktorwürde der Opus-Dei-Universität im spanischen Pamplona (Universidad de Navarra) erhielt: „Lassen Sie mich als Vorsitzender der deutschen Bischöflichen Aktion ‚Adveniat' noch meiner Genugtuung darüber Ausdruck verleihen, daß in Zusammenarbeit mit der Universität von Navarra eine Anzahl von wichtigen Projekten verwirklicht werden konnte, wie beispielsweise Seminare zur Ausbildung von Journalisten aus lateinamerikanischen Ländern oder die Betreuung von Stipendiaten."[5]

Bischof Hengsbach war mit dem Opus-Gründer persönlich befreundet. Von seiner großen Lateinamerikareise schickte Escrivá ihm herzliche Kartengrüße als Zeichen seiner Freundschaft.[6]

Den lateinamerikanischen Kontinent hat Opus Dei seit den fünfziger Jahren im Visier. Künftige Emissäre wurden in den USA und in Spanien ausgebildet. Als Partner fand das Werk die Harvard-Universität in den USA. Zunächst wurden Opus-Dei-Leute nach Harvard geschickt. Sie brachten dann das Wissen aus den USA nach Spanien.

---

[4] Hengsbach, Befreiung durch Christus, S. 26.
[5] Franz Hengsbach, in: Escrivá de Balaguer/Hengsbach/Lejeune, Wissenschaft und christliches Leben, Drei Beiträge, Köln 1974, S. 27.
[6] Fußnote 3, Kapitel X.

Im Anschluß daran wurde in Barcelona das „Instituto de Estudios Superiores de la Empresa" gegründet. Dieses IESE ist eine Business-School für Führungskräfte, künftige Unternehmer und Manager. Es gewann internationalen Ruf. Knapp zehn Prozent aller Opus-Mitglieder, ein großer Teil davon Lateinamerikaner, sollen durch diese Schule gegangen sein.[7]

Die Business-School von Barcelona ist juristisch eine Einrichtung der spanischen Opus-Dei-Universität. Sie gründete Filialen in Mexiko (1967), Argentinien (1978) und Peru (1979). Opus-nahe Business-Schools gibt es auch auf den Philippinen und in Hongkong.

Zur spanischen Universität gehört auch ein publizistisches Institut, das wirtschaftliche Hilfe von Adveniat erhalten hat[8] und dem das Münchener Universitätsinstitut des Zeitungswissenschaftlers Otto B. Roegele als Vorbild diente. Roegele, Medienberater der Deutschen Bischofskonferenz und Mitherausgeber der von der Bischofskonferenz finanzierten Wochenzeitung „Rheinischen Merkur", ist Ehrendoktor der Opus-Universität.

Ein augenfälliges Beispiel für die Arbeit des Werkes in Lateinamerika ist Chile. Bereits 1966 steckte der Bonner Arzt und spätere Berliner Professor Jorge Cervos Navarro für die Studentische Kulturgemeinschaft (s. S. 169) die Fühler nach Chile aus.

Über die Arbeit des Werkes in Chile liegen zahlreiche Informationen vor, deren Verläßlichkeit sich jedoch nur schwer abschätzen läßt; denn Opus-Stellen haben wiederholt dementiert, daß bestimmte Personen, die als Opus-Mitglieder gelten und anhand deren Verwicklung in die chilenische Politik sich massive Optionen aus dem Opus Dei zugunsten des Militärregimes belegen ließen, überhaupt der Organisation angehören.

1976 berichtete die „Süddeutsche Zeitung" aus Chile, daß einige dem Opus Dei nahestehende Finanziers nach dem Militärputsch mehr und mehr an Einfluß gewonnen hätten: „Die wichtigsten Namen der chilenischen Wirtschaft sind heute eng mit dem Finanzimperium verbunden, das sich die technokratischen Genies des Opus Dei in Spa-

---

[7] Siegfried Sterner, Elite im Geist von Harvard und Opus Dei, in: Frankfurter Allgemeine Zeitung, „Blick durch die Wirtschaft", 22. Januar 1981.

[8] Karl-Heinz Hochwald, „Adveniat"-Förderungsprogramm für katholische Journalisten aus Lateinamerika, in: Communicatio Socialis, München/Paderborn 1973, Heft 6, S. 157ff. Vgl. auch Jürgen Liminski, Journalistenausbildung an der katholischen Universität von Navarra in Pamplona, in: Communicatio Socialis, 1975, Heft 8, S. 153ff.

nien errichtet haben, darunter der chilenische Zuwanderer Fernando Larrain als Hauptaktionär des Banco de Gredos. Seine Finanzgruppe in Chile wird vom Volksspott mit dem Namen des Raubfisches Piraña bedacht. Ideologischer Rat wird Pinochet dabei von dem an irdischen Gütern nicht sonderlich interessierten, aber von politisch-religiösem Missonsgeist erfüllten Jaime Guzman erteilt, dessen Antimarxismus die Form eines göttlichen Sendungsbewußtseins angenommen hat."[9] Guzman ist öfters als Opus-Mann bezeichnet worden. Das Werk hat dementiert.[10]

Etwa zur gleichen Zeit befaßte sich die Wochenzeitung „Die Zeit" mit einer Chile-Reise des CSU-Vorsitzenden Franz Josef Strauß und mit der „Neuen Demokratie", die „Pinochet und seine Berater vom Opus Dei dem Land aufzwingen möchten".[11] Und die „Süddeutsche Zeitung" schrieb, daß Finanzgruppen, die „das integralistische Weltbild des spanischen Opus Dei in Chile verwirklichen" wollten, die „einzigen ‚Kreise' " seien, die „Einfluß auf das Denken" Pinochets hätten.[12]

Höchst merkwürdig war das Ergebnis einer Reise nach Südamerika, von der Paul Hoffacker, der ehemalige Geschäftsführer der Aktion Adveniat und heutige CDU-Bundestagsabgeordnete, sowie José Gabriel de la Rica, Adveniat-Referent, im August 1977 zurückkehrten. Hoffacker hatte 1971 mit zehn weiteren Personen, unter denen mindestens acht Opus-Mitglieder waren, die „Fördergemeinschaft für Schulen in freier Trägerschaft" gegründet (s. S. 174). Zu den Gründungsmitgliedern gehörte auch Werner Schmidt, der in den siebziger Jahren ebenfalls bei Adveniat wirkte und heute – wie de la Rica, der weiterhin bei Adveniat tätig ist – u. a. der Rhein-Donau-Stiftung angehört.

Nach der Rückkehr aus Chile berichtete Hoffacker vor der Presse in Essen, die Kirche in Chile habe sich „auf ihren kirchlichen Auftrag besonnen und gelernt, sich nicht dauernd in Reibereien" mit dem Staat zu begeben. So komme es, daß der Religionsunterricht noch nie so gut gewesen sei wie unter der Junta, die Unterstützung der kirchli-

[9] Manfred von Conta, Des Diktators allmächtige Helfer, in: Süddeutsche Zeitung, München, Nr. 232, 6. Oktober 1976, S. 3.

[10] Hans Staufer, Dunkle Belege aus dem Osten: Die Opus-Dei-Hetze und ihre Quellen, in: Die Welt, Bonn, Nr. 293, 14. Dezember 1984, S. 9.

[11] Tilman Evers, Was Strauß in Chile lobte, in: Die Zeit, Nr. 51, 9. Dezember 1977, S. 11.

[12] Manfred von Conta, Totenschein für die Parteien, in: Süddeutsche Zeitung, München, Nr. 212, 13. September 1976, S. 3.

chen Schulen sei vorbildlich. Einige seiner Gesprächspartner hätten ihm zudem über die Geheimpolizei DINA berichtet, daß deren Tätigkeit nachgelassen habe. Über Untergrundkräfte, die weiterhin für den Marxismus kämpfen, gebe es keine soliden Informationen. Aber er habe auch die Meinung gehört: „Wenn jemand in einer Untergrundbewegung mitarbeitet, darf er sich nicht wundern, daß er gefoltert und geschlagen wird."[13]

1977 machte das „Memorandum westdeutscher Theologen zur Kampagne gegen die Theologie der Befreiung" in einem Halbsatz auch auf die Zusammenarbeit zwischen Adveniat und Opus Dei aufmerksam.[14] Seit Ende der siebziger Jahre, so heißt es zuverlässig, hat man bei Adveniat aus der Kritik des Memorandums Konsequenzen gezogen – zumal Hoffacker das Bischöfliche Hilfswerk bald darauf verließ. Adveniat-Referent de la Rica führt seine Attacken gegen die Befreiungstheologie allerdings weiter.[15]

Ein weiterer Schwerpunkt der Opus-Arbeit in Lateinamerika ist Mexiko, wo Mitglieder und Sympathisanten des Opus Dei die „Universidad Panamericana" gegründet haben. Zu ihr gehört das genannte IESE-Institut, das „Instituto Panamericano de Alta Direccion de Empresas (IPADE)". Es bildet Führungskräfte für die Wirtschaft in Mexiko und in den umliegenden Ländern aus.

Als die Universität 1986 dem Opus-nahen Kardinal Joseph Höffner die Ehrendoktorwürde verlieh, sprach er auch vor dem IPADE. Dabei attackierte er die „marxistische Klassenkampftheorie" und lobte die Unternehmer: es gehe darum, die Ablehnung dieses „Berufs" in der öffentlichen Meinung zu überwinden.[16]

Inzwischen hat das Werk einen Schwerpunkt in Peru aufgebaut. In Piura, im Norden des Landes, hatte es bereits 1968 eine Privatuniversität gegründet (Universidad de Piura). Dort werden Studenten aus dem Andenpakt konzentriert. (Eine weitere Privatuniversität, die Universidad La Sabana, befindet sich in Kolumbien.)

---

[13] Nach der Reise neue Ideen für Adveniat, in: Neue Ruhr-Zeitung, Essen, Nr. 176, 2. August 1977, 3. Lokalseite; Katholische Nachrichtenagentur, „Kirche genießt in Chile und Brasilien hohes Ansehen", Bonn, Nr. 176, 2. August 1977, Inland, KNA-12 VIII/77 Voraus.

[14] Katholische Nachrichtenagentur, Bonn, 24. November 1977, Dokumentation Nr. 52.

[15] Vgl. Tagung zur Befreiungstheologie, in: Blickpunkt Schweidt, hrsg. vom Studentenheim Schweidt Köln, Dezember 1986.

[16] Pioniergewinn oder Das Bild vom christlichen Unternehmer, in: Die Welt, Bonn, Nr. 289, 12. Dezember 1986, S. 10.

1984 berichtete die Zeitschrift „Publik-Forum",[17] das Opus Dei habe in Peru „eine Offensive gegen die Basis-Kirche" gestartet. Rund ein Viertel der peruanischen Bischöfe habe gegen die Eröffnung eines Priesterseminars in der Diözese Cajamarca gestimmt mit der Begründung, „dort würden ohnehin nur die Irrlehren der Theologie der Befreiung gelehrt". Fünf der 46 Diözesen in Peru folgten offen der Linie des Opus Dei.

Fest steht, daß vier Bischöfe dem Opus Dei angehören: die Diözesanbischöfe Ignacio María de Orbegozo y Goicoechea von Chiclayo, Enrique Pelach y Feliu von Abancay und Luis Sánchez-M. Lira von Yauyos sowie Juan Luis Cipriani Thorne, Weihbischof von Ayacucho, der vorher Leiter des Opus Dei in Peru war.[18]

Bei einem Besuch in Bonn gab der Opus-Oberhirt Pelach y Feliu ein Zeitungsinterview, in dem er der Befreiungstheologie unterstellte, sie strebe ein politisches Mandat an: „Die Befreiungstheologie, wie sie einigen Theologen, wie z. B. Gustavo Gutiérrez, praktizieren wollen, findet nicht meine Zustimmung. Zur Aufgabe der Kirche gehört nicht das politische Mandat. Das ist allein Aufgabe der politischen Gruppierungen."[19]

Der relativ hohe Anteil der Opus-Bischöfe in Peru ist schon deshalb verwunderlich, weil sich Opus Dei nicht als ein Orden, sondern als laikale Gemeinschaft versteht, die in Lateinamerika vermutlich nicht einmal 500 Priester hat. Die Zunahme hängt nicht zuletzt mit der vatikanischen Politik der Besetzung freiwerdender Bischofsstühle zusammen. Sie hat nun auch Brasilien erreicht, wo die Befreiungstheologie stark und das Opus Dei bisher schwach war. Seit April 1990 reicht der Arm des Werkes auch in die brasilianische Bischofskonferenz: mit Rafael Llano Cifuentes, einem gebürtigen Mexikaner, wurde ein Opus-Priester zum neuen Weihbischof in Rio de Janeiro ernannt.

Auf die römische Besetzungspolitik übte zunächst ein Freund Escrivás, nämlich Kurienkardinal Sebastiano Baggio, Einfluß aus: als Präfekt der römischen Bischofskongregation und als Präsident der Päpstlichen Kommission für Lateinamerika (CAL), des Filters für

---

[17] Zwischen den Mühlsteinen, in: Publik-Forum, Frankfurt, Nr. 7, 30. März 1984, S. 12f.

[18] Opus-Dei-Priester zu Weihbischof in Peru ernannt, in: Katholische Nachrichtenagentur, Bonn, Nr. 131, Ausland, 8. Juni 1988 (KNA-110/VI/88).

[19] Die Spenden aus Godesberg helfen uns sehr im Kampf gegen das Elend, in: Generalanzeiger, Bonn, Nr. 27272, 22. September 1979, S. 10.

Beschlüsse der vatikanischen Kurie, soweit sie Lateinamerika betreffen. Seit 1984 ist er Präsident der Verwaltung des Vatikanstaates.

In einem Artikel, der „besonders dankbar" in Opus-Kreisen aufgenommen wurde, lobte Baggio den „christlichen Materialismus" Escrivás: „Mit diesem gleichzeitig originalen und orthodoxen Programm christlichen Bekennens und christlicher Heiligkeit neutralisierte Msgr. Escrivá de Balaguer im vorhinein die verschiedenen reduktiven Theologien der innerweltlichen Wirklichkeiten, die im Zuge der Säkularisierungswelle wie Parasiten um den üppigen Baum der Gaudium et spes emporgeschossen sind."[20]

Die Vorstellung, wonach insbesondere die Befreiungstheologie eine „reduktive Theologie" sei, umkreist das Opus Dei weltweit. Zum Beispiel zählt Bernardo Villegas vom philippinischen CRC-Institut „die Befreiungstheologie" neben Sozialismus und Kapitalismus zu den „Ideologien", deren ökonomische Lösungsversuche durch „die Soziallehre der Katholischen Kirche" zurückgewiesen worden seien.[21]

Als eine Lösungsmöglichkeit erscheint unterdessen dem philippinischen Kardinal Sin, der das CRC schätzt, weil es „der Regierung durch seine Analyse und Berechnung finanzieller Probleme sehr hilft",[22] Escrivás „christlicher Materialismus", von dem er wie Baggio höchst angetan ist: „ ‚Christlicher Materialismus' nannte der Gründer eine Einstellung, durch die der Geist des Opus Dei auf providentielle Weise alle rechtschaffenen Lebensbereiche beeinflußt hat. Ich bewundere die Menschen von so unterschiedlichem Herkommen, die diesem Geist getreu leben und sich dementsprechend nicht scheuen, materielle Hilfsmittel einzusetzen, die Geld kosten . . . Wie mir Mitglieder des Opus Dei in meiner Erzdiözese häufig erzählten, lehrte sie Escrivá, daß alle Menschen berufen sind, heilig zu werden; dazu muß man sich ernsthaft bemühen, alle christlichen Tugenden zu leben, wenn nötig in heroischem Maße. Die Finanzlage unseres Landes bietet da reichlich Gelegenheit."[23]

Als der Kardinal 1988 auf Einladung des Opus Dei in die Bundesrepublik Deutschland und nach Österreich kam, meinte er in der Wochenzeitung „Rheinischer Merkur": die „wirkliche Theologie der

---

[20] Fußnote 2, Kapitel X.
[21] Opus Dei, Exploding a Myth, S. 141.
[22] Ebd. S. 146.
[23] Jaime Sin, Den Glauben durch Taten verkünden, in: Konradsblatt, Karlsruhe, Nr. 32, 11. August 1985, S. 8.

Befreiung besteht ja gerade darin, daß man sich befreien muß von Arroganz, von Selbstsucht, von Stolz und so weiter". In diesem Sinne sehe auch er sich als Befreiungstheologe, erläuterte er und forderte eine „Theologie der Befreiung, die einen Reinigungsprozeß hinter sich hat". Er wünscht, daß sich die Befreiungstheologie von ihrem „strukturellen Ansatzpunkt" befreie; denn die strukturelle Analyse fördere die Gewalt, führte er aus und beschimpfte, „was weithin unter Theologie der Befreiung verstanden wird": „Wenn man nicht die Beseitigung von Selbstsucht, Arroganz und Stolz, sondern eine Strukturanalyse zum Ansatzpunkt für Befreiung macht, fördert man geradezu Blutvergießen." Und: „eine solche Befreiungstheologie ist falsch, weil sie in erster Linie auf Haß gründet".[24]

Der Vorwurf der Gewalt trifft zwar auf das, was weithin unter Befreiungstheologie verstanden wird, nicht zu, aber er bringt sie in Verruf – wie es auch durch das Etikett „kommunistisch" geschieht, das man ihr aufzudrücken sucht. Mitglieder und Freunde des Opus Dei kämpfen – von Escrivá programmiert – gegen den „roten Fleck" des Kommunismus.[25] Kein Wunder, daß sie mit kommunistischen Regierungen nicht zusammenarbeiten können, ihr Konzept ist ja antikommunistisch; gerade deshalb läßt es sich in sogenannten christlichen oder katholischen Ländern am besten verwirklichen. Jahrelang versuchte das Opus Dei zum Beispiel vergebens, in Polen Fuß zu fassen. Aber erst nachdem eine Regierung unter bürgerlicher Führung gebildet worden war, konnte die römische Zentrale Emissäre aussenden, um das Opus Dei in Polen offiziell zu errichten.

Im lateinamerikanischen Zusammenhang ist erwähnenswert, daß das deutsche Opus Dei im Prozeß[26] gegen das WDR-Magazin „Monitor" eine Aussage zurückzog, die der WDR zunächst wie weitere widerrufen bzw. nicht mehr verbreiten sollte. Die Aussage, auf deren Verurteilung das Opus Dei jetzt aber nicht mehr besteht, lautet: „Es ist sicher, daß Opus Dei Interesse daran hat, um den Kommunismus zu bekämpfen, gewisse Befreiungsbewegungen selbst mit Waffen zu unterstützen." Die Prälatur begründete den Rückzug damit, daß die Berufung darauf, es handele sich bei dieser Aussage um eine Meinungsäußerung, Aussicht auf Erfolg gehabt habe.[27] Doch das ist nicht

---

[24] Gespräch mit Kardinal Sin, Deutsche Hilfe zum Umsturz, in: Rheinischer Merkur, Bonn, Nr. 4, 22. Januar 1988, S. 22.
[25] Vgl. Berglar, S. 215f.   [26] Fußnote 30, V. Kapitel.
[27] Betr.: Monitor muß widerrufen, Informationsbüro der Prälatur Opus Dei in Deutschland, 8. Dezember 1988.

schlüssig; das Begehren, eine weitere Aussage „Monitors", bei der es sich offenkundig auch um eine Meinungsäußerung handelt, ebenfalls zu verurteilen, zog das Opus Dei nämlich nicht zurück: „Es erscheint eindeutig, daß Mitglieder von Opus Dei sogar in Waffengeschäfte verstrickt sind." Diese Aussage mußte „Monitor" widerrufen.

Nie ist bekannt geworden, daß im Buche der lateinamerikanischen Märtyrer auch ein Mitglied des Opus Dei stehe; und nie hat man gehört, daß ein lateinamerikanischer Diktator auch das Opus Dei getadelt habe.

Hier kommt die kirchenpolitische Seite des Konflikts zum Vorschein. Die lateinamerikanischen Basisgemeinden, die – im Zusammenhang der Befreiungstheologie – über das Evangelium und die Gesellschaft nachdenken, kommen auch zu der Forderung nach einer neuen, gerechten Gesellschaft. Und damit wurden sie in lateinamerikanischen Militärdiktaturen zu unerwünschten Volksorganisationen, zu Triebfedern der Veränderung. Gleichzeitig schwächten sie die herrschenden Generäle, die behaupteten, dem Kommunismus zu wehren. Die Traditionalisten sagten dann, die Kirche des Volkes leiste dem Radikalismus, der Revolution und damit dem Kommunismus Vorschub.

Im Grunde stehen hier zwei seelsorgliche Konzeptionen gegeneinander. Das traditionelle Konzept baut sich „von oben nach unten" herab auf, das neue dagegen geht von der Mitte, vom Volk, aus. Im traditionellen Konzept arbeitet die Kirchenspitze mit den politischen Machthabern zusammen, trägt zur Ruhe und Ordnung bei und erhält zur Belohnung einen gewissen Freiheitsraum.

Diese Kooperation macht unter Umständen notwendig, daß die Kirche zu politischen Untaten schweigt. Im neuen Konzept der Befreiungstheologen sieht die Kirche auf die Unterdrückungen und das Leid, denen das Volk ausgesetzt ist; sie ist ja das Volk. Das hat Konsequenzen für das Verhältnis der Kirche zu den Mächtigen in Staat und Wirtschaft, gegen die sie dann, auf der Seite der Armen und Rechtlosen stehend, notfalls auch auf Konfrontationskurs geht.

Die Forderung der Gegenseite heißt, die Kirche solle sich aus der Politik heraushalten. Vor allem die Priester sollten sich auf die Seelsorge beschränken, wird gefordert. Nun ist es aber keineswegs so, daß sich die Priesterschaft im traditionellen Konzept aus der Politik heraushält. Die Kirche pflegte und pflegt durchaus auch politisch zu agieren. Nur: sie setzte dabei auf die Mächtigen – auf Tyrannen und Monarchen ebenso wie neuerdings auf Demokraten.

Die Frage jedoch, ob die Kirche sich so weit mit den jeweiligen Machthabern arrangieren darf, daß sie möglicherweise an politischen Verbrechen mitschuldig wird, ist in der europäisch geprägten Kirchengeschichte meist recht pragmatisch ausgeklammert worden. In der Befreiungstheologie dagegen, die eine neue Theologie aus der Dritten Welt ist, wird diese moralische Frage eindringlich gestellt. Denn sie ist zur Lebensfrage der Kirche in Lateinamerika geworden.

Letztlich geht es um ein neues Kirchenmodell. Darauf wies der brasilianische Bischof Antônio Batista Fragoso hin. Er hob hervor: die Kirche des Volkes, die der katholischen Kirche in Lateinamerika ein neues Gesicht gegeben habe, mache dem Vatikan angst. Rom befürchte Anarchie.[28]

Auch Leonardo Boff hat darauf aufmerksam gemacht, daß der Kern des Konfliktes um die Befreiungstheologie nicht etwa eine Auseinandersetzung um den Marxismus, sondern das Ringen um ein verändertes Kirchenmodell sei: „Uns geht es darum, daß wir das Recht verlangen, ein neues Gesicht des Katholizismus zu schaffen. Wie Europa mit dem Beitrag der jüdischen, römischen und germanischen Tradition den römischen Katholizismus geschaffen hat, so können wir mit den großen kulturellen Traditionen der Inkas, der Mayas, der Quechuas, der Afrikaner – man sollte nicht vergessen, daß Brasilien die zweitgrößte Afrikaner-Nation der Welt ist – und der neuen eingewanderten Völker ein neues Gesicht des Katholizismus hervorbringen. Rom hat Angst, daß unser Katholizismus nicht mehr römisch sein wird."[29]

Da erschrecken römische Monsignori wie einst ihre Vorfahren vor den „Horden der Barbaren": „Hannibal ad portas – Hannibal vor den Toren!" Heute heißt der Schreckensruf: „Das Volk vor den Toren!"

Und sie haben Abwehrmaßnahmen ergriffen. Dabei ist ihnen das Opus Dei als quasimilitärisch geführtes Corps zu Diensten. Im „Camino" sagte Escrivá den Seinen: „Katholisch, apostolisch, römisch. Und daß du den Wunsch hast, eine Romfahrt zu machen, ‚videre Petrum‘, um Petrus zu sehen."[30] Und das Testament, das ein junger deutscher Numerarier entsprechend der ihm überreichten

[28] Vatikan will autoritäres Kirchenmodell restaurieren, in: Katholische Nachrichtenagentur, Bonn, 232/IX/89 vom 14. 9. 1989.
[29] Leonardo Boff, in: „Unser Vater heißt nicht Marx", Sendung des Norddeutschen Rundfunks vom 2. Dezember 1985, Autor: Peter Hertel.
[30] S 7 (Eine Anfrage, die auf Antwort wartet), Fußnote 1, Nr. 520.

Vorlage handschriftlich angefertigt hat, beginnt so: „Ich erkläre, daß ich alles glaube und bekenne, was die heilige, römische, katholische und apostolische Kirche lehrt, und unterstelle die Handlungen meines Lebens unter ihre Autorität." Es ist lupenreiner Integralismus, „alle Handlungen" des Lebens der kirchlichen Autorität zu unterstellen und den Glauben an die „eine" Kirche des Glaubensbekenntnisses durch den Glauben an die „römische" Teilkirche zu ersetzen.

Die Furcht vor Anarchie bringt den Vorwurf hervor, die Befreiungstheologie wolle die hierarchische Kirchenstruktur durch eine basisdemokratische ersetzen. Doch eine solche Gefahr besteht nicht. Auch für die Kirche des Volkes gilt weiterhin die hierarchische Verfassung. Nur: das Volk ist nicht – wie im Dualismus der Integralisten – von der Leitung, „denen da oben", getrennt. Auch Fragoso hat dargelegt, es handele sich um eine Kirche, in welcher die Hierarchie nicht abgeschafft ist. Aber der Bischof ist als Bruder unter Brüdern und Schwestern verwurzelt. Indes wolle der Vatikan ein „eher zentralistisches, klerikales und autoritäres" Kirchenmodell restaurieren.

Auch hierbei dient das Opus Dei als Stütze. Seine innere Struktur ist klerikal, wie im nächsten Kapitel der Blick in seine Statuten zeigt.

XV
Männlich und unsterblich

Was Jesus für das Himmelreich sagt, gilt nach Josemaría Escrivá auch für das Opus Dei: bei seiner Entstehung war es wie ein Senfkorn, jetzt gleicht es einem Baum, dessen Geäst sich über die ganze Welt breitet. Und nach „Crónica" thront der Geist des Opus Dei über allen menschlichen Unterschieden. Er übersteige alle geographischen, geschichtlichen, sozialen und kulturellen Grenzen, auch die evolutionären Entwicklungen, die sich durch die Jahrhunderte hindurch vollziehen. Escrivá war nicht nur von der göttlichen Gründung des Werkes überzeugt, sondern er schrieb sogar: „Der Herr will keinen vorübergehenden Charakter für sein Werk. Er fordert von uns einen unsterblichen Charakter."[1]

Papst Johannes Paul II. hat diese Forderung des Werkes verwirklicht, indem er es zur Personalprälatur erhob. „Es ist daran zu erinnern", schreibt Peter Berglar, „daß eine Personalprälatur keine Konfiguration des innerkirchlichen Verbandswesens ist, auch kein zweckgerichteter Klerikerverband, sondern vollgültiger Bestandteil des hierarchischen Aufbaus der römisch-katholischen Kirche."[2] Das muß näher erklärt werden.

Die hierarchische Gesamtkirche besteht aus Teilkirchen. Jede Teilkirche – ob Pfarrgemeinde oder Diözese – macht die Gesamtkirche gegenwärtig. Man beschreibt diese hierarchische Struktur, die Grundstruktur der Kirchenverfassung, mit dem Begriff „Communio" (Gemeinschaft). Nach kirchlicher Lehre ist sie im göttlichen Gesetz vorgegeben.

Davon zu unterscheiden ist die Consociatio-Struktur, die kirchliche Vereinsstruktur. Sie setzt die Communio-Struktur voraus. Der Consociatio-Struktur liegt kein göttlicher Wille, sondern ein menschlicher, freier Vereinigungswille zugrunde, der immer von einem

---

[1] Crónica, 8/1968.

[2] Peter Berglar in der (Opus-nahen) Reihe „Themen aktuell", Das Opus Dei als Personalprälatur, Korschenbroich, März 1989, Nr. 14, S. 18. Vgl. auch in derselben Reihe: Amadeo de Fuenmayor, Primatsgewalt und Personalprälaturen, Oktober 1984, Nr. 13.

besonderen Zweck getragen wird und im Einzelfall widerrufen werden kann.

Das Opus Dei hat schon immer die Meinung vertreten, daß es im göttlichen Willen vorgegeben sei. Insofern sei es schon dagewesen, ehe es überhaupt bestand. Nach offizieller Meinung des Opus Dei hat sich der Wille Gottes dem Gründer Escrivá „von den Anfangsgründen des Opus Dei an offenbart".

Als Personalprälatur, die eine Ersatzform für die angestrebte, aber nicht erhaltene Personal*diözese* ist, ist das Opus Dei keine Teilkirche, sondern eine Einrichtung hierarchischer Natur, die weltumspannend ist. Damit ist es einerseits den Diözesen praktisch gleichgeordnet. Andererseits ist es umfassender als die territoriale Diözese. Mit einer weltweit einheitlichen Doktrin, quasimilitärisch formiert, stellt es sich in den Dienst der territorialen Diözesen, die das wünschen. Und es ist bisher nicht bekannt geworden, daß auch nur ein Diözesanbischof es abgelehnt hätte, die vom Papst genehmigte Personalprälatur in seiner Diözese zu errichten, wenn sie darum ersucht hat.

Nur Insider und Fachleute dürften überhaupt absehen können, was sich hier kirchenrechtlich ereignet hat. Das Opus Dei ist sozusagen eine Kirche oberhalb der Teilkirchen geworden, von denen es sich aber auch in einem zentralen Gesichtspunkt unterscheidet: in den unterschiedlichen Diözesen wie in der Gesamtkirche herrscht ein gewisser Pluralismus aus unterschiedlichen Spiritualitäten; das Opus Dei dagegen ist auf *eine* Spiritualität festgelegt. Und: Die meisten Mitglieder des Opus Dei sind gleichzeitig Mitglieder der Diözesen, in denen sie leben. Sie wirken im Geist des Opus Dei und seiner zentralen Direktiven, die ihnen durch ihre Leiter vermittelt werden, bleiben dabei aber unerkannt.

Es gibt mehrere katholische Organisationen, die auf dem Feld des Integralismus angesiedelt sind. Die bekanntesten sind die Priesterbruderschaft des exkommunizierten französischen Erzbischofs Marcel Lefebvre und die Gemeinschaft „Communione e Liberazione" des italienischen Priesters Luigi Giussani, die über den „Movimento Popolare" großen Einfluß auf die „Democrazia Cristiana" hat und eine „integrale" christliche Kultur anstrebt. Manchmal hört man: das Opus Dei sei auch nur eine Vereinigung unter vielen, man solle seine Bedeutung nicht überschätzen; „Communione e Liberazione" habe beispielsweise mehr Mitglieder als das Opus Dei. Abgesehen davon, daß die politische und finanzielle Macht von „Communione e Liberazione" wohl längst nicht an die des Opus Dei heranreicht, übersieht diese Argumentation die unvergleichliche juristische Basis des Opus Dei. Das Lehramt vermittelt sich in der katholischen Kirche nicht zuletzt über Rechtsstrukturen, über die auch verheißungsvolle Aufbrüche unterdrückt und gar erstickt werden können. Der Jurist Escrivá hat das genau gewußt.

Vor diesem Hintergrund ist es nicht verwunderlich, daß das Opus Dei, das nach eigenem Bekunden über eine „laikale Spiritualität" verfügt, eine streng hierarchische Verfassung hat. Die Priester haben die entscheidende Rolle. Die Statuten[3] legen fest, daß die Unterweisung des Opus-Volkes ureigene Sache der Priester ist.

Die künftigen Mitglieder treten als Laien in die strikt voneinander getrennten Abteilungen der Männer und Frauen ein: bei den ehelosen Numerarier(inne)n. oder den ehelosen Assoziierten oder den Supernumerarier(inne)n.

Numerarier – vom spanischen Begriff „miembro numerario (eingeschriebenes, ordentliches Mitglied)" – sind Vollakademiker oder sollen es nach der Zulassung zumindest werden, und sie sollen einen akademischen Titel besitzen: sie sollen als Intellektuelle erkennbar sein. Nach dem Selbstverständnis des Opus Dei repräsentieren sie in ihrer Person die Einheit von Glauben und Wissen. Sie bleiben unverheiratet. Ähnlich den Mönchen verpflichten sie sich zu Armut, Keuschheit und Gehorsam, legen allerdings keine Gelübde ab, sondern gehen entsprechende vertragliche Bindungen gegenüber dem Prälaten bzw. der Prälatur ein. Sie wohnen – streng in ihrer jeweiligen Abteilung – meist in Gruppen zusammen, gewöhnlich in den Opus-Zentren, wo sie „ein Familienleben wie eine normale christliche Familie"[4] führen. In der Regel leben sie in Gemeinschaftsräumen. Die einen, die für höhere Leitungsaufgaben qualifiziert sind, befassen sich mit der Ausbildung der übrigen Mitglieder und der Leitung Opus-naher Institutionen. Die meisten gehen weltlichen Berufen nach. Ihr Anteil wird auf gut 20 Prozent geschätzt.

Unterschiede gibt es zwischen Männern und Frauen: in der Frauenabteilung werden auch „Numerarierinnen-Hilfskräfte" zuge-

---

[3] S. Fußnote 7, Kap. I. Auch das Schaubild auf der gegenüberliegenden Seite habe ich auf der Grundlage der Statuten entwickelt.

[4] Le Tourneau, S. 144. Nach den Konstitutionen (§ 197) ist das Opus Dei eine „Familie ohne die Unannehmlichkeiten der körperlichen Zuneigung". Die Schätzungen hinsichtlich der Mitgliedergruppen stütze ich auf Angaben Ehemaliger. Den übrigen Informationen liegen die Statuten zugrunde.

Leitungsstruktur des Opus Dei

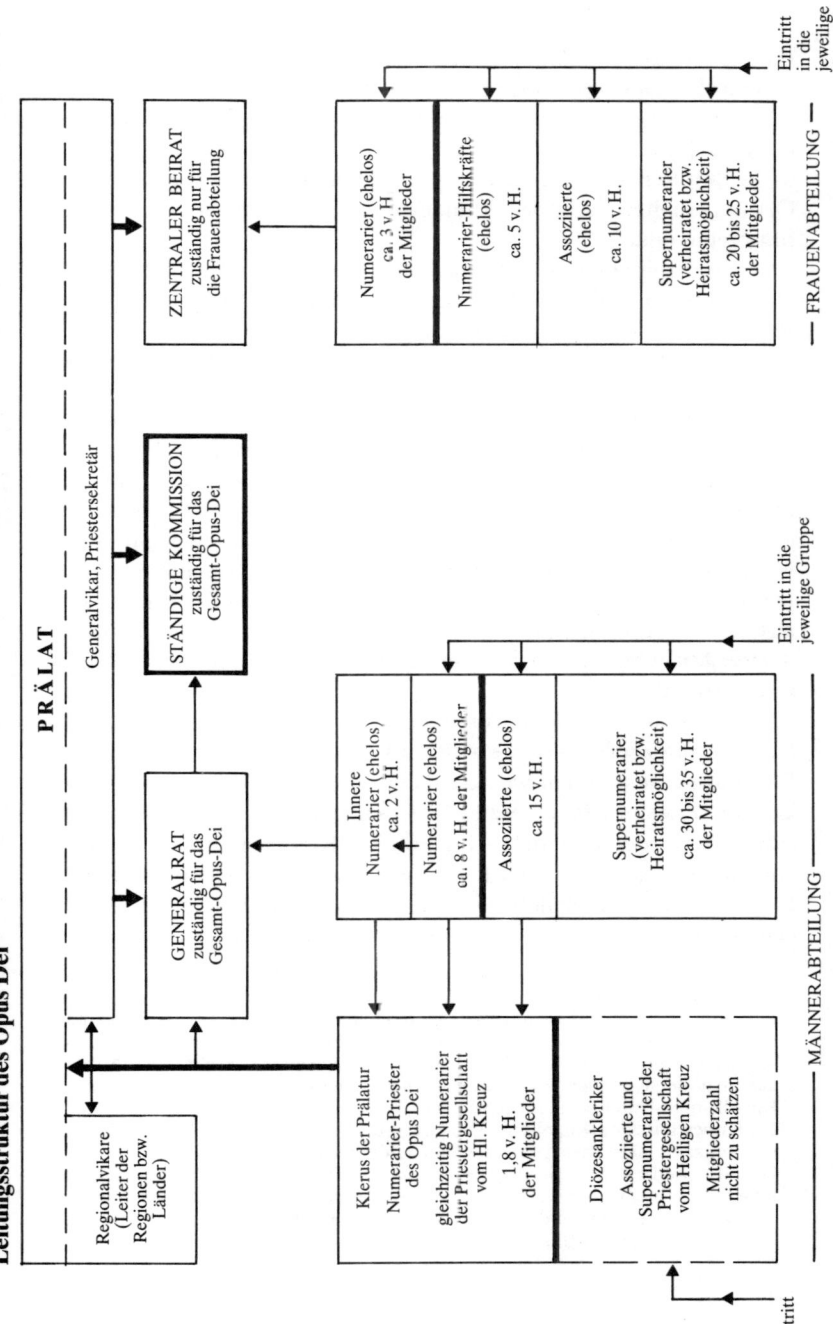

Die ca.-Prozentzahlen sind Schätzwerte.

PRÄLAT

Generalvikar, Priestersekretär

Regionalvikare (Leiter der Regionen bzw. Länder)

GENERALRAT zuständig für das Gesamt-Opus-Dei

STÄNDIGE KOMMISSION zuständig für das Gesamt-Opus-Dei

ZENTRALER BEIRAT zuständig nur für die Frauenabteilung

— FRAUENABTEILUNG —

Numerarier (ehelos) ca. 3 v. H der Mitglieder

Numerarier-Hilfskräfte (ehelos) ca. 5 v. H.

Assoziierte (ehelos) ca. 10 v. H.

Supernumerarier (verheiratet bzw. Heiratsmöglichkeit) ca. 20 bis 25 v. H. der Mitglieder

Eintritt in die jeweilige Gruppe

— MÄNNERABTEILUNG —

Innere Numerarier (ehelos) ca. 2 v. H.

Numerarier (ehelos) ca. 8 v. H. der Mitglieder

Assoziierte (ehelos) ca. 15 v. H.

Supernumerarier (verheiratet bzw. Heiratsmöglichkeit) ca. 30 bis 35 v. H. der Mitglieder

Eintritt in die jeweilige Gruppe

Klerus der Prälatur Numerarier-Priester des Opus Dei gleichzeitig Numerarier der Priestergesellschaft vom Hl. Kreuz 1,8 v. H. der Mitglieder

Diözesankleriker Assoziierte und Supernumerarier der Priestergesellschaft vom Heiligen Kreuz Mitgliederzahl nicht zu schätzen

Eintritt

lassen, die keinen akademischen Abschluß haben müssen. Sie widmen ihr Leben vornehmlich den manuellen Arbeiten oder häuslichen Pflichten. Insgesamt obliegt den Numerarier-Frauen die Besorgung des Hauswesens in den Zentren der Prälatur.[5] Sie haben sich, so legen es die Statuten fest, an einem von den Männern streng abgesonderten Ort aufzuhalten. Von den Männern werden sie meist „die Verwaltung" genannt.

Im apostolischen Zölibat leben auch die Assoziierten, die aber aus allen Berufen und Schichten kommen können. Sie wohnen in der Regel nicht in den Zentren des Opus Dei, sondern gewöhnlich allein oder bei Verwandten und Freunden. Gleichwohl nehmen sie alle geistlichen Verpflichtungen und Aufgaben der Numerarier auf sich und sind gehalten, sich derselben aszetischen Mittel wie die Numerarier zu bedienen. Ihr Anteil soll etwa 25 Prozent betragen.

Die dritte Mitgliedsgruppe bilden die Supernumerarier – vom spanischen Begriff „miembro supernumerario (außerplanmäßiges, beigezähltes Mitglied)". So werden im Opus Dei alle Laien genannt, die verheiratet sind oder heiraten dürfen. Die Männer beachten, abgesehen vom Zölibat, dieselben Normen wie die Numerarier und Assoziierten. Für Supernumerarier, deren Anteil gut 50 Prozent betragen dürfte, gibt es eigene Ausbildungszentren – ebenfalls nach Geschlechtern getrennt.

Wenn man als zölibatärer männlicher Laie – Numerarier oder (selten) Assoziierter – einige Zeit zur Prälatur zählt, kann man für das Priesteramt ausersehen werden. Dann wird man Numerarier-Kleriker der „Priesterlichen Gesellschaft vom Heiligen Kreuz" und gehört zum „Klerus der Prälatur". Der Prälatur-Klerus steht dem Prälaten voll zur Verfügung und wird von ihm in seine Aufgaben eingesetzt. Die Laien dagegen schließen sich der Prälatur nur im Hinblick auf die geistlichen Ziele an; dasselbe tun auch diejenigen Diözesanpriester,

---

[5] Auf einen weiteren, praktischen Unterschied zwischen Männern und Frauen macht die ehemalige Leiterin María del Carmen Tapia aufmerksam: „Wir lernten, ohne Matratze in einem Holzbett zu schlafen, statt der Matratze hatten wir eine Decke. Die Männer schliefen in richtigen Betten. Man sagte uns, die Frauen seien sinnlicher als die Männer." Peter Hebblethwaite schränkt diese Aussage auf die höherstehenden Numerarierinnen ein: sie trügen weiß, hätten ihre eigene Kapelle und schliefen in Holzbetten. (In der römischen Zentrale gibt es mehr als ein halbes Dutzend Kapellen.) Die gewöhnlichen Frauen dagegen, die kochen und putzen, seien blau gekleidet und schliefen in gewöhnlichen Betten. Der Grund: „Ladies" hätten, wenn sie in kuscheligen Betten schliefen, sexuelle Phantasien, meine man im Opus Dei. Dagegen sänken die Hilfskräfte erschöpft und ohne Versuchung in den Schlaf (National Catholic Reporter, S. 9 und 10; s. Fußnote 12, Kapitel VIII).

die sich – entsprechend ihrem Grad der Verpflichtung – als Assoziier-ten-Priester oder Supernumerarier-Priester an das Opus Dei binden. Mit den Numerarier-Priestern des Prälatur-Klerus bilden sie die „Priesterliche Gesellschaft vom Heiligen Kreuz", die dem Werk untrennbar verbunden ist. Generaloberer ist der Prälat des Opus Dei.

Diese Diözesanpriester unterstehen weiterhin ihrem Diözesan-bischof, wollen sich jedoch dem „Herrn nach dem Geiste des Opus Dei mit zusätzlicher Berufung weihen". Auch sie müssen wie jedes Mitglied des Opus Dei ihre Zulassung beim Prälaten durch einen eingeschriebenen Brief beantragen und sich einer speziellen Opus-Ausbildung – ähnlich den Assoziierten- und Supernumerarier-Laien – unterziehen.

Allen Gläubigen der Prälatur ist aufgegeben: morgens und abends jeweils eine halbe Stunde stilles Gebet; außerdem täglich eine „gewisse Zeit" Lektüre des Neuen Testamentes und eines anderen geistlichen Buches wie Rezitation der „Preces" des Opus Dei (d. i. ein besonderes Gebet des Werkes, das ein Mitglied allein oder gemein-sam mit anderen Mitgliedern verrichtet und bei dem zu Beginn der Boden geküßt wird). Weiterhin ist festgelegt, daß sich jedes Mitglied monatlich einen Tag lang in geistliche Klausur zurückziehen soll, und jährlich soll es sich einige Tage Zeit für eine geistliche Klausur neh-men. Außerdem sollen alle unter anderem mit Nachdruck die Abtö-tung des Fleisches, das Studium, die Arbeit, ihre Weihe und die Fröh-lichkeit fördern.

Nach Alter und Stellung muß jeder an einzelnen Tagen oder wöchentlich auch bestimmte Übungen zur Abtötung des leiblichen Fleisches vollziehen gemäß einem wohl erprobten und anerkannten Wort: „Du machst nur so viele Fortschritte, wie du dir Gewalt antust!" Erforderlich sind des weiteren die tägliche Gewissenserfor-schung, die geistliche Ausrichtung und die wöchentliche Beichte. Die Gläubigen der Prälatur, so heißt es, sollen die Keuschheit schätzen und mit größter Sorgfalt bewahren. Deshalb sollen sie „Gelegenhei-ten fliehen", sich „Bescheidenheit" wie auch „Mäßigung" und „kör-perliche Züchtigungen" auferlegen; sie sollen häufig die Kommunion empfangen und die Jungfräuliche Mutter unablässig und kindlich um Hilfe bitten. Täglich sollen sie die 15 Geheimnisse des Rosenkranzes betrachten und wenigstens fünf davon laut aufsagen. An den Orten, an denen diese fromme Praxis nicht üblich ist, soll ein gleichwertiges marianisches Gebet aufgesagt werden. Außerdem soll die Gottesmutter durch den „Angelus" oder durch das „Regina coeli" geehrt werden. Am Samstag sollen die Gläubigen irgendeine Abtötung des Fleisches üben und dabei den Wechselgesang „Salve regina" oder „Regina coeli" anstimmen.

Mitarbeiter (s. auch S. 178) gehören offiziell nicht, wie bisweilen irrtümlich angenommen wird, zu den Mitgliedern der Organisation. Nach Opus-Dei-Vorstellungen sollte ihre Zahl etwa zehnmal so groß sein wie die Zahl der Mitglieder. Tatsächlich beträgt ihr Anteil aber nur etwa zehn Prozent der Mitgliederzahl. Des näheren gehen die Statuten auf die nichtkatholischen Mitarbeiter ein. Sie sollen für das „Licht des Glaubens" gewonnen und „auf sanfte, aber wirksame Weise zur christlichen Gesinnung" hingeführt werden. Auch sie sind also Objekt der Missionierung.

Wenngleich die Zahl der Priester nur 1,8 Prozent der Mitglieder beträgt, haben sie doch die entscheidenden Spitzenämter inne: Prälat, Generalvikar, Priestersekretär und Regionalvikare. In Leitungsämter unterhalb der Spitzenebene können auch ehelose *männliche* Numerarier-*Laien* kommen, die aber nach Ausbildung und Lebensform den Priestern ähnlich sind. Für diese Ämter ist – auch wenn es in den Statuten nicht ausdrücklich festgelegt ist – nur eine kleine Crew der Numerarier-Laien qualifiziert.

Der Generalrat und insbesondere die Ständige Kommission, die beide ausschließlich aus Männern bestehen, entscheiden über die Gesamtgeschicke des Opus Dei; Frauen dagegen können in die eigentlichen Leitungsämter des Werkes nicht gelangen. Sie haben für ihre speziellen Belange ein Leitungsorgan, das „Zentraler Beirat" genannt wird. Die Frauen-Abteilung wird vom Prälaten, dem Generalvikar, dem Priestersekretär für die Abteilung der Frauen, der mindestens vierzig Jahre alt sein muß, und dem Beirat geleitet. Wie die Männer haben die Frauen einen Generalkongreß, der aber nicht als Wahlkongreß einberufen werden darf; denn dem Wahlkongreß des Opus Dei, der den Prälaten wählt, gehören nur Männer an, die vom Vorgänger des zu wählenden Prälaten nach ratgebenden Voten und Anhörung der Regionen auf Lebenszeit ernannt worden sind. Dem Frauen-Kongreß sitzt der Prälat vor, wobei ihm Generalvikar und Priestersekretär assistieren.

Da der Generalrat nach den Statuten bestellt ist, den Prälaten, der vom Wahlkongreß gewählt und vom Papst auf Lebenszeit ernannt wird, bei der „Leitung und Verwaltung der Prälatur zu unterstützen", ist der Prälat vom Generalrat unabhängig. Die Entscheidungen des

Generalrates sind nicht in jedem Fall verbindlich, weil der Prälat Weisungsgewalt besitzt (vgl. S. 46 f.).

In den Statuten wird die Aufgabe der Numerarier-Priester näher genannt: „Unter der Leitung des Prälaten belebt das Presbyterium mit seinem priesterlichen Dienst das gesamte Opus Dei und führt dessen Unterrichtung durch."

Die Gläubigen der Prälatur erhalten gründliche Unterweisung im katholischen Glauben und in der kirchlichen Lehre. Damit die religiöse und dogmatische Unterweisung beständig und nachhaltig ist, hat das Werk Studienzentren errichtet, die nach Geschlechtern getrennt sind.

Die Numerarier-Priester des Opus Dei sind der Öffentlichkeit häufig bekannt, aber nicht in jedem Fall, auch wenn der deutsche Opus-Sprecher, Ruthard von Frankenberg, das Gegenteil behauptete. Jedenfalls antwortete er auf die Frage von Radio Vatikan: „Warum gibt es bisher keinen Personalschematismus des Opus Dei, wie das bei allen Orden und Diözesen selbstverständlich ist?" folgendes: „In den Personalschematismen der Diözesen werden alle Priester des Opus Dei als Mitglieder der Prälatur aufgeführt."[6] Doch das stimmt so nicht. In den Schematismen einiger Diözesen (z. B. Essen und Köln) ist die Identität der Opus-Kleriker zwar vermerkt; andere (z. B. Aachen und Osnabrück) jedoch geben sie nicht an.

Praktisch verborgen ist die Identität der Assoziierten- und Supernumerarier-Priester. Sie sind zwar vom Prälaten dringend ermahnt, dem Diözesanbischof ihre Option zu erklären. Eine Verpflichtung dazu darf ihnen nach den Bestimmungen des Heiligen Stuhls jedoch nicht auferlegt werden.[7] Erst recht ist der Bischof nicht gehalten, etwas verlauten zu lassen, wenn er Kenntnis von einer Mitgliedschaft erhalten hat. Es kann also sein, daß gewöhnliche Kirchengemeinden von Priestern der Gesellschaft vom Heiligen Kreuz geleitet oder betreut werden, daß diese Priester weitere Aufgaben, zum Beispiel die Erteilung von Religionsunterricht, ausüben, ohne daß man von ihrer Verbindung mit dem Opus Dei Kenntnis hat.

Die Zahl der Assoziierten- und Supernumerarier-Priester ist vom Opus Dei offenbar nie bekanntgegeben worden. Sie ist auch nicht im Päpstlichen Jahrbuch[8] enthalten. Einen aufschlußreichen Hinweis

---

[6] Radio Vatikan, Deutsche Abteilung, Interview mit Dr. Ruthard von Frankenberg, 1. Juni 1984.
[7] Alvaro del Portillo (Fußnote 38, VI Kapitel, Nr. 13 f., S. XLI f.).
[8] Fußnote 18, IV. Kapitel.

hat der damalige Präfekt der römischen Bischofskongregation und Freund Escrivás, Kardinal Baggio, gegeben: 1975 zitierte er Escrivá, wonach das Opus Dei einen „*geringen* Prozentsatz von Priestern" habe, „die früher als Laien im Berufsleben gestanden haben; dann eine *große* Zahl von Weltpriestern aus vielen Diözesen der ganzen Welt ...; und schließlich jene *große* Schar von Männern und Frauen der verschiedensten Nationalitäten ..."[9] Möglicherweise hat der ehemalige österreichische Regionalvikar, Bischof Küng, die große Zahl der Diözesanpriester mitgerechnet, als er auf „rund 80 000 Opus-Mitglieder" kam[10] – im Unterschied zu den 76 246 des Päpstlichen Jahrbuches, in denen die Diözesanpriester nicht enthalten sind.

Die Geheimhaltung wurde in den Konstitutionen klar vorgeschrieben: „Den Außenstehenden bleiben die Zahlen der Mitglieder verborgen. Ja, die Unsrigen dürfen über diese Themen mit Außenstehenden überhaupt nicht sprechen."[11]

Als Grund dafür wird die „kollektive Bescheidenheit" des Opus Dei angegeben. Sie „führt die Unsrigen dazu, daß sie ihr Leben, das sie Gott geweiht haben, mit einer gewissen Diskretion führen, was dem gewünschten Erfolg des Apostolats in hohem Maße entgegenkommt. Ein Fehlen dieser Diskretion könnte ein schweres Hindernis für die Ausübung der apostolischen Arbeit bilden oder eine Schwierigkeit im Umfeld der eigenen natürlichen Familie oder in der Ausübung von Amt oder Beruf hervorrufen. Deshalb wissen die Numerarier oder Supernumerarier sehr wohl, daß sie immer kluges Stillschweigen bezüglich der Namen von anderen Mitgliedern zu wahren haben; und niemandem gegenüber enthüllen sie, daß sie selbst zum Opus Dei gehören, nicht einmal bei einem eventuellen Verlassen des Instituts [des Opus Dei], ohne daß der örtliche Direktor dies ausdrücklich genehmigt."[12]

Das Opus Dei behauptet, die Konstitutionen seien nicht mehr in Kraft. Vielmehr gälten heute die Statuten von 1982. Dort aber stehe nichts von Geheimhaltung. Vielmehr heiße es: Die Gläubigen der Prälatur „sollen nicht an irgendwelchen öffentlichen Kultveranstaltungen wie Prozessionen im Kollektiv teilnehmen, ohne daß sie damit verheimlichen wollen, zur Prälatur zu gehören, weil der Geist des Opus Dei – während er die Gläubigen zu einer nachdrücklich anzu-

---

[9] Fußnote 2, X. Kapitel.
[10] Fußnote 19, IV. Kapitel.
[11] Constitutiones, Nr. 190. In „Fromme Gewohnheiten" nicht aufgenommen.
[12] Ebd. Nr. 191. In „Fromme Gewohnheiten" nicht aufgenommen.

strebenden und kollektiven Bescheidenheit leitet, damit sie eine noch nachhaltigere und erfolgreichere apostolische Wirkung erzielen – gleichzeitig jede Geheimniskrämerei und Heimlichkeit vermeiden will. Deshalb sind auch in den Rundschreiben für alle die Namen der Vertreter des Prälaten sowie die Namen derer, die ihre Beiräte bilden, bekanntzugeben. Den Bischöfen, die darum ersuchen, sind nicht nur die Namen der Priester der Prälatur mitzuteilen, die in den betreffenden Diözesen ihren Dienst verrichten, sondern auch die Namen der Direktoren der Zentren, die in der Diözese errichtet wurden."[13]

Die Namen, die den Bischöfen auf deren Ersuchen hin mitgeteilt werden müssen, sind ohnehin weitgehend bekannt. Darunter fallen aber nicht die gewöhnlichen Opus-Mitglieder und die Diözesanpriester, die der Priestergesellschaft vom Heiligen Kreuz angehören. Hinzu kommt, daß die Statuten in den Schlußbestimmungen ausdrücklich festlegen, daß die Normen der Konstitutionen nicht einfach außer Kraft gesetzt sind: „Alle dem Opus Dei bereits eingegliederten Gläubigen, sowohl Priester wie Laien, sowie die Assoziierten- und Supernumerarier-Priester der Priesterlichen Gesellschaft vom Heiligen Kreuz" haben sich „an dieselben Verpflichtungen zu halten und genießen dieselben Rechte, die sie unter der vorhergehenden juristischen Leitung besessen haben, soweit nichts anderes in den Vorschriften dieses Codex festgelegt ist oder es sich um solche Rechte handelt, die sich aus den Normen ableiten, die vom neuen Recht abgeschafft sind".[14] Indes wird den Mitgliedern an keiner Stelle der Statuten erlaubt, daß sie Namen bekanntgeben dürfen, wenn der örtliche Direktor nicht damit einverstanden ist. Und wohl kaum läßt sich eine generelle Erlaubnis zur Bekanntgabe aus den Statuten ableiten.

Insgesamt zeigen die Statuten, daß die innere Struktur des Werkes patriarchalisch, elitär und autoritär ist. Der Prälat wird auf Lebenszeit gewählt. Sein Amt kann er erst antreten, wenn der Papst ihn ernennt. Die Vertreter für den Generalkongreß, der den Generalrat wählt, werden nicht von der Basis bzw. den unteren Gremien gewählt, sondern dem Prälaten vorgeschlagen, der dann die Kongreßmitglieder aussucht und ernennt. In den Generalrat, der dem Prälaten bei der Leitung und Verwaltung der Prälatur hilft, kann niemand gelangen, den der Prälat dort nicht haben möchte.

Das bedeutet: der Opus-Leiter ist mit einer fast unumschränkten Vollmacht ausgestattet, soweit es seine Untergebenen betrifft. Er ist

[13] Fußnote 12, Kap. III.
[14] Codex, Dispositiones Finales, § 2.

dem Papst, den Bestimmungen des allgemeinen Kirchenrechts und den Statuten verpflichtet. Während die Laien ihm im Hinblick auf das geistliche Ziel des Opus Dei Gehorsam schulden, unterstehen ihm die Priester als ihrem Generaloberen umfassend.

Die Numerarier-Priester sind die entscheidende Gruppe. Ihnen fallen das Amt des Prälaten, die wichtigen Ämter in der Generalleitung und das jeweilige oberste Leitungsamt in den Regionen zu. Nicht ohne Grund wird gleich zu Beginn der Statuten zwischen dem Klerus und den Laien unterschieden, wobei der Klerus an erster Stelle genannt wird. Priester unterweisen die Laien. Aus der geistlichen Ausrichtung ergeben sich dann logischerweise Konsequenzen für die berufliche Tätigkeit der Laien, die sie in Freiheit ziehen sollen, wobei die Unterweisung bewirkt, daß bestimmte Verhaltensmuster durchgängig sind, wie beispielsweise der Kampf gegen die drei von Escrivá genannten „manchas". Laien können zwar auch in Leitungsämter aufsteigen, nicht jedoch auf der oberen Ebene.

Es ist nicht erkennbar, daß es im Opus Dei Gremien gäbe, in denen Priester und Laien wie zum Beispiel auf der Würzburger Gemeinsamen Synode der Bistümer in der Bundesrepublik Deutschland oder der schweizerischen „Synode 72" auch theologisch zusammenarbeiten und gemeinsame Erfahrungen machen. Das dürfte in einer Organisation, für welche die „religiöse Wahrheit" festliegt, weder nötig noch möglich sein.

Ich bestreite nicht, daß Leiter im Opus Dei aufgrund persönlicher Einstellung im praktischen Verhalten auch kollegiale Gesichtspunkte verwirklichen könnten. Aber es ist nicht zweifelhaft, daß die Mitverantwortungsstrukturen im Werk auch nicht annähernd so weit entwickelt sind wie in einem normalen deutschsprachigen Pfarrgemeinderat, der die Laien-Wirklichkeit in der katholischen Kirche schon deshalb besser widerspiegelt, weil die Verheirateten und diejenigen, die eine Ehe anstreben, in der überwiegenden Mehrheit sind. In Pfarrgemeinderäten sind Frauen nicht nur Mitglieder, manche haben sogar den Vorsitz inne. Nach Escrivá indes ist die Ehe für das Fußvolk, nicht aber für den Generalstab Christi da, der die Normen setzt.

So gesehen wird man dem Werk nicht gerecht, wenn man es, wie es mitunter geschieht, „laikal" oder gar einen „Laien"-Orden nennt. Das Raster „laikal-klerikal" ist ohnehin mißverständlich und mit Vorurteilen belastet. Aber wollte man es partout benutzen, dann müßte man das Opus Dei wegen seiner Organisationsstruktur und der darin eingebetteten Machtstrukturen als „klerikal" bezeichnen.

In einem neuen Gewand äußern sich alte integralistische Tendenzen. Was Vladimir Felzmann für die Leiter im allgemeinen sagt, gilt erst recht für die leitende und die Laien unterweisende Priesterschaft. Sie leitet die Laien zwar nicht – wie es Bischof Korum forderte[15] – in praktischen, zeitlichen Dingen. Das ist spätestens seit dem Zweiten Vatikanischen Konzil nicht mehr möglich. Aber sie ruft eine „Mentalität" hervor, die aus „aristokratischen, vorkonziliaren, präcartesianischen Elementen" besteht. Das schafft eine „Einstellung", die eine „Anleitung zum Leben" ist und „sich in allen Entscheidungen niederschlägt".[16]

---

[15] Fußnote 7, Kapitel VII.
[16] Felzmann, Interview, S. 209.

XVI
Erkundungen über das Opus Dei in Deutschland, Österreich und der Schweiz

Das Opus Dei begann 1952 in der Bundesrepublik Deutschland, 1956 in der Schweiz und 1957 in Österreich mit der Arbeit. Seit 1990 gibt es Versuche, auch auf dem Gebiet der ehemaligen DDR tätig zu werden.

Die Mitgliederzahl wird vom Opus Dei in Österreich auf 450 und in der Schweiz auf 300 beziffert. In Deutschland spricht das Opus-Informationsbüro von 1000 Mitgliedern, während Hans Thomas, damals Mitglied der deutschen Regionalleitung, in einem Hintergrundgespräch schon 1984 „rund 1500 Mitglieder"[1] nannte.

Die Zentralen sind in Köln, Wien und Zürich. Die Mitglieder sind jeweils einem Zentrum zugeordnet. Liegen die Zentren geographisch weiter auseinander, treffen sie sich auch in Stützpunkten. Zentren bzw. Stützpunkte gibt es in:

Aachen, Augsburg, Berlin, Bonn, Düsseldorf, Essen, Euskirchen, Frankfurt, Freiburg, Hamburg, Hannover, Heidelberg, Jülich, Kevelaer, Köln, München, Münster, Osnabrück, Solingen, Starnberg, Stuttgart, Trier.

Feldkirch, Graz, Innsbruck, Linz, Markt Piesting, Salzburg, Wien.

Basel, Bern, Fribourg, Genf, Lausanne, Lugano, Sitten, Zürich.

In den vier Ländern (einschließlich Liechtenstein) haben sich vier geographische Schwerpunkte des Opus Dei herausgebildet: 1. Köln-Bonn-Aachen. 2. Wien. 3. München-Starnberg-Augsburg. 4. Zürich-Schaan-Dornbirn.

Großflächig gesehen bilden die Bistümer Augsburg (Deutschland), Chur (Schweiz und Liechtenstein) und Feldkirch (Österreich) einen zusammenhängenden Raum, in dem die Diözesanbischöfe dem Opus Dei angehören bzw. nahestehen. Man kann ihn als einen besonders augenfälligen Einflußbereich des Opus Dei bezeichnen. Es ist sicher kein Zufall, daß hier die beiden Stiftungen (Limmat-Stiftung, Zürich, und Rhein-Donau-Stiftung, Starnberg) angesiedelt sind.

---

[1] Fußnote 17, Kapitel III.

I. Institutionen

Bildungseinrichtungen

1. Deutschland

1953, wenige Monate nach der Errichtung des Opus Dei in Deutschland, wurde in Bonn die Studentische Kulturgemeinschaft gegründet. Vorsitzender wurde der inzwischen verstorbene CDU-Bundestagsabgeordnete Alois Mertes. Die Gemeinschaft besitzt, was dem Opus Dei nicht gehört, worüber es aber verfügen kann: Grundstücke, Häuser und Geld. Der Vorstand bestand und besteht vornehmlich aus Mitgliedern des Opus Dei; ihm gehören aber auch Nichtmitglieder an. Nach außen hin wird die Kulturgemeinschaft als ein vom Opus Dei unabhängiger Verein ausgegeben. Nur die geistliche Betreuung in ihren Einrichtungen vertraue sie dem Opus Dei an. In Wirklichkeit jedoch geschieht in ihr praktisch nichts, das nicht dem Willen und den Vorstellungen des Opus Dei bzw. seiner Leitung entsprechen würde.

Ziel der Studentischen Kulturgemeinschaft ist die Förderung der Wissenschaft insbesondere bei männlichen Studierenden und Akademikern. Sie ist Träger von Einrichtungen, meist Bildungszentren, von denen die wichtigsten sind: Maarhof (Köln), Widenberg (Münster), Fausenburg (Trier), Rüttenscheid (Essen), Weidenau (München), Althaus (Bonn), Am Städel (Frankfurt), Erk (Aachen), Am Lakfeld (Düsseldorf). Häufig sind mit den Bildungszentren auch Jugendclubs und Studentenwohnheime verbunden, die gelegentlich eigene Namen tragen, beispielsweise in Köln: Jugendclub Feuerstein und Studentenheim Schweidt. Hinzu kommen Fördervereine für diese Einrichtungen.

Die zentrale Tagungsstätte ist „Hardtberg" in Euskirchen-Kreuzweingarten.

Als weibliches Pendant zur Kulturgemeinschaft wurde 1959 der „Deutsch-Internationale Kulturverein" gegründet. Er erhielt ein fünfköpfiges männliches „Kuratorium". Vereinsziel ist u. a. die „Pflege kultureller und gesellschaftlicher Beziehungen zwischen weiblichen Jugendlichen, vornehmlich der westlichen Nationen". Bildungszentren – auch Kulturzentren genannt – sind: Hogesteg (Münster), Altor (Trier), Aurach (München), Heristal (Aachen), Isenburg (Essen).

Wie die Bildungszentren der Männer sind auch die Kulturzentren der Frauen meist mit gleichnamigen Jugendclubs und mit Studentinnenheim verbunden. In Köln gibt es außerdem das Studentinnen-wohnheim Müngersdorf, den Jugendclub Müngersdorf und die Hauswirtschaftliche Bildungsstätte Müngersdorf (in Zusammenarbeit mit der Ausbildungsstätte Schweidt und dem Hauswirtschaftlichen Bildungszentrum Sonnenfeld), in Bonn den Jugendclub Gronau. 1986 übernahm der Verein die „Jülicher Gesellschaft für Volksbildung".

2. Österreich

Im Gegensatz zu Deutschland gibt es in Österreich offensichtlich nur einen einzigen Dachverband: die österreichische Kulturgemeinschaft. Präsident ist Prof. Oswald Jahn, Internist an der Wiener Klinik für Arbeitsmedizin. Der Gemeinschaft ist der „Verein GFB – Gesellschaft zur Förderung von Bildungszentren" zugeordnet, als deren Präsident der Primarius und Universitätsprofessor Johannes Bonelli fungiert. Männliche Bildungszentren: Am Petersplatz mit Jugendclub Delphin (Wien), Kroisegg mit Jugendclub Kondor (Graz), Juvavum (Salzburg), Römerberg (Linz), Sillgraben (Innsbruck).

Weibliche Bildungszentren: Fortbildungszentrum Buchenau mit Jugendclub Stubentor (Wien), Geidorf (Graz), Hallsteg (Salzburg), Stockhof (Linz), Angerfeld (Innsbruck).

Den Zentren sind meist Studentenheime angeschlossen, die in Wien eigene Namen haben: Birkbrunn (männlich) und Währing (weiblich). 1984 wurde in der Ortschaft Dreistetten (Niederösterreich) – zur Gemeinde Markt Piesting gehörig – das Internationale Tagungs- und Bildungszentrum Hohewand errichtet, dem eine Schule für Haushaltsberufe angeschlossen ist. Sie wird vom Verein Internationales Tagungs- und Bildungszentrum Hohewand getragen. 1990 öffnete auch eine zweijährige Schule für Familienhelferinnen ihre Pforten. Für das Gesamtprojekt war von Anfang an die GFB zuständig. 1982 waren – nach einem Bericht der Zeitschrift „profil" – mehr als 75 Millionen Schilling für die Er- und Einrichtung des Zentrums projektiert, 24 Millionen davon für den Rohbau, 28 Millionen für den Ausbau. Das Bundesland Niederösterreich hat dafür neun Millionen Schilling gespendet.[2]

Das Grundstück gehörte einst der Pfarrei. Es ist gegen den Willen des Pfarrgemeinderates, aber mit Befürwortung des bischöflichen Ordinariates verkauft worden. Das Haus gleicht von außen einem

---

[2] Das Spinnennetz, in: profil, Wien, Nr. 44, 2. November 1987, S. 76.

Schloß; die Einrichtung ist, wie in vielen Häusern des Opus Dei, luxuriös. Die Anlage erinnert in manchem an die Festung Torreciudad.[3] Einwohner von Dreistetten, die nach dem Zentrum gefragt wurden, sagten, sie mieden Kontakte. Die Bewohner des Zentrums seien „so eigenartig freundlich"; schon deshalb stünden die Dreistettener dem Zentrum sehr reserviert gegenüber. „Sie kommen uns wie Mitglieder einer Sekte vor", meinte einer.

An Veranstaltungen im Bildungszentrum Hohewand haben u. a. mitgewirkt: Prof. Josef Seifert (IAP-Rektor Liechtenstein.), Prof. Rocco Buttiglione (IAP-Prorektor Liechtenstein), Prof. Wolfgang Waldstein (Salzburg und IAP Liechtenstein), Hans Thomas (Lindenthal-Institut Köln, Rhein-Donau-Stiftung Starnberg und Limmat-Stiftung Zürich), Prof. Edgardo Giovannini (Limmat-Stiftung Zürich), Prof. Nikolaus Lobkowicz (Präsident der katholischen Universität Eichstätt und IAP Liechtenstein), Prof. Reinhard Löw (Co-Direktor des Philosophischen Forschungs-Institutes des Bistums Hildesheim), Prof. Herbert Krejci (österreichischer Industriellenverband), Viktor Meier (Frankfurter Allgemeine Zeitung), Roland Rösler (CDU-Landtagsabgeordneter in Hessen), Prof. Herbert Schambeck, Bundesrat (Wien), Prof. Walter Brandmüller (Augsburg).

3. Schweiz

Der Dachverband ist die „Kulturgemeinschaft Arbor – Société Culturelle Arbor" in Zürich, die 1961 gegründet wurde. Mitbegründer war Opus-Mitglied Edwin Zobel, der später der Stiftungsratspräsident der Zürcher Limmat-Stiftung wurde. Langjähriger Präsident der Kulturgemeinschaft war Hans Georg Rhonheimer, der 1986 Zobel als Limmat-Stiftungsratspräsident ablöste. 1990 war Dr. Carlos Schick der Präsident der Kulturgemeinschaft, Dr. Emil Rusch Vizepräsident und Riccardo Seitz Sekretär. Dem Vorstand der Kulturgemeinschaft gehört François Geinoz an, der Geschäftsführer der Limmat-Stiftung. Die Kulturgemeinschaft ist Trägerin männlicher und weiblicher Institutionen, die dem Opus Dei nahestehen.

In Zürich gibt es das Studentenheim Fluntern sowie das Studentinnenheim Sonnegg mit dem Lehrbetrieb für Hotelberufe und das Kulturzentrum Oberstrass mit einem weiteren Studentinnenheim; ferner die Jugendclubs Allenmoos (männlich) und Goldbrunnen (weiblich),

---

[3] Siehe Kapitel VIII.

deren Träger der „Verein für Jugendbildung Zürich" ist, dem teilweise dieselben Führungsmitglieder wie der Kulturgemeinschaft Arbor angehören. In Fribourg: Studentenheim Foyer Bel-Praz, Jugendclub Alpha (m) und Nord (w). In Genf: die Résidence universitaire Champel mit dem Jugendclub d'Arve (m) und das Centre Culturel le Rocher ebenfalls mit einem Jugendclub (w). In Tannenheim-Flumserberg führt die Limmat-Stiftung das Jugendheim und Tagungszentrum Tschudiwiese. Ein „Studentenwohnhaus Allenmoos" der Kulturgemeinschaft Arbor ist für 10 Millionen SFr in Zürich-Oerlikon konzipiert. Anfang September 1989 bei seinem Besuch in der Schweiz spornte Prälat del Portillo aus Rom die jungen Leute von „St. Raphael" an, sich „mit großem Einsatz" auf die Geldsuche für Allenmoos zu begeben.

An zentralen Veranstaltungen und Seminaren des Studentenheims Fluntern wirkten u. a. mit: die Professoren Rudolf v. Albertini, Franz Georg Maier, Daniel Frei, Hermann Lübbe, Werner Kägi, Balthasar Staehelin (alle Zürich), Dominique Rivier, Jean de Siebenthal (beide Lausanne) sowie Staatsanwalt Franz Faller (St. Gallen) und Ing. ETH Luigi del Re (Zürich). Staehelin hat ein Forum für das christliche Menschenbild gegründet, an dem prominente Opus-Mitglieder aus Deutschland und der Schweiz teilnahmen.

1966 versuchte die Société Culturelle Arbor, sich in Fribourg zu etablieren und ein „Studentenfoyer" zu errichten. Die Bürgergemeinde bot ihr 6000 Quadratmeter Land zu einem Vorzugspreis. Doch Studenten recherchierten über die Kulturgemeinschaft und fragten in der Studentenzeitschrift „Spectrum": „Brauchen wir diese religiös-militärische Organisation, um bei uns den Geist des Konzils zu verwirklichen?" Das Projekt mußte aufgegeben werden.

1979 kam es in Zürich zu einem umfassenden öffentlichen Konflikt um die Jugendarbeit des Opus Dei, der mit der Suspendierung von drei Opus-Religionslehrern endete (s. S. 22 f.). Da kam auch heraus, daß öffentliche Behörden das Studentenheim Fluntern mit 265 000 Franken und das Studentinnenheim Sonnegg mit 400 000 Franken subventioniert hatten, ohne deren Verbindung zum Opus Dei zu kennen. Das war wohl der Grund, warum die Stadt Zürich 1983 – nach Rücksprache mit dem katholischen Generalvikariat – ein weiteres Beitragsgesuch der Kulturgemeinschaft ablehnte.

Ende der siebziger Jahre suchte der Opus-nahe „Verein Internationales Tagungszentrum (VIT)" in Schongau/LU ein Tagungszentrum für das Opus Dei zu errichten, was jedoch in einem Urnengang am Widerstand der Bevölkerung scheiterte (vgl. S. 52f.).[4] Da half auch eine Aktion des ehemaligen Schweizergardisten und Opus-Mitglieds Thomas Buck nichts, der Schongauer Bürger telefonisch anrief und ihnen anvertraute: „Man muß eben wissen, was der Papst sagt zum Opus Dei. Als ich wegging von der Schweizergarde, sagte ich Paul VI., daß ich in einem Zentrum des Opus Dei arbeiten werde; der Papst hat darauf gesagt, das sei sehr schön von mir, und diese Arbeit sei schaurig wichtig. Wenn mir das der Papst sagt, muß ich doch nachher nicht mehr auf die Linken hören oder aufs Schweizer Fernsehen, oder?"[5]

Auf der Suche nach einem andern Ort bot sich eine Möglichkeit in Le Pâquier/Fribourg. Dort sollte ein Begegnungs- und Studienzentrum für etwa 30 Millionen Franken errichtet werden. Obwohl der Gemeinderat das Projekt befürwortete, lehnten es die Stimmbürger ab. Edgardo Giovannini, Opus-Supernumerarier seit 25 Jahren, Präsident der Vereinigung für die Realisierung des Projekts und Präsident des Aufsichtsrates der Limmat-Stiftung, vermutete hinter der Ablehnung „eine starke und aktive Gruppe, die die Familienpolitik des Papstes nicht akzeptieren will". Das seien vor allem jene Katholiken, die künstliche Empfängnismethoden und die Straffreiheit der Abtreibung befürworten, gegen das Opus Dei, „diese sehr romtreue Organisation".[6] Zu den Kritikern zählte auch Pierre Mamie, der zuständige Bischof von Lausanne, Genf und Fribourg: er habe das Generalvikariat des Opus Dei vor einer solchen Entwicklung gewarnt. Es sei besser für die Bewegung, wenn sie ihre Ziele transparenter mache.[7]

Eltern-Bildungsvereine

In den drei Ländern haben Opus-nahe Eltern einige Initiativen und Zirkel gegründet. In Deutschland gibt es das „Institut für Elternbildung (EB)" mit Stützpunkten in Aachen, Bonn, Köln, Essen, Düsseldorf, Düren, Koblenz, Siegburg und Stuttgart. Zu nennen ist

[4] Schongau: Kein „Opus-Dei-Zentrum", in: Luzerner Nachrichten, Luzern, Nr. 52, 3. März 1980.
[5] „Ein bisschen verleumdet" – Argumente eines Opus-Dei-Mitglieds, in: Tagesanzeiger, Zürich, Nr. 49, 28. Februar 1980, S. 57.
[6] Opus Dei gibt nicht auf, in: KIPA, Fribourg, Nr. 164, 13. Juni 1989, S. 14.
[7] Schweizer stimmen gegen Bau eines „Opus Dei-Zentrums", in: KNA, Bonn, Telex bsi 178 4 kna 195, 14. Juni 1989.

außerdem die „Fördergemeinschaft für Schulen in freier Träger-schaft", die 1971 in Essen gegründet wurde und inzwischen in Köln registriert ist. Sie wird mehrheitlich von Opus-Mitgliedern geführt und ist personell mit dem „Institut für Elternbildung" verbunden. 1975 übernahm sie vom Bistum Aachen Grundstücke und Gebäude des Mädchengymnasiums Jülich.

In der Schweiz meldete sich 1979 eine „Fondation Internationale de la Famille", die in Zürich-Oerlikon einen Kongreß mit 400 Teil-nehmern aus aller Welt veranstaltete. Als Veranstalter traten außer-dem ein Organisationskomitee unter dem Opus-Mitglied Prof. Edgardo Giovannini sowie ein „Elternbildungsseminar" auf, das im Haus der Limmat-Stiftung residierte.

Die Arbeit ging weiter. So gibt die Limmat-Stiftung seit 1979 die Zeitschrift „Familie & Erziehung" heraus, mit der sie sich an Eltern wendet, die „im Brennpunkt der gesellschaftlichen Entwicklung" ste-hen und durch ihre Erziehungsarbeit „entscheidend an der gegenwär-tigen und zukünftigen Gestaltung der Gesellschaft" mitwirken. Sie werden zu Spenden für die „gemeinnützige" Stiftung aufgerufen und ermuntert, den Elternbildungsvereinen beizutreten.

In Österreich wurde 1978 die „GFO – Gesellschaft zur Familien-orientierung" gegründet. Ihre Hauptaufgabe ist die „Veranstaltung der Elternbildungsseminare".

Internationaler Priesterkreis

Der Kreis vertritt im deutschsprachigen Raum das Anliegen des römischen CRIS-Zentrums der Opus-Priester.[8] An seinen jährlichen Treffen nahmen in den achtziger Jahren jeweils etwa 80 bis 100 Prie-ster und Seminaristen teil. Er hat u. a. das Ziel, Diözesanpriester der Priestergesellschaft vom Heiligen Kreuz zuzuführen. Referenten waren u. a.: der verstorbene Kardinal Joseph Höffner (Köln), Weih-bischof Klaus Dick (Köln), Kardinal Franz Hengsbach (Essen), Bischof Johannes M. Gijsen (Roermond) sowie die Professoren Leo Scheffczyk (München), Theodor Schnitzler (Köln), Heinrich Schlier (Bonn), Josef Pieper (Münster), Wolfgang Waldstein (Salzburg), Nikolaus Lobkowicz (Eichstätt), Johannes Stöhr (Bamberg), Hein-rich Maria Köster (Vallendar), Johannes Dörmann (Münster).

---

[8] Steyl korrespondenz, Nr. 11/V, 1. November 1977.

Internationaler Mariologischer Arbeitskreis Kevelaer (IMAK)

1979 tagte der Internationale Priesterkreis in Kevelaer, das neben Altötting der bedeutendste deutsche Marienwallfahrtsort ist und in den niederländischen und belgischen Raum ausstrahlt. Noch im selben Jahr zeichnete sich die Gründung des Internationalen Mariologischen Arbeitskreises Kevelaer (IMAK) ab, der 1981 als eingetragener Verein offiziell ins Leben gerufen wurde. Initiatoren waren der Opus-Priester Klaus M. Becker, der im Internationalen Priesterkreis federführend war, und der Opus-Priester German Rovira, der den Vorsitz übernahm. Sein Stellvertreter ist der Opus-Priester Ferdinand Plümmer. Zum Vorstand gehören u. a. die Theologie-Professoren Johannes Stöhr (Bamberg) und Josef August Schumacher (Freiburg). Der Arbeitskreis organisiert Tagungen und gibt Publikationen heraus, bemüht sich um die Förderung der marianischen Frömmigkeit und „die Pflege internationaler Kontakte mit Institutionen ähnlicher Zielsetzungen".[9]

Zu den internationalen Bemühungen gehört der Versuch, eine engere Verbindung zwischen Kevelaer und dem Opus-Heiligtum Torreciudad herzustellen. Um Torreciudad international aufzuwerten und Pilger in das geistliche Zentrum des Werkes zu holen, wird seit Anfang der achtziger Jahre eine „Ruta Mariana" propagiert. „Als Ruta Mariana", so wirbt ein deutscher Opus-Reiseleiter, „bezeichnet man den Pilgerweg, der die drei bedeutendsten Marienwallfahrtsorte beiderseits der französisch-spanischen Grenze an den imposanten Zentralpyrenäen verbindet. Lourdes und Zaragoza haben als Wallfahrtsorte eine lange Tradition. Zwischen ihnen liegt Torreciudad in Hocharagonien, 200 km von Lourdes und 150 km von Zaragoza entfernt. In Torreciudad befindet sich neben einer alten Kapelle aus dem 11. Jahrhundert eine moderne Wallfahrtskirche."

Schon 1984 veranstaltete der IMAK eine Reise nach Torreciudad: „Kevelaer wird dem Marienheiligtum Torreciudad in Nordspanien aus Anlaß des 900. Jubläums einen Besuch abstatten ... Die Feierlichkeiten aus Anlaß der Begegnung Torreciudad-Kevelaer, zu denen die in Spanien beheimateten deutschen Gemeinden eingeladen wurden, finden am 10. und 11. 11. 1984 in Torreciudad statt."[10]

---

[9] Informations-Faltblatt des IMAK.
[10] Kevelaer pilgert nach Torreciudad, in: PEK/Nachrichten, Köln, Nr. 724, 12. Oktober 1984, S. 3.

1988 nahm der Rektor der Wallfahrt Kevelaer, Richard Schulte-Staade, der dem Domkapitel des Bistums Münster und dem Vorstand des IMAK angehört, an einer Pastoraltagung teil, die das Opus Dei in Castelldaura bei Barcelona organisiert hatte.[11] Unter den Teilnehmern, so berichtete die spanische Zeitung „El País", waren auch der Bischof von Fatima und mehrere Rektoren weiterer europäischer Marienheiligtümer. Schulte-Staade teilte mit, daß sich in Kevelaer keine Wunder, wohl aber Bekehrungen ereigneten. Einige Tage nach einem Attentat, das einen bekannten deutschen Industriellen das Leben gekostet habe, sei ein Terrorist im Altarraum zu Kevelaer erschienen und habe die Waffen, mit denen er bis dahin gewirkt hatte, der Muttergottes zu Füßen gelegt.[12]

Der Mitgliederwerbung und internationalen Reputation dienen fünf Kardinäle und Bischöfe, die das „Protektorat" über den IMAK übernommen haben: Kardinal Hengsbach (Essen), Kardinal Simonis (Utrecht), Erzbischof Hengen (Luxemburg), Bischof Lettmann (Münster), Weihbischof Musty (Namur).

Zu den Autoren in Publikationen des IMAK und zu seinen Referenten gehören u. a. Bischof Braun (Eichstätt), Bischof Stimpfle (Augsburg) und Weihbischof Krenn (Wien).

Verlage und Presse

Der Adamas-Verlag in Köln wird von Opus-Mitgliedern geleitet. Er verlegt Schriften aus dem Opus Dei für den deutschsprachigen Raum.

Vor allem mit folgenden Verlagen arbeiten Autoren und Opus-nahe Institutionen im Sinne der Organisation zusammen: Ludgerus-Verlag, Essen; Wort und Werk, St. Augustin; J. W. Naumann, Würzburg; Busse Seewald, Herford; Christiana-Verlag, Stein am Rhein; St. Otto-Verlag, Bamberg; Langen Müller, München; Fassbänder, Wien.

Mitglieder des Opus Dei sind bei deutschsprachigen Medien als Redakteure und Korrespondenten tätig, so bei den Tageszeitungen „Die Welt", „Frankfurter Allgemeine Zeitung", „Münchner Merkur" und „Deutsche Tagespost" (Würzburg). In mehreren Zeitungen

---

[11] El Opus Dei reune a rectores de santuarios en unas jornadas sobre la devoción a la Virgen, in: El País, Madrid, 7. Februar 1988.
[12] La Virgen hizo que un terrorista dejara las armas, según el rector de Kevelaer, in: El País, Madrid, 10. Februar 1988.

schrieben Mitglieder des Opus Dei über das Opus Dei, ohne daß den Lesern ihre Identität mitgeteilt wurde, so in der „Welt", im „Münchner Merkur", in der „Deutschen Tagespost" (Würzburg), in „Die Presse" (Wien), in „Der Standard" (Wien), im „L'Osservatore Romano" (Deutsche Ausgabe, Rom) sowie in deutschen Bistumszeitungen.

Deutschsprachige Mitglieder und Sympathisanten des Opus Dei haben auch Ämter und Leitungsfunktionen im „Robert Schumann Institut" (Brüssel), das früher „European Media Studies" hieß und der Förderung publizistischen Nachwuchses in Europa dient. Hinter dem Institut steht der erzkonservative holländische Millionär Piet Derksen, Initiator der Gesellschaft „Lumen 2000", die in Zusammenarbeit mit vatikanischen Stellen die „Neuevangelisierung" Europas betreibt.

Stiftungen

In der Schweiz und in Österreich ist die Limmat-Stiftung (Zürich), in Deutschland die Rhein-Donau-Stiftung (Starnberg) tätig (Näheres im Kapitel VI).

Im Februar 1988 gründete Antonio Zweifel, langjähriger Sekretär des Aufsichtsrates der Limmat-Stiftung und Geschäftsführer ihres Stiftungsrates, die „Antonio-Zweifel-Stiftung". Nach seinem Tode im November 1989 wurde Antonio Suárez Präsident des Stiftungsrates, Sekretär ist Francisco-Javier Benito. Zweck der Stiftung ist „die Unterstützung von Institutionen, die sich Bildungs- und Ausbildungszwecken widmen, sowie, im allgemeinen, die Zusammenarbeit mit Institutionen mit gemeinnütziger Zielsetzung und die Ausführung von gemeinnützigen Projekten in der Schweiz und im Ausland". Zum Stiftungsrat gehören: Carlos Schick und Riccardo Seitz (beide Kulturgemeinschaft Arbor) sowie Antonio M. Saenz Erro (Tagungszentrum Tschudiwiese, dessen Träger die Limmatstiftung ist).

Wissenschaftliche Institute und Kreise

Opus-nahe Institute, Kreise und Zirkel untermauern den wissenschaftlichen Anspruch, auf den das Opus Dei großen Wert legt. So werden im Kölner „Lindenthal-Institut", das 1973 gegründet wurde, wissenschaftliche Kolloquien und Tagungen veranstaltet. Geschäftsführer des Institutes ist Hans Thomas; als Präsident fungiert der Heidelberger Universitätsprofessor Gerhard van Kaick. Zum Vorstand gehört außerdem Prof. Alberto Gil (Bonn). Ziele des Institutes sind die „Förderung der Wissenschaft" und „Wissenschaftshilfe für Entwicklungsländer". Im Falle der Auflösung geht das Vermögen an den Stifterverband für die Deutsche Wissenschaft, eine Gemeinschaftsaktion der deutschen Wirtschaft, die es „zur Förderung der Arbeit deutscher Wissenschaftler" an der Opus-Universität Pamplona zu verwenden hat. Dieser Stifterverband hat übrigens 1979 mit der Fundación General Mediterránea (S. 59), der Fundamérica (S. 61) und der Bernard van Leer-Foundation (Den Haag) die FGM-Stiftung in Zürich (S. 63) gegründet und dabei 164 550 Franken gestiftet. Gründungsmitglied war Arthur Wiederkehr (S. 58 ff.).

In Österreich wirkt der „Club Belvedere, Institut für kulturelle und wissenschaftliche Zusammenarbeit". Federführend sind die Professoren Oswald Jahn, Emo Valencak sowie Ewald Ritschl und Alfred Berger.

Opus Dei e. V. und Mitarbeitervereinigung

Der Opus Dei e. V. (s. S. 46) ist die rechtliche Vertretung des Opus Dei in Deutschland. In der „Mitarbeiter-Vereinigung der Prälatur Opus Dei in Deutschland", die 1987 gegründet wurde, sind die Mitarbeiter des Opus Dei (s. S. 162) vereinigt. Mitarbeiter, die es auch in der Schweiz und in Österreich gibt, werden vom Regionalvikar auf Vorschlag eines Mitglieds der Prälatur ernannt. Am Tag der Ernennung kann der Mitarbeiter – sofern er katholisch ist – einen vollkommenen Ablaß gewinnen. Jeder Mitarbeiter erhält eine Mitgliedskarte, die vom Regionalvikar unterschrieben ist.

II. Beziehungen und Verbindungen

Erbadel

Laut Vladimir Felzmann sagte Escrivá, das Opus Dei sei am Erbadel interessiert.[13] Er selbst war zum Marqués von Peralta aufgestiegen.

Europäische Fürstenfamilien, denen am Erhalt oder an der

---

[13] Felzmann, S. 204.

Restauration feudalistischer Strukturen gelegen ist, stützen das Opus Dei, während das Opus Dei umgekehrt gern auf die Dienste dieser begüterten Kreise setzt.

Einige Hinweise: da wirbt Otto von Habsburg für das Werk. Da weihte 1966 die englische Königinmutter neue Opus-Gebäude in London ein. Das entsprechende Foto wird seitdem vom Opus Dei international bei allen möglichen Gelegenheiten vorgezeigt. Über die Beziehungen des spanischen Königshauses zum Opus Dei bestehen keine Zweifel: König Juan Carlos de Borbón wurde von Opus-Lehrern erzogen.[14] Und: Als Escrivá vom Papst zum „Venerabilis" erhoben wurde, feierte Nuntius Giovanni Moretti in der Brüsseler Kirche Saint-Jacques sur Coudenberg an der Place Royale, gegenüber dem königlichen Schloß, eine Messe in Konzelebration – unter Beteiligung des Opus Dei sowie seiner Freunde am Hof und in der Politik.

Das bedeutet nicht, daß diese Familien dem Opus Dei aktiv angehören. Sondern das Stichwort heißt: gegenseitige Indienstnahme. Vinzenz Liechtenstein, österreichischer Abgeordneter zum Bundesrat, bezweifelt nicht, daß das Opus Dei „sicherlich im Adel eine ganze Reihe von Sympathisanten" habe, zu denen er selber gehöre. Aber persönlich seien ihm nur zwei Adelige bekannt, „die beim Opus Dei sind".[15]

Internationale Akademie für Philosophie in Liechtenstein

Man muß sich hüten, alles, was restaurativ oder fundamentalistisch ist, einfach dem Opus Dei zuzurechnen. Das wird gelegentlich übersehen. So schrieb der Kirchenrechtler Knut Walf (Nimwegen): „Im Steuerparadies Liechtenstein unterhält das Opus Dei die ‚Internationale Akademie für Philosophie' (IAP), mit deren Hilfe man akademische Lehrer in Europa und Nordamerika erreichen möchte."[16] Doch das stimmt so nicht. Die Sache ist viel differenzierter. Eher stellt sich das Ganze so dar:

Prinz Nikolaus („Niki") Liechtenstein, der das Fürstentum Liechtenstein beim Vatikan vertritt, ist Gründer der Akademie und Präsident des Stiftungsrates. Er selbst ist nicht Opus-Mitglied, was aber nicht bedeutet, daß Opus-Kreise nicht mit ihm in Verbindung stün-

[14] Vgl. Das Lieblingskind, in: Der Spiegel, Hamburg, Nr. 46/1970, S. 157.
[15] ORF-Filmdokumentation „Soldaten Gottes", in: Inlandsreport,
2. Februar 1989, Autor: Peter Resetarits.
[16] Fußnote 22, Kapitel VIII, S. 252.

den. Unter den „zusammenarbeitenden Professoren" der Akademie sind mindestens drei Mitglieder des Opus Dei, eins davon ist auch im römischen Caffara-Institut tätig, und Caffara selbst gehört zur „interdisziplinären Fakultät" der Akademie.

„Zusammenarbeitender Professor" der IAP ist auch der gebürtige böhmische Prinz Nikolaus Lobkowicz, Rektor der Katholischen Universität Eichstätt, der nach eigenem Bekunden dem Opus Dei nicht angehört, wiewohl er häufiger auf Veranstaltungen der Organisation bzw. ihr nahestehender Institutionen aufgetreten ist und Verwandte im Opus Dei hat, wie man im Umfeld des Vorarlberger Opus-Bischofs Küng weiß. Die Beziehungen zum Liechtensteiner Hochadel pflegt dagegen die Churer Kurie (s. S. 187).

In Deutschland ist der Leiter der Opus-Informationsabteilung ein Adeliger: der Numerarier Ruthard von Frankenberg und Ludwigsdorf. Vorsitzender der Studentischen Kulturgemeinschaft (s. oben) war seit den fünfziger Jahren Fra Hubertus Graf Ballestrem, unverheirateter Profeß-Ritter des Malteser-Ordens; seit 1988 ist er „nur" noch Vorstandsmitglied. Dem Vorstand gehörte in den fünfziger Jahren der später verstorbene Hermann Freiherr von Boeselager an, dann Philipp Freiherr von Wambolt.

Im Vorstand der Fördergemeinschaft für Schulen in freier Trägerschaft (s. oben) sitzt der CDU-Bundestagsabgeordnete Alois Graf von Waldburg-Zeil, ein Schwager von Lobkowicz. An Veranstaltungen bzw. an Publikationen Opus-naher Institutionen haben Michaela Freifrau Heereman (geb. Freiin von und zu Guttenberg), Johanna Gräfin von Westphalen (geb. Gräfin von Galen) und Gabriele Gräfin Plettenberg mitgewirkt.

1987 ist Rudolf Graf von Westphalen Vorstandsvorsitzender des Förderkreises Bildungszentrum Widenberg in Münster (s. oben). Sein Neffe Benedikt Graf von Westphalen arbeitete – nach Ekaizer – für Ruiz Mateos.

Kanäle

Wie fein gewisse Kanäle sind, zeigen drei Beispiele, in denen ein Verbundsystem aus ideologischer Zuneigung, gegenseitiger Indienstnahme, Wissenschaft, Kapital und Konspiration sichtbar wird.

Erstens: der Prorektor der Liechtensteiner Akademie, der dem Opus Dei wohl nicht angehört, wirkt an einem Colloquium mit, das vom Lindenthal-Institut veranstaltet wird und an dem auch deutsche

Industrielle teilnehmen. U. a. referiert Opus-Mitglied Bernardo Villegas, Vizepräsident des Opus-nahen CRC, der politischen Denkfabrik auf den Philippinen, die von der Rhein-Donau-Stiftung in Zusammenarbeit mit CSU-Politikern unterstützt wird. Organisator ist Hans Thomas vom Lindenthal-Institut, der Rhein-Donau-Stiftung und der Limmat-Stiftung.

Zweitens: Prof. Heinz J. Kiefer ist Vorstandsvorsitzender des „Ruhrinstitutes für gesellschaftlichpolitische Forschung und Bildung". Es residiert in einer Villa in Essen und veranstaltet für Führungskräfte jährlich 120 Tagungen zur katholischen Gesellschaftslehre, die dabei theologisch wie politisch konservativ ausgelegt wird. Das Institut arbeitet mit dem Industrie-freundlichen „Institut für Gesellschaftswissenschaften Walberberg e. V." des Dominikaners Streithofen zusammen. Kiefer war zuvor Vorstandsmitglied der Rheinstahl AG in Dortmund. Die Rheinstahl AG ist eine Tochter der Firma Thyssen, in deren Leitungsetage Leute sitzen, die dem Opus Dei wohlgesonnen sind. 1960 hat die Firma zum Beispiel dem Deutsch-Internationalen Kulturverein in Köln ein wertvolles Grundstück geschenkt. Von der Kölner Fritz-Thyssen-Stiftung erhielt Martin Rhonheimer ein Forschungsstipendium. Bis 1990 war er Hausgeistlicher im Studentenhaus Fluntern; er lehrt an der Opus-Einrichtung „Centro Accademico Romano della Santa Croce" in Rom und ist Sohn von Hans Georg Rhonheimer, dem Stiftungsratspräsidenten der Limmat-Stiftung.

Kiefer war auch Vorsitzender des Verwaltungsrates der katholischen Zeitschrift „Weltbild", die im Auftrag der deutschen Bischöfe herausgebracht wird. Er genießt seit langem das Vertrauen des Essener Kardinals Hengsbach, der dem Opus Dei nahesteht. Als Leiter des Ruhrinstitutes trägt der Volkswirtschaftler Kiefer einen informationswissenschaftlichen Professorentitel, den er von der Opus-Dei-Universität in Pamplona erhielt.

Mit der Arbeit des Ruhrinstitutes verband Kiefer in den siebziger Jahren die Essener Seminare, die außer von ihm auch von Werner Schmidt, dem heutigen Finanzchef des deutschen Opus Dei und Generalsekretär der Rhein-Donau-Stiftung sowie von German Rovira, dem heutigen Leiter des IMAK, veranstaltet wurden. In den achtziger Jahren wirkte Kiefer als Honorarprofessor an der Katholischen Universität Eichstätt. Als der zweite Lehrstuhl für den Studiengang Diplom-Journalistik zu besetzen war, schaltete er sich ein und schlug dem Präsidenten der Universität, dem Opus-nahen Nikolaus

Lobkowicz, den spanischen Professor Angel Faus-Belau von der Opus-Universität Pamplona vor. Lobkowicz war in einer gewissen Verlegenheit, weil er außerdem einen Vorschlag von Elisabeth Noelle-Neumann, der Leiterin des Allensbacher Instituts, hatte, die sich, wie er wissen ließ, für Harald Vocke von der (Opus-freundlichen) „Deutschen Tagespost" einsetzte. Überzeugendere Katholiken als Faus-Belau und Vocke, so Lobkowicz, seien wohl kaum zu bekommen. Doch eine Besetzung mit Vocke oder Faus-Belau scheiterte; die zuständigen Gremien der Universität merkten, was gespielt wurde.

Drittens: 1987 fanden in Kevelaer der 17. Marianische und der 10. Mariologische Weltkongreß statt. Die Federführung hatte der IMAK, der kurzerhand ein Rahmenprogramm organisierte. Die Ausweitung hatte zur Folge, daß das Opus Dei im offiziellen Programm durch Mitglieder und Sympathisanten aus dem deutschsprachigen Raum außerordentlich stark vertreten war; dazu gehörten beispielsweise der Wiener Weihbischof Krenn und der ÖVP-Bundesrat Herbert Schambeck (Thema in Kevelaer: „Was sagt Maria der Politik?"), den man in Opus-Kreisen „Kardinal" nennt. Einen Tag lang durfte die „Ostpriesterhilfe Kirche in Not" das Programm gestalten, womit sich der IMAK sozusagen für die Unterstützung bedankte, die das Opus Dei erfahren hat (s. S. 63).

III. Arbeitsschwerpunkte des Opus Dei

Gymnasien und Hochschulen

Wie in allen Ländern, so liegt auch in Deutschland, Österreich und der Schweiz der wichtigste Schwerpunkt der Opus-Arbeit bei Schülern und Studenten. Warum sich das Opus Dei schon an Schüler wendet, ist in „Crónica" dargelegt. Escrivá schreibt: „Berufe müssen aus jedem sozialen Milieu kommen, aus allen Bereichen. Und es ist leichter, sie aus jungen Leuten zu bekommen. Ich bestehe darauf, daß Menschen aller Altersgruppen zum Werk kommen; sie werden mit 40, 50 und sogar noch älter kommen, aber wir haben freudig dafür zu sorgen und hart dafür zu arbeiten, daß junge Leute kommen, die ihr Leben und ihren Kampf mit diesem Ideal beginnen."[17]

[17] Crónica, 1963, Heft 1.

Die Arbeit soll in den „höheren Klassen des Gymnasiums" beginnen, besonders in jenen Orten, wo der „Anfang des Universitätslebens oder des Arbeitslebens" bereits „schwere Gefahren der ideologischen und moralischen Fehlorientierung" einschließt.

In Österreich machte das Opus Dei landesweit von sich reden, als der Opus-nahe Wiener Weihbischof Krenn kurz nach seiner Amtsübernahme einen Teil der Studentenseelsorge in Wien an das Opus Dei mit der Studentenkirche St. Karl übergab (s. S. 65) – gegen den erklärten Willen der Katholischen Hochschuljugend (KHJ). Auf die Frage nach der gesamten Neuregelung sagte er nur: „Ich hab' schon meine Gründe." Die Maßnahmen wurden über die Köpfe der Betroffenen hinweg verfügt, ein Dialog wurde abgewürgt. Krenn, dem auch eine Nähe zum „Engelwerk" nachgesagt wird, hatte schon als Professor in Regensburg an Treffen der Priesterkreise des Opus Dei teilgenommen. Zum Studentenseelsorger ernannte Krenn den Opus-Priester Ernst Burkhart, der auch Rektor der Karlskirche wurde und dann – als Nachfolger Küngs – der neue Regionalvikar des Opus Dei in Österreich. Als im Januar 1989 ein Protestmarsch von Katholiken aus ganz Österreich – unter ihnen Salzburgs Alt-Landeshauptmann Jakob Lechner – wegen der letzten Bischofsernennungen zur Wiener Nuntiatur zog, ließ Burkhart die Glocken der Karlskirche läuten, um die Veranstaltung zu übertönen. Im November 1989 ging umgekehrt Nuntius Donato Squicciarini, der dem Opus Dei zugetan ist, gern auf eine Einladung Burkharts ein, vor einem erlesenen Kreis im Tagungshaus Hohewand einen Vortrag zu halten.

Bioethische Institute und Studienkreise

Neuerdings bemühen sich Opus-Mitglieder verstärkt um die Gründung bioethischer und anthropologischer Arbeitskreise, die sich besonders mit Fragen der Abtreibung, Embryonenforschung und Geburtenkontrolle befassen. Das Lindenthal-Institut beabsichtigt, in Heidelberg und Hannover, wo Opus-Kräfte vor allem im Breich der renommierten Medizinischen Hochschule (MHH) wirken, „wissenschaftlich-interdisziplinäre Studienkreise (z. B. medizinisch-rechtlich-ethisch)" ins Leben zu rufen. Zuständig ist Opus-Mitglied Winfried Kluth, Vorstandsmitglied im Lindenthal-Institut und in der Juristenvereinigung Lebensrecht e. V., in der Opus-Mitglieder gezielt mitarbeiten.

Die Schweizerische Gesellschaft für Bio-Ethik (Präsident:

Edgardo Giovannini) arbeitet ebenfalls im Sinne des Opus Dei und interdisziplinär. Im Umfeld der Universitäten Basel und Bern sowie der ETH Zürich wurden entsprechende Arbeitskreise bzw. Studentenvereine gegründet.

In Österreich hat Primarius Johannes Bonelli, Initiator der GFB (S. 170) und der GFO (S. 174), das „IMABE – Institut für medizinische Anthropologie und Bioethik" in Wien errichtet, dessen Vorsitzender er 1986 wurde. 1989 trat sein Institut mit der Schweizerischen Gesellschaft an die Öffentlichkeit.[18] Mehr als 20 der 27 Autoren gehören nachweislich entweder dem Opus Dei an oder sind – zum Teil mehrfach – in Opus-nahen Einrichtungen aufgetreten. Auch Mitglieder des Lindenthal-Institutes und der IAP Liechtenstein sind unter den Autoren. Das Buch bringt Beiträge aus „Symposien, Expertengesprächen und Diskussionen", die von beiden Einrichtungen veranstaltet wurden.

1991 wurde das IMABE, dem der Feldkircher Bischof Küng, Familienbischof der österreichischen Bischofskonferenz, wohlgesonnen ist, zu einer offiziellen Einrichtung der Bischofskonferenz. Vorsitzender des Kuratoriums ist der bischöfliche Referent für das Spitalwesen – derzeit Bischof Alfred Kostelecky, der sich an Veranstaltungen Opus-naher Einrichtungen beteiligt.

Diözesen und Pfarreien

In Wien wirken Opus-Priester seit 1970 an der Rektoratskirche St. Peter im Zentrum der Stadt. Landesweite Aufwertung erhielt das Opus Dei in Österreich, als sein Regionalvikar (= Leiter) Klaus Küng zum Bischof von Feldkirch ernannt wurde. Die Umstände zeigen, wie geschickt Vatikan und Opus Dei agieren:

Am 22. Dezember 1986 brachten die „Vorarlberger Nachrichten" die Nachricht von der Ernennung Küngs an die Öffentlichkeit.[19] Radio Vatikan bestätigte. Ein Aufschrei ging durch Vorarlberg. Priesterrat und Leitung der Diözese sahen sich hintergangen. Der amtierende Bischof Bruno Wechner machte ebenfalls aus seiner Ablehnung kein Hehl. Nunmehr wurde dementiert. Küng hatte schon gesagt, er wisse nichts.[20] Der Vatikan wartete mehr als zwei Jahre, bis

---

[18] IMABE – Institut für medizinische Anthropologie und Bioethik und Schweizerische Gesellschaft für Bioethik, Der Status des Embryos, Wien 1989.

[19] Feldkircher Klaus Küng wird neuer Landesbischof, in: Vorarlberger Nachrichten, Bregenz, Nr. 295, 22. Dezember 1986, S. 1.

sich die Wogen etwas geglättet hatten. Dann wurde Küngs Ernennung endgültig bekanntgegeben. Bischof Wechner, so hieß es in der römischen Bischofskongregation, sei darauf hingewiesen worden, daß er still sein solle. Küngs Ernennung sei aus „weltkirchlichen Gründen" erfolgt. Erneut kam es zu Kundgebungen und Demonstrationen. „Kirche sind wir alle" nannte sich die Aktionsgemeinschaft, die am Tag der Bischofsweihe einen Schweigemarsch mit 5000 Teilnehmern veranstaltete – für das kleine Land Vorarlberg ein Großereignis. Wenngleich Küng die Gemüter zu beruhigen suchte, so sind Ärger, Verstimmung, Widerstand und Spaltungstendenzen, die durch seine Ernennung hervorgerufen wurden, doch geblieben. 1990 rief die Aktionsgemeinschaft „Kirche sind wir alle" dazu auf, den Kirchenbeitrag (Kirchensteuer) nicht mehr an die Diözese zu zahlen, sondern ihn an andere kirchliche Organisationen, wie die Pfarrei, umzuwidmen. Selbst wenn die Diözese zwangseintreiben und pfänden werde: man sei nicht mehr bereit, u. a. „jene Amtsträger zu unterstützen, die eine Vorschrifts- und Verbotskirche wollen".[21]

In Deutschland bemühte sich 1984 das Opus Dei, die ehrwürdige Basilika St. Gereon in Köln zu übernehmen, die von altersher kirchenpolitisch eine der bedeutendsten Kölner Kirchen ist.[22] Als die Pläne in der Kölner Geistlichkeit erheblichen Unmut hervorriefen, kam es ganz anders. Im August 1984 teilte der damalige Kölner Erzbischof, Kardinal Joseph Höffner, mit, er habe dem Opus Dei eine Pfarrgemeinde in Köln-Holweide zur Übernahme angeboten. Die Mitteilung provozierte einen Aufstand. Dann sagte unmittelbar vor dem Entscheidungstermin die Leitung des Opus Dei die Übernahme der Pfarrei ab, weil „sie ihren Priestern nicht zumuten könne, in der vorgesehenen Pfarrei pastoral zu wirken".[23] Statt dessen übergab die Kölner Erzdiözese zunächst die Pfarrei in dem kleinen Eifelort Kreuzweingarten an das Opus Dei – und dann die Kölner Pfarrei St. Pantaleon, eine der alten traditionsreichen Gemeinden der Stadt am Rhein. Dort bemühen sich die beiden Opus-Geistlichen, die Gemeinde auf die Opus-Linie einzuschwören. Im Oster-Pfarrbrief

[20] DDr. Küng weiß nichts von einer Ernennung zum Vorarlberger Bischof, in: Neue Vorarlberger Tageszeitung, Bregenz, Nr. 296, 23. Dezember 1986, S. 4.
[21] Kirchenbeitrag: Diözese soll Alternative zulassen, in: Neue Vorarlberger Tageszeitung, Bregenz, Nr. 8, 11. Januar 1990, S. 9.
[22] Geheimer Kampf um St. Gereon, in: Kölner Stadtanzeiger, Nr. 82, 5. April 1984, S. 11.
[23] Berichte finden sich zwischen dem 15. August und 10. September 1984 in fast allen deutschen Zeitungen.

1990[24] zum Beispiel belobigen sie das „Freiwerden von der geistigen Lüge, der marxistischen Ideologie" wie von „Materialismus, Atheismus, Hedonismus" etc.; zum Thema „Gerechtigkeit, Frieden und Bewahrung der Schöpfung" meinen sie: „Nicht diskutieren – es ist schon alles gesagt –, sondern beten, gemeinsam beten"; sie wehren sich gegen „Versuche, den Tanz in die christliche Liturgie einzuführen", weil das „stets irgendwie ‚synkretistisch' und deshalb verwirrend" sei; und schließlich suchen sie die Gemeinde in die Peru-Strategie des deutschen und schweizerischen Opus Dei einzubinden, indem sie werbend auf „Meßstipendien für Ayachucho in Peru", eine der Opus-nahen Diözesen, hinweisen.

1990 rief eine Entscheidung des Augsburger Generalvikariates in Starnberg erheblichen Widerstand hervor: die Diözese, so berichtete die „Süddeutsche Zeitung", wolle eine Villa dem Opus Dei übergeben und sie vorher für 8,5 Millionen Mark ausbauen lassen[25] – ein Betrag, deren Höhe das Generalvikariat weder bestätigen noch dementieren wollte. Generalvikar Kleindienst, der des öfteren in Opus-Einrichtungen zu Gast und zum Beispiel im Dezember 1989 nach St. Pantaleon in Köln zu einem Vortrag eingeladen war, sieht ein „Miteinander, das von uns in vieler Beziehung als Gewinn auch für die Seelsorge in diesem Raum angesehen wird".[26] Der Widerstand der Bevölkerung bewirkte, daß das Projekt aufgegeben wurde.

Die Diözese Augsburg begünstigt in Opfenbach-Wigratsbad/Allgäu, nahe Vorarlberg, ein Priesterseminar der Priesterbruderschaft St. Petrus, des romtreuen, nichtexkommunizierten Zweiges der Priesterbruderschaft des Erzbischofs Marcel Lefebvre. Leitungsmitgliedern der Diözese wird überdies eine gewisse Nähe zum „Engelwerk" nachgesagt, jener obskuren Institution, die im Wallfahrtsort Maria Vesperbild (Ziemetshausen) Asyl sucht.

Maria Vesperbild ist auch der Ort, an dem sich Opus-Mitglieder mit ihrem Augsburger Prälatur-Kleriker zu Wallfahrt und Gottesdienst versammelten. Von den genannten Institutionen erfreut sich besonders das Opus Dei des Wohlwollens. Für eine Nähe des Bistums zum Opus Dei gibt es noch weitere Indizien: Bischof Stimpfle schrieb Elogen auf Escrivá. Als Ende 1989 ein neues Haus des Werkes in

---

[24] Horizont, Oster-Pfarrbrief, St. Pantaleon Köln, 2/90.
[25] Fußnote 42, Kap. V.
[26] Doris Metz und Elmar zur Bonsen, Die diskrete Strategie der „Heiligen Mafia", in: Süddeutsche Zeitung, München, Nr. 153, 6. Juli 1990, S. 15.

Augsburg eingeweiht wurde, erschien er mit Generalvikar Kleindienst persönlich. Das Generalvikariat engagierte eine Opus-Frau
aus Köln, um ihr die Ausbildung der Pastoralreferentinnen und -refe-
renten im Bistum zu übergeben; im Bildungshaus St. Ulrich (Augsburg) finden jährlich Treffen der Priestervereinigung des Opus Dei
statt. Domkapitular Andreas Baur schrieb in einer Buchveröffentli-
chung des IMAK.

Nicht nur in der Diözese Augsburg sind Mitglieder der Prälatur im
Generalvikariat tätig. So wirken Priester des Opus Dei an diözesanen
Gerichten in Deutschland und der Schweiz. Gerade die Gerichte, die
sich vornehmlich mit der Ehemoral zu beschäftigen haben, sind offensichtlich besondere Zielobjekte. Im Bistum Osnabrück ist der Opus-
Kleriker César Martínez sogar Offizial (Leiter der bischöflichen Ge-
richtsbarkeit).

Den Offizial stellt das Opus Dei – in der Person von Joseph M.
Bonnemain – auch im Bistum Chur. Mehrfach wurde behauptet, daß
selbst Bischof Wolfgang Haas, der gegen massiven Widerstand der
Diözese ins Amt kam, und seine Generalvikare Casetti und Huonder
dem Opus Dei angehörten. Jedoch: alle drei haben zwar Sympathien
für das Opus Dei bekundet, aber mit Sicherheit sind sie keine „Kleriker der Prälatur" – im Gegensatz zum österreichischen Nachbar-
bischof Küng, der die Ernennung von Haas verteidigte.

Doch selbst wenn sie nicht auf diese Weise und auch nicht, was
immerhin möglich wäre, über die Priestergesellschaft vom Heiligen
Kreuz dem Werk verbunden sind – in ihren römischen Zielen unterscheiden sich die drei Churer wohl kaum vom Opus Dei. Ein halbes
Jahr, bevor Haas durch den Vatikan zum Bischof von Chur ernannt
wurde, weilte Prälat Alvaro del Portillo in Genf. Da ließ er – laut
Augustin López Kindler, dem schweizerischen Regionalvikar – wissen, was er sich von der helvetischen Kohorte seines mobilen Corps
wünsche: „einen Kreuzzug der Romanität in der Schweiz".

XVII
Erwägungen über die kirchliche Bedeutung des Opus Dei

Das Opus Dei ist eine religiöse, eine kirchliche Bewegung und Organisation. Man muß es als solche würdigen. In seinem religiösen Ernst kann es zu einer kritischen Anfrage an jene werden, die ihm nicht angehören. Haben sie etwa das berühmte „Aggiornamento" zur bloßen Anpassung verkommen lassen, das die Unbequemlichkeiten eines christlichen Lebensstils scheut? Sind sie in der Sorge um das Apostolat der Kirche in der Welt von heute den Trends zu einer oberflächlichen Befriedigung von Bedürfnissen – auch religiösen – erlegen? Ist ihnen der Inhalt ihres Glaubens so wertvoll, daß sie ihn nicht der Beliebigkeit anheimgeben? Solche Impulse zu einer selbstkritischen Besinnung können von dieser „Kampftruppe des christlichen Alltags" ausgehen. Nicht zuletzt darum ist es wenig sinnvoll, das Opus Dei ohne lange Überlegung als einen Skandal anzuklagen oder als eine skurrile Erscheinung abzutun. Wem an einer lebendigen Weitergabe des Glaubens in einer wirklich lebendigen Kirche gelegen ist, tut gut daran, sich der Herausforderung durch das Werk Escrivás zu stellen.

Wegen seiner einheitlichen und anscheinend so klaren Sicht von Welt und Kirche und dank seiner organisatorischen Geschlossenheit übt das Opus Dei Faszination auf viele aus, denen an einer weltanschaulich geschlossenen und schlagkräftigen Kirche gelegen ist – mögen dies Kirchenführer oder Laien sein.

Bei der Realisierung seiner Zielsetzung, den einzelnen und die Gesellschaft christlich zu formen, aber gerät das Werk in den Bann der Macht und des Erfolgsdenkens. Aufgrund seiner Überzeugung, daß die Wahrheit nur „von oben nach unten" vermittelt werden kann und daß nur auf diesem Wege die Kirche sich aufbaut, wendet sich der Geist des Opus Dei durch seine Mitglieder gegen jene Aufbrüche in der Kirche der Gegenwart, in denen der einzelne Christ an der Basis als religiöses und menschliches Subjekt zu sich selbst kommt und handelt.

Durch seinen Kampf gegen „Sinnlichkeit" und (theoretischen wie praktischen) Atheismus gerät das Opus Dei in die weltanschauliche

Nähe jener, ja stützt es sie, die dem Geist der Neuzeit mißtrauisch gegenüberstehen und sich gesellschaftlichen Veränderungen widersetzen.

Niemandem sei das Recht bestritten, seinen Christenglauben auf seine Weise und in ihm angemessen scheinenden Formen zu leben. Doch es steht zu befürchten, daß das starre Festhalten an dem alten Ideal einer geschlossenen Christenheit dem Christentum und seinem Auftrag, den Glauben weiterzugeben, die Zukunft verstellt. Der spirituelle Anspruch des Opus Dei erweist sich in einer immer komplexer werdenden Welt als fragwürdig. Die Prätention, im Besitz der unwandelbaren Wahrheit zu sein und sie unverändert in der Form der Gründerjahre verkünden zu können, die Scheidung der Welt in Gut und Böse, die geistige Militanz – das alles mag viele Zeitgenossen ansprechen, weil es ihnen geistigen Halt und weltanschauliche Geborgenheit verspricht, doch diese Geborgenheit wird um den Preis dogmatischer Starre, und institutionelle Geschlossenheit wird um den Preis der Einengung des einzelnen erkauft. Ist das Geist vom Geist des Herrn, der Freiheit ist (2 Kor 3,17)?

Das Opus Dei hat sich die Heiligung des Alltags zum Programm gemacht. Folgerichtig strebt es auch an, was man die „Heiligung der Gesellschaft" nennen könnte. Doch ist der angemessene, der evangeliumsgemäße Weg dazu wirklich das Vorgehen „von oben nach unten"? Hat uns nicht die Geschichte leidvoll darüber belehrt, daß das Zusammenwirken von Thron und Altar oft genug zur Unfreiheit und zur blutigen Verfolgung derer führt, die sich nicht beugen wollen? Ist der „heilige Zwang" wirklich das geeignete Mittel, den christlichen Glauben in einer personalen Bekehrung ins Zentrum der menschlichen Existenz gelangen zu lassen? Bedarf es zur Heiligung der Gesellschaft der Bindung an das kapitalistische Wirtschaftssystem? Braucht es dazu finanzielle Transaktionen und ökonomische Cleverness?

Das Opus Dei will eine Erneuerung der Kirche im Geist der Tradition – doch welcher Tradition? Ist der „Integrismo católico" aus dem Spanien der zwanziger und dreißiger Jahre, der den Gründergeist des Werkes prägte, wirklich die große katholische Tradition von den Kirchenvätern bis hin zu John Henry Newman, von Benedikt bis zu Charles de Foucauld?

Das Opus Dei sucht zur Realisierung des angestrebten geistigen Wandels in der Kirche den Einstieg in ganz materielle Machtstrukturen und die Sicherheit offizieller kirchlicher Positionen. Mit dieser erwünschten und tatsächlich erreichten Etablierung ist aber auch eingetreten, was man in der Kirchengeschichte bei Reformbewegungen oft beobachten kann: aus Propheten wurden Prälaten. Muß vor diesem Hintergrund nicht die Versicherung, Ziel und Mittel des Werkes seien „gänzlich und ausschließlich übernatürlicher, geistlicher und apostolischer Art", neu gelesen werden – nämlich als religiöses Programm, als Anspruch und nicht als Schilderung der Praxis und Realität des Opus Dei?

Die Auseinandersetzung mit dem Opus Dei wird dem Nichtmitglied schwergemacht: Informationen werden zurückgehalten, Dementis ergehen, wenn Mitglieder oder Freunde des Opus Dei in den Geruch kritikwürdigen Handelns geraten, Kritiker werden als uneinsichtig oder böswillig gebrandmarkt, das strahlende Bild der rein geistlichen Bewegung wird gepflegt. Zugleich aber ist diese Bewegung dabei, innerkirchlich durch zielstrebiges Handeln Bastionen religiöser Macht zu erobern und sich Privilegien zu sichern, deren größtes die Erhebung zur einzigen Personalprälatur in der Kirche (1982) ist.

Katholisches Christentum erscheint in dieser Form insbesondere als Interesse daran, Besitzstand zu wahren und Einfluß zu mehren. Das mag beeindruckend scheinen – aber ist es Geist vom Geist des machtlosen Gekreuzigten? Ist nicht gerade die ständige Berufung auf die rein geistliche Intention des Werkes in Abhebung von der durchaus weltlichen und irdischen Praxis seiner Mitglieder verräterisch?

Mancher Zeitgenosse wird diese Fragen mutatis mutandis an die große Kirche selbst stellen. Und er wird folglich das Opus Dei lediglich als einen Repräsentanten der kirchlichen Institution überhaupt verstehen. Aber in eben der Großkirche, mit deren Tradition das Opus Dei in so vielen Punkten einiggeht, gibt es doch auch (noch) den Raum für eine theologische Haltung zur Welt, die sich nicht immer wieder per Dementi von dieser abgrenzen muß, für die Freiheit des einzelnen, nach neuen Formen christlicher Existenz zu suchen, für die Subjektwerdung der Armen und Unterprivilegierten, die bislang nichts als das Material der Geschichte und das Objekt der religiösen Verkündigung waren. Für die Erhaltung dieses Raums der Freiheit und Entfaltung einzutreten ist heute eine der wichtigsten Aufgaben für Christen, denen an ihrer Kirche liegt.

Sie können sich im Umgang mit dem Opus Dei und seiner Präsenz in der Kirche nicht einfach an die kirchliche oder gar staatliche Autorität wenden, mit dem Begehren, diese möge dem Treiben des Werkes, etwa in seiner Jugendarbeit oder Mitgliederwerbung, Einhalt gebieten. Jugendliche verdienen Schutz vor Übergriffen und Eingriffen in ihre Entwicklung. Doch dies ist zunächst Sache der Familie, zumal der Eltern, und nicht der Behörden. Vor dem Appell an die Autorität heißt es die eigene Verantwortung, die eigene Aufgabe und Chance wahrzunehmen. Wer allzu rasch nach Regelung „von oben" verlangt, begibt sich seines Anspruchs auf eigenständiges Handeln.

Das Opus Dei ist durch seine Quantität – rund 76000 Mitglieder aus 87 Nationen, gewonnen in sechs Jahrzehnten – und durch seine kirchenrechtlich privilegierte Stellung ein wichtiger Faktor in der Weltkirche geworden, der sich nicht einfach als bloße Fehlform des Katholizismus charakterisieren läßt. Der Streit um das Werk zeigt vielmehr einen grundlegenden Konflikt an: den Konflikt um zwei Bilder von Kirche, die man pointiert „monozentrisch" bzw. „polyzentrisch" nennen kann. Es geht dabei nicht nur um die Organisation – hier ein Zentrum, das weltweit alles im Sinne der Einheitlichkeit leitet und überwacht, dort viele kleinere Zentren mit vielfältiger Pastoral, Theologie, Liturgie. Es geht auch um einen Zentralismus der Spiritualität und Mentalität und andererseits um die Mannigfaltigkeit in den Gestalten des Glaubens und seiner Weitergabe. So wie sich das Opus Dei heute darstellt und wie es sich von kirchlichen und staatlichen Kräften in Dienst nehmen läßt, erscheint es nicht mehr so sehr als eine jener vielen möglichen Gestalten des Christentums, sondern eher als das geeignete Instrument, die Kirche geistig und institutionell gleichzurichten – mit allen negativen Folgen für den einzelnen, aber auch für die Glaubwürdigkeit der Kirche selbst.

Wir werden mit dem Werk Escrivás leben müssen. Wir haben es als einen herausragenden und mächtigen Repräsentanten der Strebungen zu sehen, die die Neuanfänge der Theologie in diesem Jahrhundert und insbesondere die Aufbrüche nach dem Zweiten Vatikanischen Konzil zurückstutzen wollen. Über diese Strebungen und mit ihnen insgesamt ist in der kirchlichen Öffentlichkeit der Disput zu führen. Unterrichtung über das Opus Dei ist ein Moment dabei.

Anhang

Geist und Fromme Gewohnheiten

De Spiritu et de piis servandis Consuetudinibus
Rom, 9. April 1990
Auszüge, aus dem Lateinischen übersetzt

Geist des Opus Dei

1. Der Geist des Opus Dei und die ihm eigentümliche aszetische Praxis haben ihre spezifischen, genau festgelegten Ausprägungen, um das besondere Ziel [des Opus Dei] zu erreichen. Dieser Geist und diese Aszetik unterscheiden sich gänzlich vom Geist und den Lebensformen des Weihestandes.

18. Die treue Erfüllung der Normen der Prälatur wird in allen Mitgliedern den genuinen Geist des Opus Dei keimen lassen und ihnen die unserer Familie eigenen Leitlinien tief einprägen.

20. Unser Herz, das zum Lieben geschaffen ist, soll vor allem Christus, Maria, seine und unsere Mutter, und den Römischen Pontifex lieben. Diese Liebe wird uns das Opfer lehren, die Reinheit und die Entsagung, deren Frucht immer „Freude mit Frieden" ist.

22. Wir sind das Eigentum [mancipium = gekaufte Sklaven] der Kirche. Deshalb ist uns nichts erwünschter, nichts angenehmer, als ihr zu dienen.

59. Ein anderes spezifisches Mittel unseres Apostolates sind die Freundschaft und der beständige Umgang mit den Kollegen, auch ohne daß dazu besondere Vereinigungen zu religiösem Tun nach außen errichtet werden.

64. Das Opus Dei ist gewiß eine Familie, aber es ist zugleich eine Kampftruppe. Eine Familie, die in froher und liebevoller Zuneigung verbunden ist; und eine Kampftruppe, zum geistlichen Kampf bestens gerüstet dank straffster Disziplin.

Fromme Gewohnheiten des Opus Dei

71. Zu Ehren und zum Lob der Seligsten Dreifaltigkeit wird während des Triduums vor dem Fest der Heiligsten Dreifaltigkeit in allen Zentren das Trisagium Angelicum gesungen oder gesprochen.

87. Bevor die Gläubigen des Opus Dei zu Bett gehen, knien sie nieder und sprechen andächtig drei „Ave Maria" – die „Ave Puritatis" [der Reinheit] –, die Arme wenn möglich in Kreuzesform ausgebreitet.

97. Am Vorabend des Festes des heiligen Joseph, unseres Vaters und Herrn, ist, gemäß dem Caeremoniale, die Zeremonie der Bitte um Berufungen zu begehen [u. a. Aufstellung der „Josefsliste"; vgl. Fußnote 9, S. 15].

117. Jeden Tag, am frühen Morgen, bieten alle, die Stirn zu Boden in den Staub gebeugt, Gott ihre Arbeit und ihr Leben an, indem sie dabei sprechen: „Serviam" [ich will dienen].

119. Unter den Gläubigen des Opus Dei sind Geschenke, auch die kleinsten, verboten.

120. Damit sich die Numerarier und Assoziierten den Geist der Armut besser erwerben, geben sie jeden Monat dem örtlichen Direktor über Einnahmen und Ausgaben [Taschengeld, vgl. S. 55] Rechenschaft; es sei denn, dem Direktor scheint eine andere Regelung gut.

125. Um den Körper zu züchtigen und dienstbar zu machen, sollen die Numerarier und Assoziierten des Opus Dei mit Zustimmung ihres geistlichen Leiters an der frommen Gewohnheit festhalten, täglich mindestens zwei Stunden lang einen kleinen Bußgürtel zu tragen; außerdem sollen sie einmal pro Woche die Geißel benutzen und auf dem Fußboden schlafen, sofern es ihrer Gesundheit nicht schadet.

Interview mit Father Vladimir Felzmann

mit dem Tonband aufgenommen am Pfingstmontag,
11. Mai 1984, in London
Interviewer: Peter Hertel
(Aus dem Englischen übersetzt)

H.: Herr Pfarrer Felzmann, Sie haben geschrieben, Opus Dei sehe sich selbst als „Armee auf dem Marsch", als „eine Kampftruppe – una milicia". Könnten Sie das bitte näher erklären?

F.: Nun, der Gründer pflegte sehr oft zu wiederholen, daß die Worte, die ihn – noch bevor er eine Ahnung vom Opus Dei hatte, nämlich als er ein Teenager war – am meisten begeisterten und sehr oft aus dem Unterbewußtsein ins Bewußtsein kamen, die folgenden waren: „Ignem veni mittere in terram – Ich bin gekommen, um Feuer auf die Erde zu werfen. Und ich will, daß es brenne." [Vgl. Lk 12,49.] Und das war die ihn inspirierende, eifernde Antriebskraft hinter dem ganzen Opus Dei.

Der Gründer hatte am 2. Oktober 1928 ein geistliches Erlebnis. Da fühlte er, daß Gott wünschte, er solle etwas beginnen, nämlich eine Bewegung, die ein Weg werden könne, das Evangelium und das Christentum auszubreiten. Aber offensichtlich tat er es in der Ausdrucksweise seiner eigenen Kultur. Und das bedeutete im Spanien und Europa von 1928 jenen militärischen Anstrich, wenn Sie es so sagen wollen.

Es war ein Krieg, ein Kampf. Vieles von dem, was er sein Leben lang sagte, spiegelt das wider. Alles dreht sich um das Einheitsdenken: innerhalb der Organisation muß es totale Einheit geben. Die einzige nicht vergebbare Sünde war die Uneinigkeit: Gehorsam war die Hauptsache, Ordnung, Organisation, Verleugnung des Individuums. Das Individuum bedeutete nichts: wir haben uns aufzugeben, völlig aufzugeben. Wenn man ins Opus Dei eintritt, muß man von sich selber ablassen. Das hat der geistliche Leiter des Opus Dei in England jahrelang quasi gepredigt: die Abtötung des Geistes; in derselben Weise, in der man den Körper abzutöten hat, muß man den Geist abtöten. So werden alle individuellen und subjektiven Gefühle dem großen Kreuzzug untergeordnet, der das Christentum in einer im wesentlichen feindlichen Welt ausbreiten sollte.

So war es weitgehend in Spanien. Da war in jener Zeit der Bürgerkrieg im Anzug – mit allem, was dazugehörte. Die Bewegung entstand also in dieser Kampfes- oder Kriegsmentalität. Und daher rührt alles andere.

Ein Hauptgrund, warum ich das Opus Dei verließ, war die Zensur, die eingeführt wurde. Natürlich zensiert man im Krieg. Das zeigt die Falklandkrise. Selbst in einem so demokratischen Land wie England beginnt man, wenn Krieg ist, Lügen und Halbwahrheiten zu erzählen. Man muß die „Moral" aufrechterhalten. Aber jemand, der die Wahrheit sucht, kann nicht über eine längere Zeit hinweg in solch einer Organisation bleiben.

Ich denke, da ist ein großer Unterschied, ob man kurzfristig eine Diktatur hat, um einen Krieg zu gewinnen – wie es im alten Rom geschah, wie es in den meisten Ländern geschieht. Doch wenn man eine Mentalität hat, die eine dauerhafte Kriegsmentalität ist und deswegen auch eine dauernde Zensur, dann trennt das auf lange Sicht von dem, dem ich zu dienen versuche, nämlich Christus, der Wahrheit, dem Wort Gottes, der Offenbarung usw.

H.: Und es trennt von der Gnade.

F.: Ja.

H.: Bei unserem Vorgespräch sagten Sie mir, Sie sähen Ähnlichkeiten zwischen dem ehemaligen Ritterorden der Templer und dem Opus Dei. Könnten Sie das bitte näher beschreiben?

F.: Ich denke, daß es eine Ähnlichkeit mit den Templer-Rittern auf mehreren Ebenen gibt. Zunächst ist da der militärische Aspekt, der männliche; der Krieg, den die Templer führten, um das Christentum und das Heilige Land vom Islam zu befreien. Opus Dei ist dabei, das Christentum von dem zu befreien, was wir Modernismus, Subjektivismus, Marxismus und Materialismus nennen. Sie kämpften, um in ein goldenes Zeitalter zurückzugelangen, in dem alles vollkommen war. Für Opus Dei bedeutet das: zurück zum Feudalsystem, wo alles seinen Platz hatte, zum vor-cartesianischen philosophischen System, das objektiv ist und nicht subjektiv. Die Männlichkeit steht der Weiblichkeit gegenüber. Die Weiblichkeit ist mit der Romantik in das Christentum und in die westliche Kultur gekommen – wie auch der Subjektivismus, der ein sehr wichtiger Bestandteil unserer Kultur ist.

Es gibt also einen Feind, gegen den man kämpfen muß, genau wie damals [zur Zeit der Kreuzritter].

Eine weitere Ebene ist die der Struktur: Opus Dei ist nicht Teil einer bürgerlichen Organisation, einer bürgerlichen Gesellschaft; die Templer waren nicht Teil des Feudalsystems. Opus Dei ist kein normaler religiöser Orden; es gehört nicht in gleicher Weise zur Hierarchie. Die Templer auch nicht. Sie waren kriegerisch, hingebungsvoll, eifernd, zölibatär, männlich. Aber im Zuge der Unbeweglichkeit, die mit solcher Haltung einhergeht, wurden sie mehr und mehr in materielle Dinge verwickelt. Die Templer wurden schließlich äußerst reich, obwohl sie Armut leben wollten. Es war also eine monastische, hingebungsvolle Kraft, die sie nach und nach unter sehr komplizierten Umständen in eine sehr starke politische und wirtschaftliche Macht umwandelte.

Eine leichte, wenn Sie wollen, aber vielleicht vielsagende Ähnlichkeit ist auch, daß die Schlachthymne der Templer der Psalm 2 war: „Quare fremuerunt gentes, et populi meditati sunt inania?" [Warum toben die Heiden? Was schmieden die Völker nichtige Pläne?] Jedes zölibatäre Mitglied von Opus Dei, männlich und weiblich, spricht oder singt Psalm 2 jeden Dienstag, an dem Tag, an dem es sich auf seine göttliche Abstammung besinnt: „Wir sind Gottes Söhne, wir singen Psalm 2." Die Templer sangen ebenfalls Psalm 2. Da ist also eine gewisse Ähnlichkeit.

Ein weiteres Beispiel: die elitäre Einstellung der Templer. Im Opus Dei herrscht derselbe elitäre Geist. Das kommt, denke ich, wie alles Kriegerische aus einem Gefühl von Korpsgeist und aus einem Feindbild. Wenn man Korpsgeist und einen Feind hat, dann tendiert man nach und nach, wenn man lange genug in dieser Atmosphäre lebt, zur Paranoia, die darin besteht, daß man von der eigenen Größe träumt: du bist der Überlegene, der Beste, du bist einzig, und gleichzeitig hast du einen Feind. Deshalb wirst du von deinem Feind verfolgt, und deshalb gibt es den Argwohn. So ist es mit der Zurückhaltung des Opus Dei gegenüber Journalisten: Dinge, über die nicht gesprochen wird, erscheinen als verdächtig, auch wenn sie an sich völlig harmlos sind.

H.: Opus Dei führt einen Kreuzzug gegen den Marxismus. Beim Stichwort „Kreuzzug" fällt mir das Wort der Kreuzritter „Gott will es" ein. „Gott will es" ist auch die Überzeugung von Opus Dei.

F.: Ganz richtig. „Gott will es. Wir sind von Gott erwählt." Der Gründer hat das eigentlich nie gesagt. Aber Leute in hohen Positionen in Rom – ich war dort fast vier Jahre in der Zentrale – formulierten mit großen Überzeugungskraft: „Opus Dei ist von Gott erwählt worden, die Kirche zu retten." Und sehr wichtige Leute im Opus Dei sagen heute offen, in 20, 30 Jahren wird das einzige, was von der Kirche bleibt, Opus Dei sein. „Die ganze Kirche wird Opus Dei sein. Denn wir haben den klaren, sicheren, orthodoxen Blick in bezug auf alles. Der Gründer ist ja von Gott erwählt worden, die Kirche zu retten. Deshalb ist Gott mit uns."

„Gott mit uns" ist aber auch eine Aussage, der nicht alle Kreuzritter folgten, wenngleich sie dennoch an Kreuzzug dachten. Also: Opus Dei ist weithin ein Kreuzzug gegen den Materialismus, gegen materialistische Grundlagen. Es liebt weder die Freudsche Psychologie noch den Marxismus. Und daher ist Opus Dei volkstümlich. Dabei wird es unterstützt von Bankiers, Konservativen, Leuten aus der Finanzwelt, der Mittelklasse und Aristokratie. Es wird immer deren Unterstützung finden, weil diejenigen, die sich am meisten bedroht fühlen, zu dieser Gruppe gehören. Hier findet Opus Dei Widerhall, und deshalb wird es unterstützt.

Es ist seine geistige Natur, die bestimmten Leuten hilft. Ich glaube, sie hilft ihnen, wenn sie jung sind. Denn diese Art von Hilfe ist nützlich, wenn man jung ist: klare, einfache unkomplizierte Leitlinien in der Spiritualität, der Theologie, der Schrift. Aber wenn man sich weiterentwickelt und sieht, daß jedes Ding zwei Seiten hat, daß jede Stärke auch ihre Schwäche hat, daß auch dann, wenn man recht hat, nicht daraus folgt, daß der andere nicht auch recht hat, daß es einen Pluralismus geben muß... die Komplexität – das wird nicht gern gesehen. Deshalb ist es eine erhebliche Belastung, im Opus Dei zu bleiben, wenn man intellektuell und emotional erwachsen wird.

H.: Ich habe folgenden Eindruck: Opus Dei ist im Spanien der zwanziger Jahre entstanden, das – politisch gesehen – faschistisch und – kirchlich gesehen – integralistisch war: ein geschlossenes katholisches Milieu. Und ein ähnliches kirchliches Muster herrschte in Polen. Aber im Gegensatz zu Spanien konnte sich Polen nach 1945 von jenem kirchlichen Integralismus nicht befreien, aufgrund der gesellschaftlichen Verhältnisse. In Deutschland war es anders: da wurde der Integralismus schon zur Jahrhundertwende bekämpft und als historisches Phänomen schließlich überwunden. Nun suchen der polnische Papst, einige vatikanische Monsignori und Kardinäle die Entwicklung zurückzudrehen oder sie zumindest anzuhalten. Dabei schauen sie hilfesuchend auf das spanisch geprägte Opus Dei. Wie sehen Sie das?

F.: Man darf nicht vereinfachen. Es ist komplizierter. Ich weiß nicht, was der Papst wirklich über Opus Dei denkt; ob er an Opus Dei glaubt oder ob er es einfach für die einzige Bastion hält, die er noch hat, nachdem die Jesuiten diese Rolle aufgegeben haben.

Aber sicher ist da eine große Ähnlichkeit. Beide sind autoritär.

Opus Dei glaubt an Autorität, zentralen Gehorsam, zentrale Einheit. Und dadurch wird es stark. Einheit macht stark. Dann kann man kämpfen. Der Papst weiß sehr gut: wenn man die katholische Kirche geschlossen hält – er hat das von seinem Lehrer Wyszynski gelernt –, dann ist man stark. Und: Kompromiß ist ein schmutziges Wort, es ist Schwäche. Im Opus Dei ist Kompromiß ein schmutziges Wort: wer sich auf Kompromisse einläßt, zeigt einen Mangel an Idealen; das ist Schwäche. Das zeigt sich in dem Buch „Der Weg". In Polen ist es dasselbe: man darf sich nicht auf Kompromisse einlassen; man muß an der absolut hundertprozentigen Position festhalten, dann gewinnt man schließlich.

Demgegenüber ist die Welt, in der wir leben – einmal abgesehen vom Ajatollah Khomeini, der von der westlichen Welt aus verschiedenen Gründen, seien sie richtig oder falsch, als Spinner angesehen wird ... also für uns ist ein gewisser Kompromiß unabdingbar. Das Leben muß weitergehen. Man muß geben und nehmen. Der Papst glaubt nicht daran. Opus Dei glaubt nicht daran.

Beide haben sicherlich auch eine Sicht der Frau, die sich sehr ähnlich ist. Die spanische und polnische Sicht der Frau – und das ist sehr bedeutend – ist sich sehr ähnlich: die Frau ist wesentlich eine Mutter, im wesentlichen eine Frau, die ihrem Mann dient, und ihr Platz ist wesentlich zu Hause. Beide kämpfen, auch wenn sie es nicht zugeben, gegen die Rolle der Frau, wie sie zum Beispiel von Margaret Thatcher oder Indira Gandhi gesehen wird, nämlich daß eine Frau in der Öffentlichkeit genausoviel Bedeutung in einer sozialen, politischen Welt haben kann, wie sie sie in den vergangenen Jahren hinter den Kulissen hatte.

Die spanische Mentalität, nach der der Mann überlegen und die Frau unterlegen ist, hat eine gewisse Entsprechung in Polen, wenn man einmal von dem Gegensatz „slawisch-lateinisch" absieht. Wiederum ist da eine Menge an Gemeinsamkeit.

Und wenn wir über die Sexualität, die ganze Einstellung gegenüber Mann und Frau sprechen: die objektiven Werte verbinden sich mit dem Mann, die subjektiven dagegen mit der Frau. Denken, Verstand, Intellekt verbinden sich mit dem Mann; Gefühle, Emotionen, Körper mit der Frau. So geht man gegen das Subjektive, gegen die Emotionalität an, und das geschieht im Opus Dei. Und man hebt das Intellektuelle, Objektive und Abstrakte hervor. So ergeben sich Probleme im praktischen Leben: wenn man im Opus Dei ist und Gefühle und Emotionen hat, wird man gepeinigt. Das Problematische an dieser Einstellung ist, daß psychosomatische Schwierigkeiten entstehen: unter den zölibatären Mitgliedern des Opus Dei hat eine erschreckend große Anzahl Verdauungsprobleme, psychosomatische Probleme, Kopfschmerzen, Migräne, Rückenschmerzen usw. Das kommt daher, daß man die körperliche Seite des Menschen [„Inkarnation"] verleugnet. Man predigt zwar die Inkarnation, aber in der Praxis verleugnet man sie. Spannung ist immer schwierig. Ich meine, man kann Opus Dei als eine Reaktion verstehen, wie Lefebvre eine Reaktion auf – wie er es sieht – einen Trümmerhaufen in Frankreich ist. So reagiert Opus Dei auch auf das, was es als Schwäche der Kirche ansieht: auf den Rückgang der geistlichen Berufe, die Unsicherheit in der Lehre usw. So wünscht Opus Dei, wie ich meine, kurz gesagt die Sicherheit und objektive Wahrheit – im Gegensatz zum Leben und zur Wahrnehmung der Wahrheit durch den einzelnen.

Und das ist der Konflikt mit dem, was man liberale, menschliche humanistische Einstellung, die in die Kirche gekommen ist, nennen könnte. Man kann das nie mehr stoppen. Man kann es nicht abstreiten, daß wir das 19. Jahrhundert und die Romantik hatten, man kann nicht abstreiten, daß wir davor die Aufklärung hatten, man kann nicht abstreiten, daß es davor die Renaissance gab und davor die Gotik.

Das ist eines der Probleme von Opus Dei: es ändert sich nicht; denn nachdem der Gründer gestorben ist, kann es sich nicht ändern, weil das, was er gesagt hat, vollkommen ist. Und sich nicht zu verändern, das bedeutet dennoch Veränderung. Wenn ein Kind von acht Jahren aufhört, sich zu ändern, dann beginnt es, anders zu werden: von seiner normalen Existenz beginnt es sich in die Abnormität zu wandeln.

H.: Ist dies ein Problem der Führer des Opus Dei, oder war es ein ursprüngliches Problem von Escrivá? Ich habe ja gelesen, daß Sie zwischen den Führern – dem inneren Kern des Opus Dei – und Escrivá unterscheiden. Was er gewollt habe, werde heute nicht mehr voll akzeptiert oder sogar teilweise falsch dargestellt.

F.: Es ist oft so im Leben, daß aus Stärke Schwäche wird: der Gründer repräsentierte die einzige, absolute Autorität. Er war der einzige Kanal der Kommunikation mit Gott. Als er noch lebte, hieß es: „Der Vater sagt das. Wir sollten immer durch den Geist und das Herz des Vaters gehen. Der Vater hat die Wahrheit und den Weg gegeben, und deshalb sollen wir danach leben." Und als er gestorben war [hieß es]: „Unser Vater, der das gesagt hat ... Unser Vater im Himmel sagt ..." Das ist ähnlich im Ton ... [dem Vaterunser].

Der Gründer hatte die Autorität, er entschied alles. Sicher, es gab ein Leitungsgremium im Opus Dei, doch wenn es wirklich um die entscheidenden Dinge ging, dann war eben er der Gründer. Aber als er starb, sagte der gegenwärtige Generalpräsident Alvaro del Portillo – er war seit den vierziger Jahren Generalsekretär –: „Ich bin der Schatten des Gründers. Ich möchte fortfahren, wo der Gründer aufgehört hat. Meine Aufgabe ist, fortzusetzen, was der Gründer hinterlassen hat." Also: der Gründer hatte seine eigene Perspektive, nämlich die vom Spanien der dreißiger und vierziger Jahre. Er hörte auf, sich zu ändern, verließ Spanien und führte [in Rom] im Grunde weiter [was er in Spanien begonnen hatte], weil sein Gründungs-Charisma im wesentlichen aus jener Zeit stammte. An diesem Punkt machte er in gewisser Weise halt.

Vieles von dem, was er in den sechziger Jahren schrieb, war in den vierziger Jahren angesiedelt, es sollte beweisen, daß da die Gründerzeit war und daß sich nichts geändert hatte. Was sich in den dreißiger und vierziger Jahren ereignet hatte, mußte bewahrt werden. Darauf ging man zurück, und daran hielt man fest.

Als er tot war, da war die Einstellung der damaligen Leiter, der Leute, die jetzt Opus Dei leiten: wir müssen bewahren, was der Gründer gesagt hat. Sie waren es nicht gewohnt, Entscheidungen zu treffen, Dinge zu ändern. Ein praktisches Beispiel: man wollte im Apostolat eine neue Initiative starten, nämlich theologische Diskussionen zwischen Männern und Frauen, also in gemischten Gruppen, zu führen. [Die Antwort war:] „Der Gründer hat gesagt, ihr sollt das nicht, also tun wir es auch nicht. Denn er hat gesagt, wir sollen es nicht, daher dürfen wir nicht gegen seinen Willen handeln." Weil das so war, dauert es weiter an. Es ist unabänderlich. Der Gründer gab nicht nur grobe Umrisse oder Prinzipien vor – wie es etwa Jesus Christus tat –, die dann in der lebendigen Kirche verändert werden können. Vielmehr kodifizierte er seine gesamte Lehre soweit wie möglich. Ich denke besonders an die praktischen Anweisungen, die eine minutiöse talmudähnliche Vorschrift sind, die alles enthält. [Vgl. das „Vademecum" hier im Anhang.]

Das wird bewahrt. Man kann daran nichts verändern. So kann sich Opus Dei nicht ändern, weil es nicht die Autorität hat, sich zu ändern. Und die gegenwärtige Generation, die angeleitet wurde, dies zu glauben, kann es nicht ändern. In 50 oder 20 Jahren wird es vielleicht eine neue Generation geben, die Veränderungen vornimmt. Aber [heute ist es so:] wenn der Gründer beispielsweise sagte, Frauen müssen etwas auf dem Kopf tragen, wenn sie zur Kirche gehen, dann müssen sie eben etwas auf dem Kopf haben. Indes: es ist offensichtlich, wenn man so etwas tut, aber der Rest der Gesellschaft nicht, dann fängt man an, monastisch zu werden, wohl oder übel. Wenn der Gründer sagte, Frauen dürfen im Opus Dei keine Hosen tragen, und wenn jetzt Prinzessin Diana Hosen trägt, dann kann man wohl kaum sagen, es sei schlampig oder unweiblich oder unaristokratisch. Aber sie dürfen es nicht. So werden sie weiterhin Röcke tragen, und wenn alle anderen Hosen anziehen.

Wenn es so ist, denke ich, fängt man an, eine Nonne oder ein Mönch zu sein. Man fängt an, sich von anderen zu unterscheiden. Das ist der Weg. Wenn man sich nicht ändert, beginnt man, anders zu werden, hört man auf, Teil der Gesellschaft zu sein, wie sie gerade lebt. Man beginnt, ein Denkmal der Vergangenheit zu werden. Also: Opus Dei kann sich nicht ändern wegen seines eigenen Mechanismus, seines Glaubens daran, daß der Gründer die Wahrheit hatte.

H.: Ist das die Struktur des Opus Dei?

F.: Er wollte Opus Dei bewahren, indem er alles kodifizierte, so daß nichts verändert werde. Er hat das nicht gemerkt. Er war nicht der Intellektuelle, er war ein intelligenter Mann, aber kein großer Intellektueller. Er konnte nicht sehen, daß das, was er zu verteidigen suchte, bzw. die Mittel, die er zur Verteidigung wählte, schließlich die Mittel derjenigen werden sollten, die das Opus Dei angreifen.

H.: Sie erwähnten das Wort „aristokratisch". Ich habe gelesen, daß Escrivá für seinen aristokratischen Titel eine Menge gezahlt habe.

F.: Nein, ich glaube nicht, daß er eine Menge Geld gezahlt hat. Er war äußerst angetan, als er herausfand, daß er ein Aristokrat war. Da war jemand in der Universität von Pamplona, der seinen Stammbaum untersuchte. Dabei fand er heraus, daß wirklich ein Titel da war: Marqués de Peralta hieß er, auf den hatte er Anspruch. Es mag ihn etwas gekostet haben, den Titel registrieren zu lassen, aber nicht viel. Das ist nicht wahr. Er war sehr glücklich und begeistert. Oh! Eine nette Überraschung ist doch schön, wer will's leugnen. Anstatt es zu verleugnen, sollte man es zulassen. Das ist nichts Falsches. Die Wahrheit ist nicht schlimm. So, wie man Musik liebt, kann man eben auch einen Titel lieben. Aber sobald man vorgibt, es sei nicht wahr ...

H.: Ich habe bei María del Carmen Tapia gelesen, daß eine Menge Geld bezahlt worden sei.

F.: Nein. Das ist einer dieser Mythen.

H.: Vor 20 Jahren waren Sie ein Vertrauter Escrivás. Oder nicht?

F.: Doch.

H.: Wer Opus Dei verstehen wolle, schrieben Sie, müsse Escrivá verstehen. Was denken Sie über ihn – theologisch und politisch?

F.: Sehr schwer, ihn theologisch und politisch zu beschreiben. Was mir sehr klar ist, ist dies: es gibt zwei Escrivás. Der eine ist der echte, menschliche Escrivá, der er wirklich war. Der andere ist der Escrivá, dessen Image vom Opus Dei veröffentlicht wird. Ein kleines Detail: wenn er bei einer Zusammenkunft etwas sagte, das man festhalten wollte, dann war es nicht erlaubt, sich Notizen zu machen. Denn das, was hinterher veröffentlicht wurde und was er gesagt haben sollte, war nicht exakt das, was er wirklich gesagt hatte. Es war für die Öffentlichkeit zurechtgemacht. Wenn er ein Wort gebrauchte, das sich in der Öffentlichkeit nicht so gut angehört hätte, dann durfte man es nicht niederschreiben, denn falls ein Manuskript herauskam, war es leicht abgeändert für die Nachwelt. Sogar in dieser Kleinigkeit ist ein Unterschied zwischen ihm persönlich und dem, wie er zu veröffentlichen war. Als Person war er sehr warm, sehr leidenschaftlich. Er hatte ein sehr, sehr heftiges Temperament, war ausgesprochen temperamentvoll, was offiziell geleugnet wurde. Hatte er Depressionen, dann hieß es offiziell, er sei müde. Als er aus Lateinamerika zurückkam, mußte er operiert werden. Offiziell ruhte er sich aus, niemand wußte, wo er war. In Wirklichkeit war er in Barcelona zu einer Augenoperation oder so etwas.

Da war die offizielle Person und die wirkliche. Die wirkliche Person war ein Mensch, der sagte: „Bitte, hilf mir. Ich bin niedergeschlagen. Halte meine Hand, halt mich wach, ich möchte nicht einschlafen." Sehr warm, sehr aufrichtig. Die offizielle Gestalt dagegen war viel strenger, idealisierter, ich meine das im Gegensatz zu „humanisiert".

Ich greife etwas anderes heraus: eines der Dinge, die er tat, war, Hinweise zu schreiben, geistliche Leitlinien, wenn man will. Sie waren nützlich für ihn. Denn er war sehr leidenschaftlich, er war sehr spontan. Das mußte er kontrollieren. So schrieb er nieder, wie er es kontrollieren konnte: dieses abtöten, jenes kontrollieren, das eine nachprüfen, anderes überwachen. Er besaß eine große Vitalität; wer die besitzt, muß sie kontrollieren. Es ist wie bei einem reißenden Strom: man muß ihn kontrollieren, sonst tritt er über die Ufer. Aber nimmt man diese Hinweise, solche Leitlinien und wendet sie auf Leute an, die keine große Vitalität haben, dann verkrampfen sie sich sogar noch mehr, man steckt sie noch mehr in die Zwangsjacke. So ist das gewissermaßen perfekte Mitglied von Opus Dei, soweit es die Organisation betrifft, beinahe ein Computer, der die Dinge in die Praxis umsetzt, genau, bestimmt, ohne daß die Gefühle, die Emotionen, das Subjektive in Erscheinung treten.

H.: Ich erinnere mich an ein Seminar während meines Theologiestudiums. Wir beschäftigen uns mit Heiligenviten. Da wurde deutlich, daß zu einem Heiligen ein bestimmtes Bild gehört von Geburt an. Auch in den Beschreibungen des Lebens von Escrivá findet sich, was in den klassischen Heiligenviten typisch ist: ein Wunder in der frühesten Kindheit, so daß die Leute staunend fragen: „Was wird wohl aus diesem Kinde werden?"

F.: Aber das ist genau die Ironie, eine entsetzliche Ironie: als er jünger war, pflegte er zu sagen: „Heilige sind wirkliche menschliche Wesen, mit allen Fehlern. Wir sollten aufrichtig sein. Ich hasse Lebensbeschreibungen von Heiligen, weil sie falsch sind, unecht, unwirklich, weil sie nur gut zeichnen. Heilige waren Menschen wie du und ich, die jeden Tag Gefechte verlieren und gewinnen." Nun, was sich dann ereignete, war nach meiner Einschätzung, daß in den sechziger Jahren, also etwa 40 Jahre nach der Gründung – das ist sehr interessant: 40 Jahre: eine Art männlicher Wechseljahre –, daß sich da Furcht im Opus Dei ausbreitete, im wesentlichen wegen des Zweiten Vatikanischen Konzils, das sich gegen ihr Ideal der Kirche richtete, gegen die vorkonziliare Zielvorstellung, gegen die Sicht Pius' X. Das Zweite Vatikanische Konzil öffnete sich in der Welt. In den späten sechziger und frühen siebziger Jahren zog die Furcht ein: die Dinge fallen auseinander in der Kirche, infolge des Zweiten Vaticanums. Statistisch gesehen stimmt das ja auch: Rückgang der geistlichen Berufe und alles, was damit zusammenhängt – die nachkonziliaren Umwälzungen.

Zweitens: besonders in den siebziger Jahren ereilte der Kollaps das Spanien Francos. Und der solide finanzielle Hintergrund des Opus Dei wie auch die soziale Stärke ist nun einmal in Spanien, war in Spanien, ist es vermutlich noch auf breiter Ebene.

Drittens: der Gründer begann alt zu werden. Wenn eine Gestalt, die dynamisch alles angetrieben hat, altert, breitet sich Angst aus: die Dinge müssen geschützt, verteidigt werden. Deshalb begann man, den Gründer zu filmen: es muß doch etwas bewahrt werden. Und als er gestorben war, fingen die Leute an, in jene Fallen hineinzutappen, von denen er selbst gesagt hatte, man dürfe nicht hineinfallen: die

Biographien, die erschienen, sprachen nie über seine Schwächen, seine schlechten Seiten. Zum Beispiel konnte er mit dem Fuß gegen eine Tür treten, wenn sie geschlossen war. Wenn etwas nicht perfekt war, nicht in Ordnung, dann konnte er sehr zornig werden. Wenn ein Mann eine Organisation von 30/40/50/60000 Mitgliedern führen kann, muß er Energie haben. Warum soll man das nicht zugeben, anstatt es zu vergessen? Warum nicht zugeben, daß er mit seinen Händen ungeschickt war und nichts zustande bringen konnte, sondern alles jemandem geben mußte, der es festmachen mußte, damit es nicht auseinanderfiel? Er hatte auch kein gutes Gedächtnis, sein Gedächtnis war Alvaro del Portillo; er selber konnte sich Dinge nicht gut merken. „Wie war der Name? Wer war das, Alvaro? Ach so! In Ordnung." Er war nicht der größte Intellektuelle, der je gelebt hat. Vieles, was er sagte, ist ganz gewöhnlich, es ist gut, aber nicht besonders aufregend, auch etliche seiner Predigten, die heute offiziell als wunderbar, als großartig hingestellt werden.

Es ist eine Tatsache, daß er zeitweise sehr deprimiert war, in der Zeit nach dem Zweiten Vatikanischen Konzil war er äußerst deprimiert. Aber ich denke, es ist viel heroischer zu sagen, der Mann war äußerst deprimiert und kämpfte, als zu sagen, er sei mit allem spielend fertig geworden. Denn das stimmt nicht. Er war deprimiert, er konnte nachts nicht schlafen und schlief tagsüber.

Er war aristokratisch. Zugegeben. Aber man soll nicht so tun, als wäre es nicht wahr. Er sagte, wir – Opus Dei – sind interessiert an Erbadel, an Geist, an Geld, an Positionen. Sie kennen ja den Satz „Cuius regio – eius religio" [wer ein Land beherrscht, bestimmt auch dessen Religion]. Wenn Sie die Führer auf Ihre Seite bekommen, dann haben Sie das ganze Land. Das war seine Motivation, o. k. Man sollte sie nicht leugnen, das ist das Problem. Warum ich das Opus Dei verließ? Wenn ich es mit einem Wort sagen soll: ich will Leben, und ich will Wahrheit – im Gegensatz zu Sicherheit und Stabilität; denn ich glaube nicht, daß man auf Wahrheit und Leben verzichten kann; das würde zerstörerisch sein.

H.: Meinen Sie, er sei ein Heiliger?

F.: Nun, das wird die Kirche entscheiden. Heilige ändern sich. Wenn ein Bernhard von Clairvaux, der den Kreuzzug predigte, ein Heiliger ist; wenn Sir Thomas More, der Richard III. als bösen Menschen attackierte, ein Heiliger ist, wenn viele Heilige, die in der Renaissance und danach lebten, für oder zumindest nicht gegen Sklaverei und Inquisition argumentiert haben, dann ist er vielleicht ein

Heiliger. Sicherlich war er ein Mann, der, entsprechend seinen eigenen Verstehensmöglichkeiten, sich seinen Idealen hingab. Er war alles für das, was er als Gott ansah, als Jesus Christus. Also: er war ehrlich in dieser Weise. Aber ich glaube, daß er insofern nicht sehr aufrichtig war, als er das Unterbewußtsein nicht akzeptieren mochte. Es schien ihm suspekt. Der Wille, der Verstand – das war für ihn wichtig. Er war also unehrlich, ohne es zu wissen. Er hatte keinen Kontakt mit seinen Emotionen, er verleugnete sie. Die Emotionen waren ein Feind für ihn, den man kontrollieren mußte. Also: war er ein guter Mensch? Nach seinen eigenen Verstehensmöglichkeiten: ja.

Und das ist nun etwas, was ich gelernt habe: wieviel Schaden kann durch gute Menschen angerichtet werden! Wieviel Schaden kann durch gute Menschen angerichtet werden, ohne daß sie es wissen! Durch Menschen, die es gut meinen, die es wirklich gut meinen. Und er war sehr gut zu mir. Als mein Vater starb, übertraf er sich. Als mein Bruder starb, war er phantastisch. Aber er war sich dessen [auch] bewußt.

Wenn man dazu überhaupt etwas sagen kann, dann: Macht korrumpiert! Wenn einer in der Position der Autorität ist, von Leuten umgeben, die ihn bewundern, die ihn anbeten [worship], oder zumindest beinahe, ist es sehr leicht, zu denken, daß alles, was er tut, o. k. ist. Schwächen in persönlichen Dingen gab er zu. Aber da war das Sendungsbewußtsein. Wird man ihn kanonisieren? Ich denke, der gegenwärtige Papst würde es gern tun.

H.: War er ein Antikommunist?

F.: Ja. Wenn er in seinem Leben etwas haßte, dann war es der Kommunismus. Das war das Böse für ihn, weil er darunter gelitten hatte. Offiziell wurde er ja von Kommunisten umgebracht.

H. Das war im Spanischen Bürgerkrieg.

F.: Genau. Er sah Nazi-Deutschland als einen Kreuzzug gegen den Kommunismus. Jedes einzelne Mitglied des Opus Dei . . .

H.: Was sagten Sie da gerade?

F.: Er sah Hitler als einen Kreuzzug gegen den Marxismus. Jedes einzelne Mitglied des Opus Dei meldete sich freiwillig für die Blaue Division [eine spanische Freiwilligentruppe, die auf deutscher Seite im Zweiten Weltkrieg gegen die Sowjetunion kämpfte]. Jedes einzelne! Sie wurden nicht genommen, aber sie meldeten sich freiwillig.

Es hieß nicht „Hitler gegen die Juden, Hitler gegen die Slawen", sondern „Hitler gegen den Kommunismus". Deshalb war er . . . [F. legt die Hand vor die Augen], Sie verstehen? Und das blendete ihn.

Das blendete ihn. Ich meine, er sagte mir, er sagte *mir,* wenn die Leute behaupteten, Hitler habe sechs Millionen Juden getötet, dann übertrieben sie. So schlecht sei Hitler nicht gewesen. Er könne nicht mehr als drei oder vier Millionen Juden getötet haben.

Also ich meine, er wollte es in gutem Sinne sehen, weil Hitler das Christentum in Spanien gerettet hatte. Ohne Hitler wäre Franco nicht...

H.: Ich weiß...

F.: Da waren so viele Priester, die jeden Monat starben. Sehen Sie, das ist das Problem. Für uns ist es sehr leicht, zurückzuschauen und zu kritisieren. Für ihn war es so: man ist schon fast tot, plötzlich kommen die Deutschen in Waffen, und das Leben geht weiter. Die Kirche, die fast schon zu Grabe getragen wurde, richtete sich wieder auf. Also gefühlsmäßig... Und das verstehen wir nicht. Wir sehen es von unserer Position aus, nicht von seiner.

H.: Ich kann das durchaus verstehen. Vor 20 Jahren in Irland drückte mir ein Bauer, nachdem ich gesagt hatte, ich sei Deutscher, die Hand, schüttelte sie demonstrativ und gratulierte mir zum größten deutschen Staatsmann. Auf meine Frage, wer das sei, antwortete er: Hitler. Denn der habe gegen die Briten Krieg geführt.

F.: Das ist es. Man muß ihn [Escrivá] fair behandeln. Das ist der Grund, weshalb er ein Heiliger sein könnte: von seiner eigenen Erfahrung her war das alles großartig.

H.: Wie bedeutend ist das, was wir jetzt erörtert haben, im heutigen Opus Dei? In Deutschland ist letztes Jahr eine Escrivá-Biographie des Opus-Mitgliedes Peter Berglar erschienen. Er berichtete von drei „manchas", das ist spanisch und bedeutet „Flecken". Davon werde, wie Escrivá meinte, die heutige Zeit, die heutige Kirche heimgesucht. Dazu rechnet er den Atheismus, den Liberalismus und den Kommunismus. Ist darauf jetzt auch das Opus Dei verpflichtet?

F.: Ja. Dagegen kämpfte der Gründer. Die gegenwärtige Führerschaft ist Escrivá in ihrem Temperament sehr, sehr ähnlich. Denn der Generalpräsident, der von ihm als seine rechte Hand gewählt wurde, war seit den vierziger Jahren sozusagen der Stabschef des Opus Dei gewesen. Er war bei den ersten Priestern des Opus Dei. Der jetzige Generalvikar, Javier Echevarría, kam nach Rom, als er noch kurze Hosen trug, als junger Mann. Er wurde sein Privatsekretär und war die ganze Zeit bei ihm. So ist ihre ganze Haltung von dieser Gründerzeit her bestimmt.

Offensichtlich haben aber die jungen Leute, die sich in Lateiname-

rika, auf den Philippinen und in Deutschland dem Opus Dei anschließen, eine neue Einstellung. Und so ist eine Spannung im Opus Dei
entstanden zwischen ihnen und der ursprünglichen Weltsicht. Der
Generationenkonflikt wird aufbrechen; denn die Welt geht weiter
und ändert sich, und die Spannung ist da.

H.: Ich möchte jetzt gern einige Informationen überprüfen. In der
Londoner „Times" erschien 1981 ein Artikel von John Roche, einem
ehemaligen Leiter im Opus Dei. Darin wurde auch über das interne
Magazin „Crónica" berichtet und daraus zitiert. Stimmen die Zitate?

F.: Ja. Ja. Ja.

H.: Der spanische Autor Jesús Ynfante hat 1970 die internen
„Constitutiones" des Opus Dei veröffentlicht. Wissen Sie darüber
Bescheid?

F.: Ja. Das wurde damals als großer Verrat angesehen.

H.: Kennen Sie selber die Konstitutionen?

F.: Nein, ich habe sie nie gesehen. Ich war 22 Jahre im Opus Dei,
aber wir haben die Konstitutionen nie gesehen. Das war an sich etwas
seltsam: ich ging nach Rom, ich erhielt den Doktortitel und wurde
Priester, aber ich habe die Konstitutionen nie gesehen. Aber sehen
Sie, das war so: im Opus Dei vertraute man dem Gründer. Wenn der
Gründer sagte, das ist so in Ordnung, dann machte man sich keine
Sorgen.

H.: Sie erhielten den Doktortitel. Wahrscheinlich von der Lateran-Universität?

F.: Ja. Ich habe dort Theologie studiert.

H.: Ein früheres Opus-Mitglied sagte, es sei sehr leicht für Opus-
Mitglieder, den Doktortitel zu bekommen. Ich kenne die Aussage
einer ehemaligen Numerarierin: in Opus-Dei-Häusern gebe es sogar
Leiterinnen, die eine Universität wohl nie von innen gesehen, aber
einen Doktortitel hätten.

F.: Nun, was heute passiert, sehen Sie: ich gehörte zur letzten
Generation, die an der Lateran-Universität studierte. Danach erhiel-
ten, soviel ich weiß, die Mitglieder des Opus Dei ihre Doktortitel in
Philosophie, Theologie und Kirchenrecht von der Universität in
Pamplona.

H.: Etwa seit 1971?

F.: 1970/71 begannen sie oder 1969/70 vermutlich. Man geht also
dort zur Universität und hat Lehrer, die nach Rom gehen und dort
unterrichten. Das bleibt aber weitgehend innerhalb von Opus Dei.
Doktortitel werden an Leute verliehen, die nur die orthodoxen,

genehmigten Bücher gelesen haben. Im Opus Dei gibt es einen Index, der strikt oder vielleicht sogar strikter ist als der ursprüngliche [vatikanische] Index. So ist es möglich, Doktor zu werden in Philosophie und Theologie, ohne daß man die sozusagen bösen, schlechten Autoren gelesen hat, die man an der Universität nicht umgehen könnte. Man kann ja heutzutage nicht Theologie studieren oder eine Dissertation schreiben oder veröffentlichen, ohne zu ermitteln, was die Leute zum Beispiel über „Humanae vitae" sagen – was verboten ist. Es ist heute also im Opus Dei möglich, einen Doktor zu bekommen, der so etwas wie Kosmetik ist.

H.: Für mich ist das alles sehr mysteriös.

F.: Nicht eigentlich! Wohl für Sie! Bedenken Sie, daß Opus Dei selbst sagt: Wir sind der sichere Rest der wahren Kirche. Um Opus Dei zu verstehen, können Sie auch sagen – wenn Sie wissen, was ich meine –: die Mentalität der Pharisäer, das Beste von der Mentalität der Pharisäer. Nach der Rückkehr aus dem Exil im 6. Jahrhundert v. Chr. entwickelte sich die pharisäische Mentalität: wir haben etwas zu verteidigen, das bewahrt werden muß. So verteidigt man sich gegen alle Außenstehenden. Man wird chauvinistisch. Alles ist in sehr klaren Regeln und Sätzen formuliert, die erfaßbar und deshalb sicher sind. Alles wird auf seine Weise bewahrt. Die Lehrer sind Pharisäer, die Schüler sind Pharisäer usw. Und bei Opus Dei meine ich: wer von Supernumerarier-Eltern geboren wird, der kann in eine Opus-Dei-Schule gehen, in eine Opus-Dei-Universität, in ein Opus-Dei-Krankenhaus – wenn er krank ist –, in ein Opus-Dei-Priesterseminar, in eine Opus-Dei-Priesterschaft. Er bleibt von der Welt außerhalb des Werkes unbefleckt, unberührt. Es ist also eine Gesellschaft ohne die Gesellschaft. Man braucht sie nicht. Opus Dei kann sich also selbst bewahren.

So überlebt man: man wird [im Opus Dei] geboren, man lebt und stirbt [dort]. Da ist kein so großer Unterschied in dieser Beziehung, meine ich, zu einigen japanischen Unternehmen, wo man etwa bei Mitsubishi arbeitet: man geht in ein Krankenhaus von Mitsubishi, in eine Schule von Mitsubishi, man lebt in Häusern von Mitsubishi, und man kommt auf einen Friedhof von Mitsubishi. Und so hat man Sicherheit in einer Welt, die bedrohlich und gefährlich ist.

H.: Wie umfangreich ist der politische und ökonomische Einfluß von Opus Dei?

F.: Das ist schwer zu sagen. Opus Dei selber ist nicht politisch. In sich selbst ist es das nicht. Die Leiter von Opus Dei unterrichten nicht

208

Politik, sie sagen nicht, was man zu glauben hat. Aber sie rufen eine Mentalität hervor, wie ich schon sagte, aus aristokratischen, vorkonziliaren, präcartesianischen Elementen. Das schafft eine Mentalität, eine Einstellung, ja? Sie vermitteln Werte und eine Anleitung zum Leben, die sich in allen Entscheidungen niederschlägt. Es ist nicht so, daß der Leiter einem spanischen Ministerium sagt: ihr müßt das so oder so machen. Sondern er vermittelt ihm eine Einstellung, eine Anleitung, die nicht gänzlich katholisch ist, nur eine eingegrenzte Sichtweise, von der aus man tun kann, was man will. Es ist also keine direkte politische Einflußnahme.

Finanzieller Einfluß – das ist viel komplizierter. Juristisch gesehen hat Opus Dei sehr wenig Geld. Juristisch, dem Gesetz nach. Aber in Wirklichkeit ist es anders. Beispielsweise in diesem Land, wie ein Fernsehprogramm, nämlich „Everyman-Program", herausfand: Opus Dei besitzt nicht viel. Alles besitzt die Netherhall Educational Association, die rechtlich gesehen nicht dasselbe wie Opus Dei ist.

H.: Vermutlich ist sie eine korporative Vereinigung des Opus Dei?

F.: Eine Korporation, eine wohltätige Stiftung. Aber die Mitglieder des Leitungsgremiums der NEA sind Mitglieder des Opus Dei.

H.: Und wahrscheinlich weiß das niemand.

F.: Man kann es erfahren, wenn man danach fragt. Also in Wirklichkeit zum Beispiel: Wenn Sie gekommen wären – jetzt mag es sich geändert haben, aber vor einem Jahr war es noch so – und den Wunsch gehabt hätten, dem Opus Dei tausend Pfund zu stiften, dann hätten die Leiter geantwortet: Könnten Sie den Scheck bitte auf die Netherhall Educational Association ausstellen, nicht auf Opus Dei? Aber trotzdem wäre Ihnen klar gewesen, daß Sie ihn an Opus Dei zahlen, obwohl sie ihn an die Stiftung geben. Warum? Weil das Geld für Opus Dei verwendet wird. Also: wenn man sagt, Opus Dei habe wenig Geld, dann stimmt das. Aber es hat die Möglichkeit, jenes Geld zu gebrauchen.

Wenn Sie von der ökonomischen Macht sprechen – wiederum: ich gebe keine Geheimnisse preis, „Everyman" fand es heraus –: ein Darlehen von fast einer Million Pfund zu einem Zinssatz von einem Prozent – wenn jemand Ihnen das gewähren kann, dann muß da irgendwo eine starke ökonomische Macht sein. Denn derjenige, der es Ihnen gibt – egal ob eine Einzelperson oder eine Körperschaft –, ist darauf eingestellt, 15 bis 16 Prozent von einer Million Pfund jährlich zu opfern, nur zu Ihren Gunsten. Wer das tut, muß Geld haben.

H.: Wissen Sie etwas über den Fall „Banco Ambrosiano"?

F.: Er ist sehr kompliziert. Ich glaube nicht, daß Opus Dei direkt darin verwickelt war. Ich glaube es nicht. Ich für mich bin überzeugt, daß Calvi nicht durch Mitglieder des Opus Dei ermordet worden ist.

H.: . . . aber seine Bank . . .

F.: Seine Bank hatte mit Leuten zu tun, er selbst hatte mit Leuten zu tun, die Mitglieder des Opus Dei waren. Zum Beispiel gibt es in Spanien diesen Fall José María Ruiz-Mateos, der jetzt in Deutschland ist, die Polizei faßte ihn, als sie ihn dort entdeckte. Er ist ein Mitglied des Opus Dei. Aber: was er tat – nämlich Geld hier und da zu arrangieren und Geld an den spanischen König zu zahlen und was immer – das tut nicht Opus Dei. Das ist seine persönliche Sache.

H.: Ich kenne dieses System des Opus Dei.

F.: Sie kennen es, o. k. Sie können nicht eigentlich Opus Dei dafür verantwortlich machen. Aber vielleicht war Opus Dei darauf eingestellt, dem Banco Ambrosiano zu helfen, dem Vatikan zu helfen. Vermutlich. Aber ich weiß es nicht.

H.: Sie haben den Index des Opus Dei erwähnt. Wissen Sie etwas darüber?

F.: Nein, nichts Genaues. Ich weiß, daß es einen Index in der Kirche gab, der dann aufgehoben wurde. Opus Dei behielt ihn bei und fügte weitere Bücher hinzu, die neu erschienen waren. Jedes Buch, das neu herauskam, wurde erfaßt, wobei man sich, wie ich vermute, auf Erziehungsfragen konzentrierte: es wurde eine Kritik verfaßt, und entweder hieß es „gut" oder „schlecht" oder „eingeschränkt", und es wurde eingeordnet in a, b, c, d: „für jeden", „für Ältere", bis hin zur Beurteilung „sollte nicht gelesen werden". Das waren die Details bei den Büchern. Eingeschlossen waren zum Beispiel eine große Anzahl Theologen. Küng zum Beispiel war ganz offensichtlich typisch.

H.: Ich hörte, „Doktor Schiwago" habe auf diesem Index gestanden.

F.: Er war inbegriffen, das heißt: er war nicht inbegriffen, aber ich erinnere mich, das Buch „Doktor Schiwago" in einem Stapel von Büchern gesehen zu haben, von gefährlichen Büchern. Sie verstehen? Das war vielleicht keine offizielle Einordnung. Ich kenne die Liste nicht. Ich habe sie nicht gesehen. Aber es gibt eine Liste. Eine wachsende Liste.

Doch wiederum: in ihrem eigenen Bezugssystem ist das natürlich; ich wäre überrascht, wenn sie es nicht so machten. Wenn Sie an eine geschlossene Gesellschaft glauben, im Gegensatz zur offenen Gesellschaft, dann benötigen Sie die Zensur. Wenn Sie glauben, daß das gesprochene Wort und das geschriebene Wort wichtig sind, wenn Sie sagen, das ist ein wichtiges Instrument, ein mächtiges Instrument, dann müssen Sie es zensieren. In gewisser Weise zeigt sich da ein Respekt vor dem Journalistischen, vor dem professionellen Schriftsteller. Man sagt damit: er ist wichtig, er ist mächtig, darum muß er kontrolliert werden. Wenn sie ihm erlaubten zu leben, würden sie ihn mißachten und unterbewerten.

H.: Warum fürchtet Opus Dei die Medien?

F.: Weil die Medien sie angreifen. Warum greifen die Medien sie an? Weil sie die Medien fürchten. Es ist ein Circulus vitiosus. Die meisten Journalisten suchen die Wahrheit, nicht alle, viele Journalisten tun es nicht, wie Sie besser als ich wissen. Und einige dieser Journalisten, die die Wahrheit nicht suchen, sondern auf einen Sensationsjournalismus setzen, haben Opus Dei in der Vergangenheit angegriffen, seit vielen, vielen Jahren, und so entstanden mehr und mehr eine paranoide Einstellung und Argwohn. Das ist verständlich, wenn ich an mich selbst denke: ich gebe jemandem ein Interview, und dann kommt etwas heraus, was nicht exakt mit dem übereinstimmt, was ich gesagt habe. Beim nächstenmal sage ich: „Nein, nein! Nicht mehr!" Doch eigentlich sollte ich wohl lieber noch mal sprechen, aber Sie wissen ja: gebranntes Kind scheut das Feuer. Zehnmal verbrannt, zwanzigfach vorsichtig! Das ist das Problem, und dann wird's so eine schreckliche Sendung wie das „Everyman-Program". Ich kenne die Reaktion: wir werden uns nie mehr an einem Fernsehprogramm beteiligen, weil es nicht sehr gut war. Und wenn Sie dann eine Fernsehsendung machen wollen, können Sie keine Information vom Opus Dei bekommen. Dann müssen Sie von außen herangehen, und dann attackieren Sie.

H.: Und dann höre ich den Vorwurf, die Informationen seien nicht richtig.

F.: Wenn man den Kameras erlaubt hätte, eine Recollectio zu zeigen, geistige Besinnungstage, Studenten beim Essen, dann hätten sich die verschwommenen Vorstellungen gefüllt. Statt dessen mußten Leute von außerhalb befragt werden. Das ist ein Problem der Kommunikation, der Verdächtigung. Furcht bringt Furcht hervor, und Furcht, die Furcht hervorbringt, produziert Krieg, Zerstörung, Lügen.

H.: Sie haben mir gesagt, daß die Leiter den Mitgliedern in säkularen Fragen helfen. Wie ist es in geistlichen Belangen? Ein früheres deutsches Mitglied erzählte, man wähle die Priester aus den Reihen der Opus-Dei-Mitglieder.

F.: Nein, sie werden nicht gewählt. Man wird ausgesucht, eingewiesen. Ich meine, ich wurde immer gefragt, ob ich gerne Priester werden möchte. Ich sagte ja, und so ging ich nach Rom. In Rom hätte ich sagen können: nein, ich möchte nicht Priester werden. Aber die Organisation betreibt eine Auslese. Ich denke, es ist ähnlich wie in der frühen Kirche, soweit wir sehen können. Das ist nichts Schreckliches. Da gibt es doch eine größere Bewegung in der Kirche, nicht wahr, daß die Priester von der Gemeinde ausgesucht werden sollen, von der Pfarrei.

H.: Aber der Eindruck besteht, daß es Druck auf die Ausgewählten gibt.

F.: Ja, das gibt es. Ich meine, dies ist wiederum das Problem, wenn man emotionalen Druck leugnet, weil man die Emotionen verleugnet [und sagt]: man kann einen Computer nicht unter emotionalen Druck setzen und ebensowenig einen Menschen. – Solange der Druck also nicht offen ausgeübt wird, gibt es ihn nicht. Jedoch: Leute werden unter Druck gesetzt, unbewußt und sogar bewußt. Aber das geschieht nicht offen, nicht aufzeigbar.

Also, man kann „nein" sagen, aber man fühlt, daß man ein bißchen versagt, wenn man's tut. Ich meine: wenn man nach Rom geht, studiert, je nachdem seinen Doktor macht und zurückkommt, ohne Priester zu werden, dann wundern sich die andern und fragen: „Was ist nicht richtig mit ihm?" Sie erwarten das einfach, verstehen Sie?

Sie versuchen also, keinen Druck auszuüben, doch in Wirklichkeit tun sie es. Genauso ist es, wenn man mit jungen Kindern oder mit weniger intelligenten Mädchen umgeht: man übt gewaltigen Druck auf sie aus; denn wenn man in einer Atmosphäre ist, wird man durch die Atmosphäre bedrückt. Und es wäre nicht vernünftig, nicht sehr intelligent und unehrlich, wollte man behaupten, man übe keinen Druck aus. Doch offiziell geschieht es nicht. Oder: wenn ich Ihnen jetzt sagen würde, ich möchte keinen Druck ausüben, aber ich wäre sehr dankbar, wenn Sie mir eine Abschrift dieses Interviews schicken würden – natürlich sind Sie frei, absolut frei, ich übe keinen Druck auf Sie aus... Oder: Sie können mit Ihren Eltern über diese Angelegenheit sprechen, aber es wäre sehr dumm, darüber mit Ihren Eltern zu sprechen, weil sie es nie verstehen werden, und Sie können zu Ihrem Priester gehen und ihn fragen, aber er würde es nicht verstehen, deshalb wäre es sehr dumm, natürlich können Sie gehen...

H.: Ich weiß, was Sie meinen . . .

F.: Eben. Damit erledigt sich der Wunsch von selbst.

Wir kommen zu unserem Ausgang zurück: wenn man das Menschliche verleugnet, wenn man die Subjektivität verleugnet, wenn man die Emotionen verleugnet, dann ist man automatisch am Ende.

H.: Eine letzte Frage: Ich habe den Eindruck, daß der Einfluß des Opus Dei im Vatikan zunimmt. Ist das richtig?

F.: Ja, wahrscheinlich. Ich meine, daß der gegenwärtige Papst pro Opus Dei ist. Die Leute dort wissen, wie das menschliche Wesen funktioniert. Sie verstehen es nicht, aber sie wissen, wie es funktioniert – das ist ein großer Unterschied: zu wissen, wie etwas wirkt, ist nicht dasselbe wie es verstehen. Vor vielen Jahren starteten sie im römischen CRIS-Zentrum [Zentrum der Opus-Dei-Priester] eine Initiative. Sie luden alle wichtigen Leute ein . . .

H.: . . . deutsche Bischöfe wie Kardinal Höffner und Bischof Hengsbach . . .

F.: . . . jeden, der wichtig ist oder wichtig werden könnte. Wojtyla kam dreimal. Da war eine Atmosphäre von Priestern, die Mitglieder des Opus Dei sind, die sich sehr begeistert, sehr enthusiastisch dem Opus Dei angeschlossen hatten.

H.: War das eine Strategie?

F.: Ja, völlig richtig. Das war einerseits eine Wohltat für die Leute, andererseits nützlich. Nicht wahr? Immer vielseitig!

So gelangte Wojtyla ins Opus Dei. [er sah], es war sehr gut, vorzüglich, prächtig. Dann kam er in den Vatikan. Wem konnte er trauen? Die frühere königliche Leibwache, wenn man die Jesuiten so nennen will, ist in Auflösung begriffen, da sie verwickelt ist in marxistische Befreiungstheologie und in Verdächtigungen. Was ist sicher, was ist gesichert? Was hat eine klare Linie, was ist so, wie die Kirche, an die er sich erinnert, sein sollte? Opus Dei! Diese Leute tragen Talare, es gibt Gehorsam, man spricht Latein – lauter starke Faktoren. So kam Opus Dei ins Spiel. Und er kann sie brauchen; denn sie haben Sachverstand.

Opus Dei hat Leute, die sehr gut Dinge zu managen verstehen, die durch die Business-Schule in Barcelona gegangen sind, die so etwas wie Harvard ist. Sie können organisieren. Sie haben Sachkenntnis in Finanzen, sie verstehen etwas von Kommunikation, sie sind Journalisten. Sie sind verläßlich, gehorsam, ruhig und diskret. Sie sind im wesentlichen ausgesprochen puritanisch-zuverlässig. Solche Leute kann man einsetzen.

Vademecum für die örtlichen Räte

Rom, 19. März 1987
Auszüge, aus dem Spanischen übersetzt

Eingliederung

Wer ab einem Alter von vierzehneinhalb Jahren die Admissio beantragt, kann sie nur als Aspirant anstreben und indem er sich brieflich an den Regionalvikar wendet. Die Aspiranten müssen die Bedingungen und Voraussetzungen erfüllen, die für die Kandidaten vorgesehen sind. Wenn sie sechzehneinhalb Jahre alt sind, an ihrem Vorsatz festhalten und der entsprechende örtliche Rat es genehmigt, schreiben sie erneut einen Brief [an den Prälaten des Opus Dei] und beantragen die Admissio für das Werk. (S. 19)

Zwei bis drei Wochen, nachdem sie [die Aspiranten] die Admissio beantragt haben, können sie am Círculo Breve [Ausbildung für Numerarier und Assoziierte] teilnehmen. Dort werden die im „Programm der anfänglichen Formung, I, n. 18" angegebenen Themen erläutert. (S. 20)

Es wird in dieser Zeit dafür Sorge getragen, daß sie mindestens an einer Convivencia especial [einem jährlichen Kurs] teilnehmen, die drei bzw. zwei Wochen dauert, je nachdem, ob sie Aspiranten für die Numerarier oder die Assoziierten sind . . . (S. 20)

Der Unterricht im „Programm der anfänglichen Formung" wird ausschließlich für die Aspiranten gehalten; hingegen ist nichts dagegen einzuwenden, daß sie gemeinsam mit den Neuberufenen am Círculo Breve, an der wöchentlichen Meditation und am monatlichen Einkehrtag [der Numerarier und Assoziierten] teilnehmen. (S. 20f.)

So wird ihnen die Lehre in ausreichendem Maße erteilt, und ihr Bewußtsein und Gewissen bildet sich durch die charla fraterna [die wöchentliche Aussprache mit dem Leiter] und durch die charla periódica [die gelegentliche Aussprache] mit dem Priester [der Prälatur]

214

und auch durch den Unterricht in der katholischen Lehre – Katechismus, Grundkurse der menschlichen und christlichen Formung usw. –, die für andere Jugendliche organisiert werden. (S. 21)

Lösung vom Opus Dei

Wenn ein Numerarier oder ein Assoziierter bei irgendeiner Gelegenheit das Zentrum, bei dem er eingeschrieben ist, ohne Erlaubnis des Direktors verläßt und sein Wohnsitz nicht ausfindig zu machen ist, wird sofort die Regionalkommission informiert, und sonst niemand. Dann wird ein kluger Numerarier-Priester mit Erfahrung die Familie kontaktieren, um den Fall in Klugheit und Klarheit darzulegen, damit nach Möglichkeit herausgefunden werden kann, wo der Betreffende zu erreichen ist. Wenn es sich bewerkstelligen läßt, mit ihm zu sprechen, wird die Regionalkommission informiert, und mit viel Liebe und Nachdruck werden die Mittel eingesetzt, um ihm in seinem Kampf beizustehen (S. 55)

Wahl des Beichtvaters

Den Mitgliedern des Opus Dei steht es frei, bei einem Priester ihrer Wahl, der die Beichtlizenz hat, zu beichten, wenn es auch ein Beispiel guten Geistes ist, dies so oft wie möglich bei Priestern des Werkes zu tun, selbst wenn sie dazu außergewöhnliche Maßnahmen ergreifen müssen. Die Leiter tun alles, um den Gläubigen der Prälatur – Priestern wie Laien – zu ermöglichen, daß sie die wöchentliche Beichte bei einem Priester des Opus Dei ablegen können. (S. 71 f.)

Zensur

Konkret darf man ohne die notwendige Erlaubnis nicht lesen: die Bücher, die von der zuständigen kirchlichen Behörde ausdrücklich verworfen worden sind; die Bücher und Artikel von nichtkatholischen Autoren, die religiöse Themen behandeln, es sei denn, sie enthalten mit Gewißheit nichts gegen Glaube oder Sitten; die Schriften, die im Widerspruch zum Glauben oder zu den Sitten stehen; die Bücher, denen die kirchliche Approbation fehlt und die diese nach dem Kirchenrecht, CIC can. 825–827, benötigen würden; die Werke von Autoren marxistischer Ausrichtung, wobei zu beachten ist, daß diese Ideologie sich auf vielen kulturellen und wissenschaftlichen

Gebieten zeigt; die Bücher, die zwar nicht ausgesprochen antikatholisch, häretisch, unmoralisch usw., aber doch zweideutig und verwirrend (und darum gefährlich) im Hinblick auf Glauben und Moral sind.

Wie die Geschichte zeigt, werden nicht selten Bücher und Zeitschriften mit *Imprimatur* herausgegeben – sicherlich aus Versehen –, die man indes als in den Rahmen des vorhergehenden Absatzes gehörig ansehen muß. Dies ist nicht neu und wurde schon vom kirchlichen Lehramt beklagt, zum Beispiel in der Enzyklika „Pascendi" [vgl. S. 71] des heiligen Pius X. Dieser Hinweis ist vor allem zu berücksichtigen von den Priestern und von all denen, die sich theologischen Studien widmen oder Fachleute in den Kommunikationsmitteln sind. (S. 102)

Im Falle marxistischer Bücher oder von Autoren, die als enge Vorläufer des Marxismus zu betrachten sind, darf nur in Ausnahmefällen Erlaubnis erteilt werden, jeweils ein einzelnes Werk zu lesen. (S. 103)

Verschluß von Dokumenten

Die Instruktionen und Briefe unseres Gründers, die Glosas, das Vademecum usw. müssen in dem Zentrum verbleiben, dem sie zugewiesen sind. Sie sind im Büro des Direktors unter Verschluß zu halten und dürfen das Zentrum nicht verlassen. Falls dies aber durch einen außergewöhnlichen Umstand doch einmal nötig sein sollte – durch einen Umzug beispielsweise –, dann müssen sie mit äußerster Umsicht transportiert werden: in einer Aktentasche, Handtasche oder einem Köfferchen, die ausschließlich für diesen Zweck vorgesehen sind und die immer ein Direktor trägt. Ähnlich dürfen die Schriftstücke auf Reisen nicht in Koffern mitgeführt werden, weil man diese vertauschen oder verlieren kann. Auf Bahnhöfen oder Flughäfen dürfen sie nicht in der Gepäckaufbewahrung o. ä. verbleiben. Reist man mit dem Auto, so dürfen sie bei Verlassen des Wagens nicht darin zurückgelassen werden – auch wenn das Fahrzeug verschlossen wird. Aus Gründen der Klugheit und Ordnung ist es auch sehr ratsam, Papiere nicht in Handtaschen bei sich zu tragen oder sie auf dem Schreibtisch liegen zu lassen, wenn man das Zimmer verläßt.

Wenn aber einmal alle oder ein Teil der Dokumente abhandenkommen, dann ist umgehend die Regionalkommission über alle Einzelheiten zu informieren, ohne daß man freilich zu meinen braucht, dieses Mißgeschick sei eine Katastrophe. Wenn sie verlorengehen, macht das nichts: alles, was darinsteht, ist nach Wesen und Form nicht nur gut und nobel, sondern heilig. Wenn deshalb jemand, der nicht zum Werk gehört, es läse, würden ihn Freude und Zuneigung erfüllen beim Anblick der Geradlinigkeit der Überzeugung, der Reinheit der menschlichen und übernatürlichen Mittel, die zum Einsatz kommen, und der Liebe und Opferbereitschaft, die aufgebracht werden, um ohne Unterschied und ohne Angst der ganzen Menschheit zu dienen und Gutes zu tun. (S. 142f.)

Außer den genannten Dokumenten gibt es noch andere – Briefe des Vaters, „Crónica", „Obras", „Meditaciones", Cuadernos usw. –, die die Mitglieder des Werkes direkt benützen, um ihre Formung und ihre apostolische Aktivität zu verbessern. Man muß Lösungen finden, die den Supernumerariern die Lektüre dieser Publikationen ermöglichen, wobei gesichert sein muß, daß sie nicht abhanden kommen. In den Zentren der Numerarier, in denen keine apostolische Arbeit geleistet wird, braucht man diese Dokumente nicht unter Verschluß zu halten und auch nicht im Büro des Direktors zu verwahren. (S. 145f.)

Personenregister